개 정 판

NCS기반

의사소통론

김진욱·백진숙·최향옥 공저

YOUNG MIN PUBLISH
도서출판 영민

시도

내가 생각하는 것

내가 말하고 싶어 하는 것

내가 말하고 있다고 믿는 것

내가 말하는 것

그대가 듣고 싶어 하는 것

그대고 듣고 있다고 믿는 것

그대가 듣는 것

그대가 이해하고 싶어 하는 것

그대가 이해하고 있다고 믿는 것

그대가 이해하는 것

내 생각과 그대의 이해 사이에 이렇게 열 가지 가능성이 있기에

우리의 의사소통에는 어려움이 있다.

그렇다 해도 우리는 시도를 해야 한다.

(베르나르 베르베르. 상상력사전. 2013)

머리말

불가능한 영역이라 여겼던 시공간을 초월한 의사소통 시대를 우리는 살아가고 있다. 그러나 최근 국내외적으로 매우 급격한 정치사회학적 변화를 겪어온 우리는 아이러니하게 기술의 발전만이 의사소통을 해결해 주는 것은 아니라는 사실 또한 경험하기도 했을 것이다.

우리는 왜 여전히 가정에서나 학교, 직장 그리고 사회를 구성하는 사람들과의 관계에서 오는 불통(不通)의 고통에 끊임없이 직면할 수밖에 없는 것일까? 다양하고 경계가 무너지는 지구촌 시대를 외치면서 국제적인 분쟁과 전쟁의 위험은 줄어들지 않는가? 이런 문제들에 대해 기술은 결국 획기적인 도움이 되지 않는 것일까?

이 모든 문제는 의사소통으로 귀결된다. 사전적으로 의사소통은 두 사람 또는 그 이상의 사람들 사이에서 일어나는 의사의 전달과 상호교류가 이루어지는 것을 통칭하며, 이는 모든 의사소통의 시작점이다. 또 어떤 개인 또는 집단이 개인 또는 집단에 대해서 정보, 감정, 사상, 의견 등을 전달하고 그것들을 받아들이는 사회화 과정이다. 이렇듯 의사소통은 제각기 다른 사람들이 서로에 대한 지각의 차이를 좁혀주며, 선입견을 줄이거나 제거해 줄 수 있는 수단이 된다. 특히 직장에서 상사나 동료 혹은 부하와의 사이에 의사소통이 이루어져 상호간에 공감하게 된다면 직장의 팀워크는 높아지고 그로 인해 사기가 높아져 능률이 향상될 것이다. 따라서 가정이든, 직장, 그 이상의 조직에서 의사소통에 대한 고민과 효과적인 해결은 반드시 필요하다.

이 책은 직장에서 필요한 의사소통의 전반을 다루고 있다. 특히 NCS를 기반으로 하여 의사소통에 관한 이론과 실제를 포함하였다. 또한 2월 초판을 발행하고 한 학기동안 수업을 거치면서 수강학생들의 피드백을 체크하여 변화가 필요하다고 생각한 부분은 과감히 수정하였다.

전체적으로 수업의 효율적 진행에 맞추어 수업 진행순서에 변화를 주었으며, 이론적인 내용보다 실용적이면서 학생들의 참여를 유도할 수 있는 페이지를 확대하였다. 또한 문장을 피교육자들이 이해하기 쉽도록 수정하여, 말하고자 하는 것들의 전달력을 높일 수 있도록 노력하였다. 그러면서도 전체적으로 이 교재의 방향은 큰 틀을 그대로 유지하도록 하였으며, 특징은 다음과 같다 먼저, 국가직무능력표준(National Competency Standards)에서 필요로 하는 직업기초능력 중 의사소통능력을 중심으로 기술하였다. NCS 의사소통능력은 직장에서 직무를 수행하기 위해 필요한 의사소통의 지식과 기술, 활용능력에 대한 전반을 다루었다. 또한 직업 환경에서 요구되는 실용적 분야를 다루어 상호간 윈-윈(win-win) 효과를 유도하는데 초점을 두었다.

둘째, 전체 학습내용은 크게 이론과 실무, 두 분야로 구분하여 균형을 이루도록 하였다. 학습내용의 하나는 의사소통능력과 관련한 이론적 전개로, 의사소통 개념의 이해, 다양한 의사소통의 구분과 유형, 의사소통 관련 이론, 의사소통과 대화 기법과 스트로크, 공감과 경청의 이해 등을 2장에서 7장까지로 나누어 다루었다. 또 다른 하나는 실무적인 접근으로써, 8장부터 11장으로 구분하여 면접 및 프레젠테이션을 포함한 다양한 실용 의사소통과, 글쓰기를 시도해보는 문서작성기법과 적용, 기초 외국어 능력 등이 이에 해당한다.

마지막으로 이 학습내용은 피교육자들이 스스로 참여하고 학습효과를 향상시키기 위한 방향으로 각 장의 내용을 기술하였다. 구체적으로 다양한 실용적 사례를 포함하였으며, 워크시트, 진단 테스트, 학습평가 등 피드백이 가능하도록 장이 구성되었다. 이는 피교육자들로 하여금 보다 쉽고 효과적으로 언어와 문자를 활용한 의사소통능력을 갖게 하는데 도움이 되기를 바라는 마음에서 비롯되었다.

현대를 살고 있는 우리는 누구나, 언제 어디서나 원활한 의사소통을 희망한다. 피교육자 스스로가 의사소통능력을 보다 이해하고 향상시키고 싶다면 교재에 주어진 다양한 내용에 친근하게 접하기를 바라는 마음 간절하다. 또, 적극적인 참여의지를 갖고 주어진 자료들을 활용한다면 의사소통능력은 충분히 발휘될 것이라 믿어 의심치 않는다.

이 교재는 가족을 포함한 대인관계 및 나아가서는 직장생활에서 요구되는 의사소통능력의 이론과 실무능력을 함양할 수 있도록 기술하였다. 그러나 역시 앞으로도 실제 강의에 적용한 이후 지속적인 보완이 필요할 것으로 생각하며, 아울러 이 책에 대한 학생 및 독자여러분의 다양한 피드백이 있기를 또한 기대해본다. 강의 등 바쁜 여건에서도 교재 집필에 수고해주신 저자들께 감사의 마음을 전하며, 바쁜 일정에도 편집에 수고를 다해주신 최인노 편집실장님 및 출판을 허락해 준 김명환 대표님께 깊은 감사드린다.

2018년 8월

저자를 대표하여 김진욱

WORKSHEET 커뮤니케이션 자가 진단

커뮤니케이션 자가 진단

아래 20개의 문항에 대해 '매우 그렇다' 5점부터, '전혀 아니다' 1점까지 기입해 주십시오.

원칙	NO	내용					
공감의 원칙	1	다른 사람과 만날 때 상대방과의 차이를 인정하는가?	1	2	3	4	5
	2	상대방에 대해 알고자 노력하는가?	1	2	3	4	5
	3	상대방의 심정과 생각을 이해하고자 노력하는가?	1	2	3	4	5
	4	자기 이야기를 잘 하는가?	1	2	3	4	5
경청의 원칙	5	말하기 보다는 상대방의 이야기를 들어주는가?(양)	1	2	3	4	5
	6	상대방의 이야기를 진지하고 깊게 듣는가?(질)	1	2	3	4	5
통합의 원칙	7	사람을 만날 때 의상과 외모에 신경 쓰는가?	1	2	3	4	5
	8	말할 때 제스처를 잘 사용하는가?	1	2	3	4	5
	9	이야기할 때 눈을 맞추는가?	1	2	3	4	5
스토리텔링의 원칙	10	부드러운 억양으로 말하는가?	1	2	3	4	5
	11	막힘없이 많은 이야기를 할 수 있는가?	1	2	3	4	5
	12	다른 사람의 이야기 등 사례를 많이 말하는가?	1	2	3	4	5
	13	말할 때 짜임새, 구조가 있는가?	1	2	3	4	5
명료성의 원칙	14	말하고자 하는 바가 명확한가?	1	2	3	4	5
	15	말할 때 근거가 분명하고 논리적인가?	1	2	3	4	5
반복/자극의 원칙	16	자기의 주장을 반복해서 적절히 강조하는가?	1	2	3	4	5
	17	사람과 만날 때 자기만의 매력을 보이려 노력하는가?	1	2	3	4	5
진정성의 원칙	18	누군가를 (사람을) 만났을 때 상대방을 배려하는가?	1	2	3	4	5
	19	누군가를 (사람을) 만났을 때 상대방에게 집중하는가?	1	2	3	4	5
	20	말과 행동이 일치하는가?	1	2	3	4	5

커뮤니케이션 진단

90점 이상	소통의 달인	어떠한 상황에서도 차이를 인정하고 소통을 시도한다. 경청을 통해 다른 사람의 의견을 먼저 받아들이고 자신의 의견도 상황에 맞게 적절히 전달한다. 항상 상대방을 최우선으로 소통한다. 역사적 인물이나 聖人(성인)의 반열이다.
80점 ~ 89점	원활한 소통	소통을 하고자 매사 노력한다. 여건이 허락하면 차이를 인정하고 좋은 관계를 맺고자 노력한다. 물론 본인이 다른 문제로 고민하거나 상대방이 도를 넘는 행동을 하면 불통이 되기도 하지만 꾸준히 노력한다. 주변 사람들에게 친화력이 좋은 사람으로 인정받는다. 매력적인 인물로 주변에 사람이 모인다.
70점 ~ 79점	평범한 소통	소통의 중요성을 인식하고 소통하고자 시도하지만 안 되는 경우가 종종 발생한다. 자신의 이익과 관련된 문제가 개입되면 소통보다는 일방적 주장으로 상대방을 설득하고자 한다. 하지만 이익과 관련 없는 정서적 모임에 있어서는 차이를 인정하고 상대방과의 공감대를 형성하고 노력한다.
55점 ~ 69점	일방적 소통	소통을 자신의 주장이 관철되는 것으로 이해한다. 따라서 상대방이 처한 상황보다는 내가 처한 상황에서 나의 주장을 많이 전하는 것을 관건으로 생각한다. 자신의 주장을 모두 전하는 것이 좋은 소통이라고 생각하는 것이다. 특히 자신의 매력을 높이는 것에 몰두하지만 상대방에게 잘 집중하지는 않는다.
55점 미만	불통의 단계	차이를 인정하지 못할 뿐 아니라 자신의 메시지 자체도 효과적으로 전달하지 못한다. 항상 만남이 겉돌기 때문에 관계 역시 형성되지 않는다. 나중에는 만남 자체를 꺼리게 된다.

- 나의 개선할 점에 대해 이야기해보자.

출처 : KSA 한국표준협회『혜전대학교 교수학습역량강화 연수자료』

차례

CHAPTER 01

국가직무능력표준(NCS)과 기초직업능력

제1절
국가직무능력표준

1. NCS의 개요

1) NCS의 개념 및 도입배경

(1) 개념

국가직무능력표준(NCS, *National Competency Standards*)은 산업현장에서 직무를 수행하기 위해 요구되는 지식·기술·소양 등의 내용을 국가가 산업부문별·수준별로 체계화한 것으로, 산업현장의 직무를 성공적으로 수행하기 위해 필요한 능력(지식, 기술, 태도)을 국가적 차원에서 표준화한 것을 의미한다.

(2) 도입배경

직업교육·훈련과 자격이 연계되지 않은 상태로 산업현장에서 요구하는 직무수행능력과 괴리되어 실시됨에 따라 인적자원개발이 비효율적이라는 비판을 해소하기 위해 NCS를 도입하게 되었다.

◆ 인적 자원개발의 비효율성

〈인적자원개발의 비효율율 문제제기 사례〉

■ 기업이 원하는 교육훈련이 아닌 공급자 위주의 교육훈련으로 인해 높은 재교육비 부담

- 대졸 실입사원 재교육기간 및 1인당 재교육비 : 18.3개월, 5,659만원 (경총, 2013 기준)
- 청년층의 첫 일자리 전공불일지 비율 : 4년제 – 80.7%, 전문대 – 78.1%, 전문계고 – 68.1% (한국노동연구원)

◆ 학력별 노동시장 미스매치 분석(한국노동연구원, 2011)

- 기업입장에서 본 가장 심각한 미스매치(기업인사담당자 150명 면접조사 결과)는 전문계고 졸업자의 80%이상이 상급학교 진학에 따른 구직자 부족(양적 미스매치)
- 특수능력의 미스매치보다는 인성이나 성실성 등 일반적 능력의 미스매치 심각
  전문대 졸업자의 질적 미스매치 및 구직자 부족
  4년제 대졸자의 전공 미스매치(전공커리큘럼 및 교양 외국어 커리큘럼 개선요구)

기업이 원하는 교육이 아닌 공급자 위주의 교육으로 인한 지나친 재교육비 소요에 불만제기

▷ 대졸 신입사원 재교육 기간 및 소요비용 (경총) : 19.5개월('07) 1인당 6,088만원('08)

▷ 청년층의 첫 일자리 전공 불일치 비율('13, 한국노동연구원) : 80.7%(4년제 대학), 78.1%(전문대), 68.1%(전문계고)

취업에 대한 불안감을 스펙으로 보충하려는 심리가 팽배

▷ 휴학 일반화, 학원. 어학연수 등 스펙 취득비용 급증, 최초 취업시기 지연
- 대졸청년 휴학경험(통계청) : ('10) 39.7% ('11) 43.0% ('12) 42.7%
- 과잉학력으로 인한 기회비용(SERI, '12) 대졸자 120백만원, 전문대졸 53백만원

[표 1-1] 학력별 노동시장 미스매치 현황

(단위 : %)

	4년제 대학	전문대학	특성화고
전공단위 (양적 미스매치)	18.0	14.0	10.7
질적 미스매치	14.0	26.0	15.3
전공불문 학력단위 (양적미스매치)	12.0	21.3	50.0

- 산업수요에 맞춘 대학의 학과별 정원 조정이 필요하다.
  또한 지역과 산업계가 요구하는 인재수요를 발굴, 양성하는 지역단위 인력양성체계 정착을 통해 일자리 미스매치 현상을 해소해 나갈 필요성이 절실해졌다.

◆ 능력중심사회

지능정보사회로 지칭되는 4차 산업혁명이 현실화되면서 사회체제에 근본적인 변화가 예상된다. 소위 간판으로 상징되는 '학력(學歷)'보다는 개인이 갖고 있는 역량이 강조되는 사회로 급격히 변화하고 있다. 대학입학 시험의 성공으로 평생을 누리고 살던 시절이 지나고 진정한 역량을 요구하는 능력중심사회로 진화하고 있는 것이다.

하지만 우리나라는 오랜 역사적 전통을 갖고 있는 나라들과는 달리 능력중심사회 구현을 위해 많은 과제를 안고 있다. 우선 인력의 공급 측면에서 이론중심, 학문중심의 교육에서 역량중심의 교육으로 패러다임의 전환이 필요하다. '무엇을 알고 있는지'가 아닌 '무엇을 할 수 있는지'에 관심을 가지는 교육이 되어야 한다.

(정제영, 이화여대, 헤럴드 경제, 2016. 5. 17)

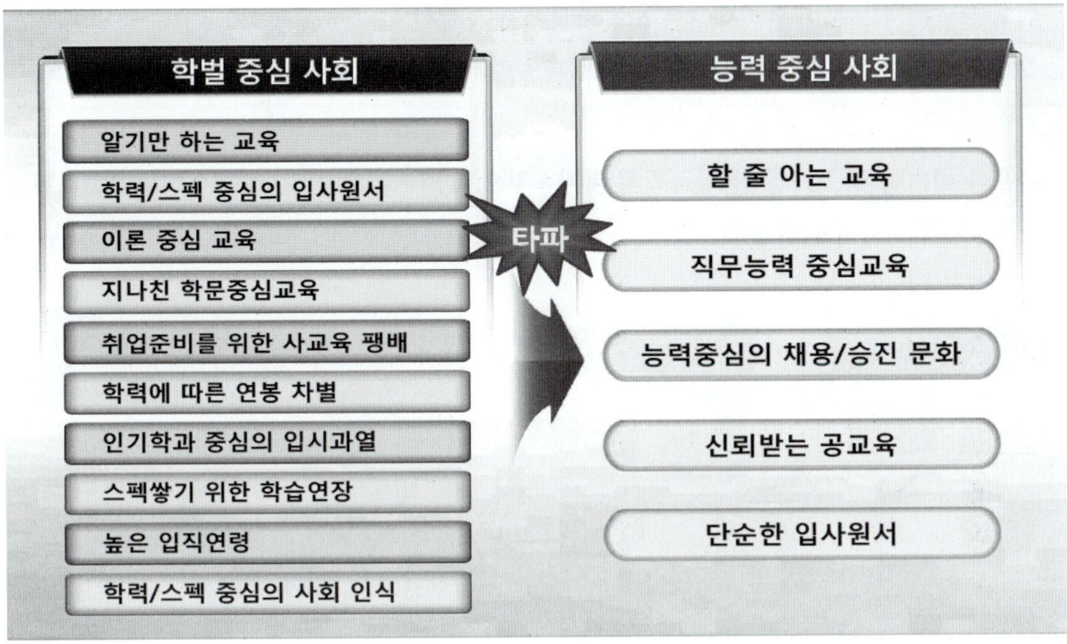

[그림 1-1] 학벌중심사회에서 능력중심사회로의 변화 추이

◆ 노동시장의 구조적 문제 해결

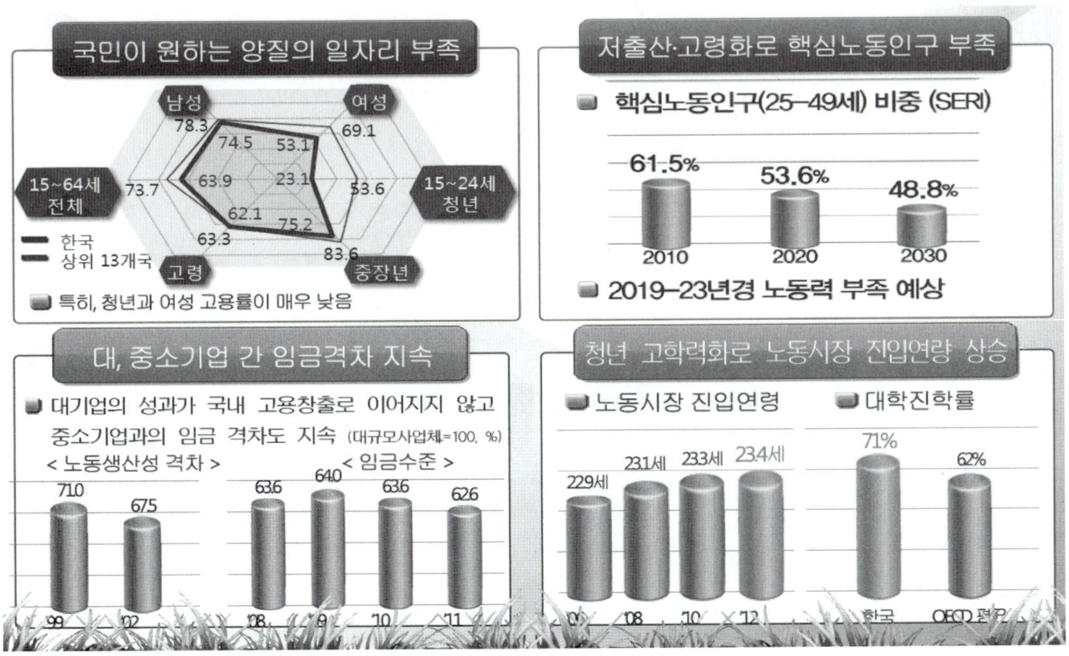

[그림 1-2] 노동시장의 구조적 문제

위의 그림에서 보듯이 우리나라는 노동시장에서 다양한 문제에 부딪히고 있다. 국민이 원하는 일자리가 부족하고 저출산·고령화로 핵심노동인구가 2023년에는 48.8%가 부족할 것으로 예상된다.

아울러 대기업·중소기업 간 임금격차는 지속적으로 벌어지고 있으며 청년층의 고학력화로 노동시장 진입연령이 점점 높아지고 있는 추세이다.

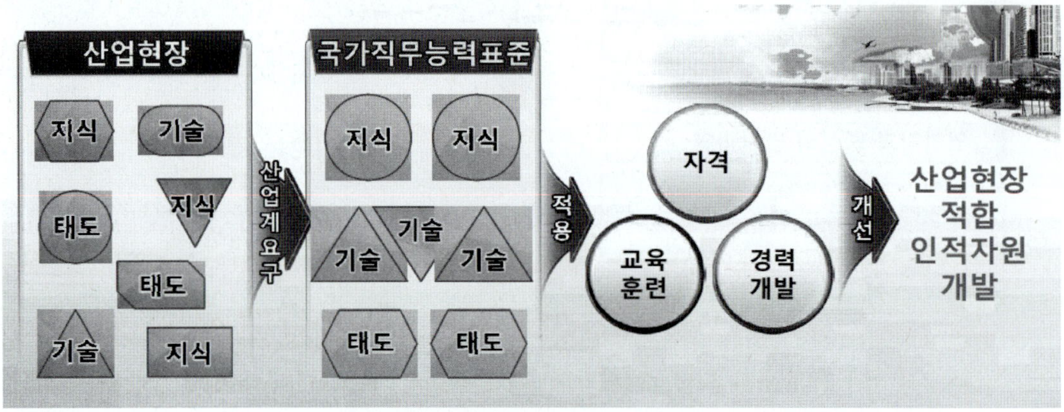

[그림 1-3] 국가직무능력표준 개념도

(3) NCS의 활용 범위

[그림 1-4] NCS 활용 범위

◆ **직업능력개발훈련에서의 활용**

- 훈련기준 : 2014년까지 NCS 개발·보완과 연계하여 797개 직종을 "NCS 기반 훈련기준"으로 개발 완료
- 훈련기준 구조를 모듈형으로 개편하여 훈련과정 개발 시 활동도 제고
- 훈련기준은 NCS를 개발하는 산업단체가 개발
- 2016년부터 NCS 활용 가능한 직종(과정)에 대하여 NCS를 적용

◆ **국가기술자격에서의 활용**

- NCS 개발과 연계하여 능력단위별 출제기준 개발
- 자격재설계 : NCS를 토대로 국가기술자격 종목 단계적 재설계
- 산업현장의 일을 중심으로 직업교육·훈련과 자격이 유기적으로 연계될 수 있도록 "과정평가형 자격제도" 도입

◆ **기업 및 근로자의 활용**

- (중소기업) 중소기업에 대하여 SC(산업별인적자원개발협의체), RC(지역인적자원개발협의체)를 통한 개별기업 수요조사를 실시하고, 수요 기업에 대하여 국가직무능력기반의 직무분석 등 기업에서 활용할 수 있도록 컨설팅 지원
- (근로자) 평생경력개발경로, 자가진단 도구 등을 개발·보급하여 현장 근로자가 재직 중 능력개발을 통해 기업의 핵심인재로 성장토록 지원
- (일·학습병행제) 일터에서 학습을 통해 자격을 부여하는 "일·학습 병행제" 도입지 활용 지원
- 일과 병행한 학습을 통해 현장에서 요구하는 직무능력을 함양하고, 교육·훈련에 소요되는 시간적·재정적 비용 경감을 통해 인적자원개발의 효율성 극대화

2) 국가직무능력표준의 특성

(1) 실제적인 수행능력

한 사람의 근로자가 해당 직업 내에서 소관 업무를 성공적으로 수행하기 위하여 요구되는 실제적인 수행능력을 의미하는 것으로, 직무수행능력 평가를 위한 최종 결과의 내용을 반영한다. 또한 최종 결과는 '무엇을 하여야 한다.'보다는 '무엇을 할 수 있다'는 형식으로 제시한다.

(2) 수행능력을 포괄하여 제시

해당 직무를 수행하기 위한 모든 종류의 수행능력을 포괄하여 제시한다.

① **작업능력** : 특정업무를 수행하기 위해 요구되는 능력

② **작업관리 능력** : 다양한 다른 작업을 계획하고 조직화하는 능력

③ **돌발 상황 대처능력** : 일상적인 업무가 마비되거나 예상치 못한 일이 발생했을 때 대처하는 능력

④ **미래지향적 능력** : 해당 산업관련 기술적 및 환경적 변화를 예측하여 상황에 대처하는 능력

(3) 해당분야 산업계 단체가 주도적으로 참여하여 개발

해당분야 산업별인적자원개발협의체(SC), 관련 단체, 산업현장에서 우수한 성과를 내고 있는 근로자 또는 전문가가 국가직무능력표준 개발 단계마다 참여하고 있다.

2. 국가직무능력표준 분류체계 및 소관부처

1) NCS의 분류체계

국가직무능력표준의 분류체계는 직무의 유형(Type)을 중심으로 국가직무능력표준의 단계적 구성을 나타내는 것으로, 국가직무능력표준 개발의 전체적인 로드맵을 제시하고 있다.

일터 중심의 체계적인 NCS개발을 위해 산업 현장 전문가의 직종구조 분석 결과를 반영하기 위하여 산업현장 직무를 한국고용직업분류(KECO: Korean Employment Classification of Occupations)에 부합하게 분류하였으며, '대분류(24) → 중분류(80) → 소분류(238) → 세분류(887개)*'의 순으로 구성되어 있다(한국산업인력공단, 2015, 9월).

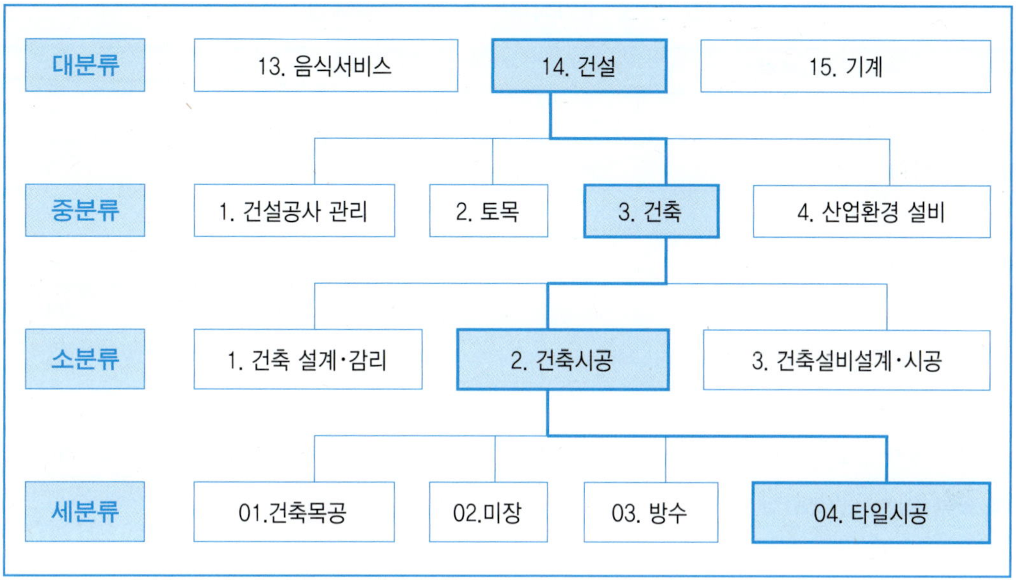

[그림 1-5] NCS 분류 체계도(예시)

[표 1-2] 세부 분류기준

구분	분류기준
대분류	• 직능유형이 유사한 분야(한국고용직업분류 참조)
중분류	• 대분류 내에서 직능유형이 유사한 분야 • 대분류 내에서 산업이 유사한 분야 • 대분류 내에서 노동시장이 독립적으로 형성되거나 경력개발경로가 유사한 분야 • 중분류 수준에서 산업별인적자원개발협의체(SC)가 존재하는 분야
소분류	• 중분류 내에서 직능유형이 유사한 분야 • 소분류 수준에서 산업별인적자원개발협의체(SC)가 존재하는 분야
세분류	• 소분류 내에서 직능유형이 유사한 분야 • 한국고용직업분류의 직업 중 대표 직무

[표 1-3] 국가직무능력표준 분류체계

대분류	중분류	소분류	세분류
24	80	238	887
01. 사업관리	1	2	5
02. 경영·회계·사무	4	11	27
03. 금융·보험	2	9	35
04. 교육·자연·사회과학	3	5	13
05. 법률·경찰·소방·교도·국방	2	4	15
06. 보건·의료	2	7	34
07. 사회복지·종교	3	6	16
08. 문화·예술·디자인·방송	3	9	63
09. 운전·운송	4	7	26
10. 영업판매	3	7	17
11. 경비·청소	2	3	6
12. 이용·숙박·여행·오락·스포츠	4	12	42
13. 음식서비스	1	3	9
14. 건설	8	26	109
15. 기계	10	29	115
16. 재료	2	7	34
17. 화학	4	11	32
18. 섬유·의복	2	7	23
19. 전기·전자	3	24	72
20. 정보통신	3	11	58
21. 식품가공	2	4	20
22. 인쇄·목재·가구·공예	2	4	23
23. 환경·에너지·안전	6	18	49
24. 농림어업	4	12	44

〈자료 : 한국산업인력공단(2015. 9월 기준)〉

2) 소관부처

[표 1-4] 국가직무능력표준 분야별 소관부처

개발영역(대분류)	소 관 부 처(가나다순)
01. 사업관리	고용노동부, 행정자치부
02. 경영·회계·사무	고용노동부, 공정거래위원회, 국토교통부, 기획재정부, 산업통상자원부
03. 금융·보험	금융위원회
04. 교육·자연·사회과학	고용노동부, 미래창조과학부, 교육부
05. 법률·경찰·소방·교도·국방	국방부, 법무부, 행정자치부
06. 보건·의료	보건복지부
07. 사회복지	고용노동부, 보건복지부, 여성가족부
08. 문화·예술·디자인·방송	고용노동부, 문화체육관광부, 산업통상자원부, 방송통신위원회
09. 운전·운송	국방부, 국토교통부, 해양수산부
10. 영업판매	고용노동부, 국토교통부
11. 경비·청소	행정자치부
12. 이용·숙박·여행·오락·스포츠	문화체육관광부, 보건복지부
13. 음식서비스	식품의약품안전처
14. 건설	고용노동부, 미래창조과학부, 국토교통부, 해양수산부
15. 기계	고용노동부, 미래창조과학부, 국토교통부, 산업통상자원부
16. 재료	고용노동부, 미래창조과학부, 산업통상자원부
17. 화학	미래창조과학부, 산업통상자원부
18. 섬유·의복	고용노동부, 산업통상자원부
19. 전기·전자	고용노동부, 미래창조과학부, 산업통상자원부
20. 정보통신	문화체육관광부, 미래창조과학부, 산업통상자원부
21. 식품가공	농림축산부, 보건복지부, 식품의약품안전처
22. 인쇄·목재·가구·공예	고용노동부, 문화체육관광부, 산업통상자원부
23. 환경·에너지·안전	고용노동부, 미래창조과학부, 환경부, 산업통상자원부
24. 농림어업	농림축산부, 해양수산부

3. 국가직무능력표준의 구성

1) 능력단위

직무는 국가직무능력표준 분류체계의 세분류를 의미하고, 원칙상 세분류 단위에서 표준이 개발되었다. 능력단위는 국가직무능력표준 분류체계의 하위단위로서 국가직무능력표준의 기본 구성요소에 해당된다.

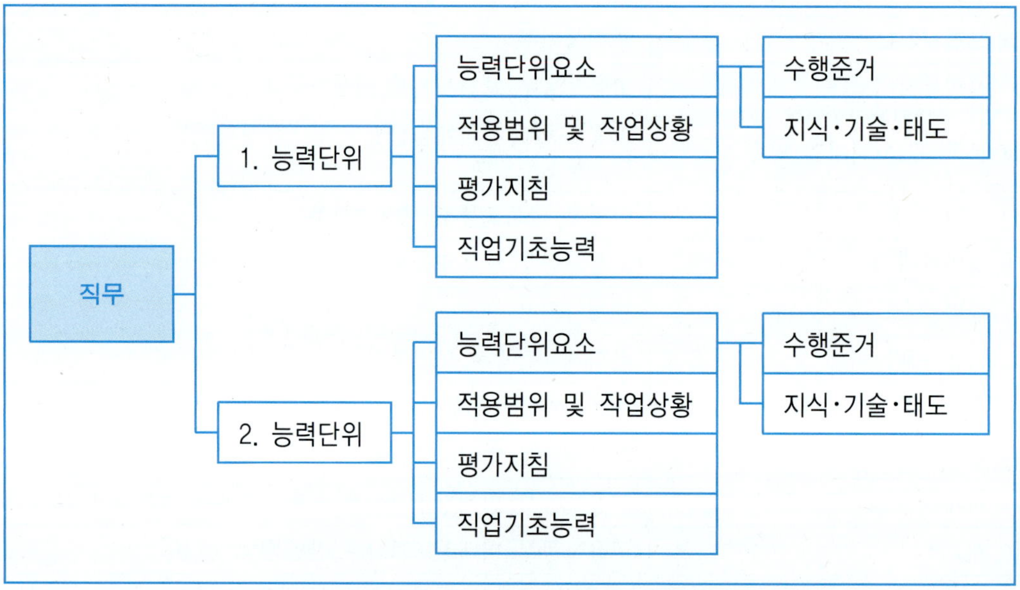

[그림 1-6] NCS 능력단위 구성

능력단위는 능력단위분류번호, 능력단위정의, 능력단위요소(수행준거, 지식·기술·태도), 적용범위 및 작업상황, 평가지침, 직업기초능력으로 구성되어 있다.

[표 1-5] NCS 능력단위 설명

구성항목	내용
■ 능력단위분류번호 (competency unit code)	• 능력단위를 구분하기 위하여 부여되는 일련번호로서 14자리로 표현
■ 능력단위정의 (competency unit description)	• 능력단위의 목적, 업무수행 및 활용범위를 개략적으로 기술
■ 능력단위요소 (competency unit element)	• 능력단위를 구성하는 중요한 핵심 하위능력을 기술
■ 수행준거 (performance criteria)	• 능력단위요소별로 성취여부를 판단하기 위하여 개인이 도달해야 하는 수행의 기준을 제시
■ 지식·기술·태도 (knowledge·skill·attitude)	• 능력단위요소를 수행하는 데 필요한 지식·기술·태도
■ 적용범위 및 작업 상황 (range of variable)	• 능력단위를 수행하는데 있어 관련되는 범위와 물리적 혹은 환경적 조건 • 능력단위를 수행하는 데 있어 관련되는 자료, 서류, 장비, 도구, 재료
■ 평가지침 (guide of assessment)	• 능력단위의 성취여부를 평가하는 방법과 평가 시 고려되어야 할 사항
■ 직업기초능력 (key competency)	• 능력단위별로 업무 수행을 위해 기본적으로 갖추어야할 직업능력

2) NCS 수준체계

산업현장 직무의 수준을 체계화한 것으로, '산업현장 - 교육·훈련 - 자격' 연계, 평생학습능력 성취 단계 및 자격의 수준체계 구성에서 활용한다. NCS 개발 시 직무수준을 능력단위 및 능력단위 요소별 수준을 평정하여 8단계로 구분하여 제시하고 있다.

[표 1-6] NCS 직무수준체계]

수준	직무수준 정의
8수준	• 정의 - 해당분야에 대한 최고도의 이론 및 지식을 활용하여 새로운 이론을 창조할 수 있고, 최고도의 숙련으로 광범위한 기술적 작업을 수행할 수 있으며 조직 및 업무 전반에 대한 권한과 책임이 부여된 수준
	• 지식·기술 - 해당분야에 대한 최고도의 이론 및 지식을 활용하여 새로운 이론을 창조할 수 있는 수준, 최고도의 숙련으로 광범위한 기술적 작업을 수행할 수 있는 수준
	• 역량 - 조직 및 업무 전반에 대한 권한과 책임이 부여된 수준
	• 경력 - 수준7에서 2-4년 정도의 계속 업무 후 도달 가능한 수준
7수준	• 정의 - 해당분야의 전문화된 이론 및 지식을 활용하여, 고도의 숙련으로 광범위한 작업을 수행할 수 있으며 타인의 결과에 대하여 의무와 책임이 필요한 수준
	• 지식·기술 - 해당분야의 전문화된 이론 및 지식을 활용할 수 있으며, 근접분야의 이론 및 지식을 사용할 수 있는 수준, 고도의 숙련으로 광범위한 작업을 수행하는 수준
	• 역량 - 타인의 결과에 대하여 의무와 책임이 필요한 수준
	• 경력 - 수준6에서 2-4년 정도의 계속 업무 후 도달 가능한 수준
6수준	• 정의 - 독립적인 권한 내에서 해당분야의 이론 및 지식을 자유롭게 활용하고, 일반적인 숙련으로 다양한 과업을 수행하고, 타인에게 해당분야의 지식 및 노하우를 전달할 수 있는 수준
	• 지식·기술 - 해당분야의 이론 및 지식을 자유롭게 활용할 수 있는 수준, 일반적인 숙련으로 다양한 과업을 수행할 수 있는 수준
	• 역량 - 타인에게 해당분야의 지식 및 노하우를 전달할 수 있는 수준, 독립적인 권한 내에서 과업을 수행할 수 있는 수준
	• 경력 - 수준5에서 1-3년 정도의 계속 업무 후 도달 가능한 수준

수준	내용
5수준	• 정의 - 포괄적인 권한 내에서 해당분야의 이론 및 지식을 사용하여 매우 복잡하고 비일상적인 과업을 수행하고, 타인에게 해당분야의 지식을 전달할 수 있는 수준
	• 지식·기술 - 해당분야의 이론 및 지식을 사용할 수 있는 수준, 매우 복잡하고 비일상적인 과업을 수행할 수 있는 수준
	• 역량 - 타인에게 해당분야의 지식을 전달할 수 있는 수준, 포괄적인 권한 내에서 과업을 수행할 수 있는 수준
	• 경력 - 수준4에서 1-3년 정도의 계속 업무 후 도달 가능한 수준
4수준	• 정의 - 일반적인 권한 내에서 해당분야의 이론 및 지식을 제한적으로 사용하여 복잡하고 다양한 과업을 수행하는 수준
	• 지식·기술 - 해당분야의 이론 및 지식을 제한적으로 사용할 수 있는 수준, 복잡하고 다양한 과업을 수행할 수 있는 수준
	• 역량 - 일반적인 권한 내에서 과업을 수행할 수 있는 수준
	• 경력 - 수준3에서 1-4년 정도의 계속 업무 후 도달 가능한 수준
3수준	• 정의 - 제한된 권한 내에서 해당분야의 기초이론 및 일반지식을 사용하여 다소 복잡한 과업을 수행하는 수준
	• 지식·기술 - 해당분야의 기초이론 및 일반지식을 사용할 수 있는 수준, 다소 복잡한 과업을 수행하는 수준
	• 역량 - 제한된 권한 내에서 과업을 수행하는 수준
	• 경력 - 수준2에서 1-3년 정도의 계속 업무 후 도달 가능한 수준

2수준	• 정의 - 일반적인 지시 및 감독 하에 해당분야의 일반 지식을 사용하여 절차화되고 일상적인 과업을 수행하는 수준
	• 지식·기술 - 해당분야의 일반 지식을 사용할 수 있는 수준, 절차화 되고 일상적인 과업을 수행하는 수준
	• 역량 - 일반적인 지시 및 감독 하에 과업을 수행하는 수준
	• 경력 - 수준1에서 6-12개월 정도의 계속 업무 후 도달 가능한 수준
1수준	• 정의 - 구체적인 지시 및 철저한 감독 하에 문자이해, 계산능력 등 기초적인 일반지식을 사용하여 단순하고 반복적인 과업을 수행하는 수준
	• 지식·기술 - 문자이해, 계산능력 등 기초적인 일반 지식을 사용할 수 있는 수준, 단순하고 반복적인 과업을 수행하는 수준
	• 역량 - 구체적인 지시 및 철저한 감독 하에 과업을 수행하는 수준

3) 능력단위 분류번호 체계

국가직무능력표준의 분류번호는 NCS의 능력단위에 대한 식별번호로 대분류, 중분류, 소분류, 세분류, 능력단위 및 개발연도로 구성되어 있다.

- **대 분 류** : 대분류 체계의 2자리 숫자(2 digits)
- **중 분 류** : 해당 대분류 내 중분류 체계의 2자리 숫자(2 digits)
- **소 분 류** : 해당 중분류 내 소분류 체계의 2자리 숫자(2 digits)
- **세 분 류** : 해당 소분류 내 세분류 체계의 2자리 숫자(2 digits)
- **능력단위** : 해당 세분류 내 능력단위 연번으로 2자리 숫자(2 digits)
- **개발연도** : 능력단위 개발·보완 연도 2자리 숫자(2014년 → 14)로 작성하되, 앞의 분류와 구분하기 위하여 “ _ ” 이후에 연도 기입
- **버 전** : 표준 개발 순서 2자리(첫번째 → v, 두 번째 → 숫자)/(2 digits)

01110101_14v1

⬇

01	1	1	01	01	–	14	v1
대분류	중분류	소분류	세분류	능력단위	–	개발연도	버전

[그림 1-7] NCS 능력단위 분류번호(코드) 체계

제2절

직업기초능력

1. 직업기초능력의 개념

해당 직무를 수행하는데 필요한 기본적이고 공통적으로 갖추어야 할 직업능력을 말한다.

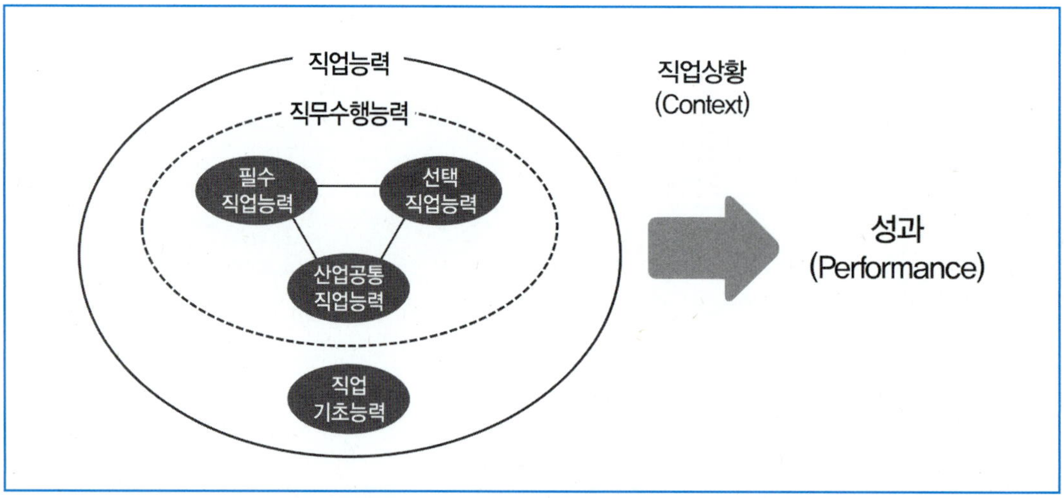

[그림 1-8] 직업기초능력의 개념

영 역	하위 능력
의사소통능력	문서이해능력, 문서작성능력, 경청능력, 언어구사능력, 기초외국어능력
자원관리능력	시간자원관리능력, 예산관리능력, 물적자원관리능력, 인적자원관리능력
문제해결능력	사고력, 문제처리능력
정보능력	컴퓨터활용능력, 정보처리능력
조직이해능력	국제감각능력, 조직체제이해능력, 경영이해능력, 업무이해능력
수리능력	기초연산능력, 기초통계능력, 도표분석능력, 도표작성능력
자기개발능력	자아인식능력, 자기관리능력, 경력개발능력
대인관계능력	팀워크능력, 리더십능력, 갈등관리능력, 협상능력, 고객서비스능력
기술능력	기술이해능력, 기술선택능력, 기술적용능력
직업윤리	근로윤리, 공동체윤리

2. 직업기초능력의 세부 분야별 정의

직업기초능력 영역		정 의
하위능력		
① 의사소통능력		업무를 수행함에 있어 글과 말을 읽고 들음으로써 다른 사람이 뜻한 바를 파악하고, 자기가 뜻한 바를 글과 말을 통해 정확하게 쓰거나 말하는 능력
하위능력	문서이해 능력	업무를 수행함에 있어 다른 사람이 작성한 글을 읽고 그 내용을 이해하는 능력
	문서작성 능력	업무를 수행함에 있어 자기가 뜻한 바를 글로 나타내는 능력
	경청능력	업무를 수행함에 있어 다른 사람의 말을 듣고 그 내용을 이해하는 능력
	의사표현 능력	업무를 수행함에 있어 자기가 뜻한 바를 말로 나타내는 능력
	기초외국어 능력	업무를 수행함에 있어 외국어로 의사소통할 수 있는 능력
② 수리능력		업무를 수행함에 있어 사칙연산, 통계, 확률의 의미를 정확하게 이해하고, 이를 업무에 적용하는 능력
하위능력	기초연산 능력	업무를 수행함에 있어 기초적인 사칙연산과 계산을 하는 능력
	기초통계 능력	업무를 수행함에 있어 필요한 기초 수준의 백분율, 평균, 확률과 같은 통계 능력
	도표분석 능력	업무를 수행함에 있어 도표(그림, 표, 그래프 등)가 갖는 의미를 해석하는 능력
	도표작성 능력	업무를 수행함에 있어 필요한 도표(그림, 표, 그래프 등)를 작성하는 능력

③ 문제해결능력		업무를 수행함에 있어 문제 상황이 발생하였을 경우, 창조적이고 논리적인 사고를 통하여 이를 올바르게 인식하고 적절히 해결하는 능력
하위능력	사고력	업무와 관련된 문제를 인식하고 해결함에 있어 창조적, 논리적, 비판적으로 생각하는 능력
	문제처리 능력	업무와 관련된 문제의 특성을 파악하고, 대안을 제시, 적용하고 그 결과를 평가하여 피드백하는 능력
④ 자기개발능력		업무를 추진하는데 스스로를 관리하고 개발하는 능력
하위능력	자아인식 능력	자신의 흥미, 적성, 특성 등을 이해하고, 이를 바탕으로 자신에게 필요한 것을 이해하는 능력
	자기관리 능력	업무에 필요한 자질을 지닐 수 있도록 스스로 관리하는 능력
	경력개발 능력	끊임없는 자기 개발을 위해서 동기를 갖고 학습하는 능력
⑤ 자원관리능력		업무를 수행하는데 시간, 자본, 재료 및 시설, 인적자원 등의 자원 가운데 무엇이 얼마나 필요한지를 확인하고, 이용 가능한 자원을 최대한 수집하여 실제 업무에 어떻게 활용할 것인지를 계획하고, 계획대로 업무 수행에 이를 할당하는 능력
하위능력	시간자원관리 능력	업무수행에 필요한 시간자원이 얼마나 필요한지를 확인하고, 이용 가능한 시간자원을 최대한 수집하여 실제 업무에 어떻게 활용할 것인지를 계획하고 할당하는 능력
	예산자원관리 능력	업무수행에 필요한 자본자원이 얼마나 필요한지를 확인하고, 이용 가능한 자본자원을 최대한 수집하여 실제 업무에 어떻게 활용할 것인지를 계획하고, 할당하는 능력
	물적자원관리 능력	업무수행에 필요한 재료 및 시설자원이 얼마나 필요한지를 확인하고, 이용 가능한 재료 및 시설자원을 최대한 수집하여 실제 업무에 어떻게 활용할 것인지를 계획하고 할당하는 능력
	인적자원관리 능력	업무수행에 필요한 인적자원이 얼마나 필요한지를 확인하고, 이용 가능한 인적자원을 최대한 수집하여 실제 업무에 어떻게 활용할 것인지를 계획하고, 할당하는 능력
⑥ 대인관계능력		업무를 수행함에 있어 접촉하게 되는 사람들과 문제를 일으키지 않고 원만하게 지내는 능력
하위능력	팀워크능력	다양한 배경을 가진 사람들과 함께 업무를 수행하는 능력
	리더십능력	업무를 수행함에 있어 다른 사람을 이끄는 능력
	갈등관리 능력	업무를 수행함에 있어 관련된 사람들 사이에 갈등이 발생하였을 경우 이를 원만히 조절하는 능력
	협상능력	업무를 수행함에 있어 다른 사람과 협상하는 능력
	고객서비스능력	고객의 요구를 만족시키는 자세로 업무를 수행하는 능력
⑦ 정보능력		업무와 관련된 정보를 수집하고, 이를 분석하여 의미 있는 정보를 찾아내며, 의미 있는 정보를 업무수행에 적절하도록 조직하고, 조직된 정보를 관리하며, 업무수행에 이러한 정보를 활용하고, 이러한 제 과정에 컴퓨터를 사용하는 능력

<table>
<tr><td rowspan="2">하위능력</td><td>컴퓨터활용능력</td><td>업무와 관련된 정보를 수집, 분석, 조직, 관리, 활용하는데 있어 컴퓨터를 사용하는 능력</td></tr>
<tr><td>정보처리 능력</td><td>업무와 관련된 정보를 수집하고, 이를 분석하여 의미 있는 정보를 찾아내며, 의미 있는 정보를 업무수행에 적절하도록 조직하고, 조직된 정보를 관리하며, 업무수행에 이러한 정보를 활용하는 능력</td></tr>
<tr><td colspan="2">⑧ 기술능력</td><td>업무를 수행함에 있어 도구, 장치 등을 포함하여 필요한 기술에는 어떠한 것들이 있는지 이해하고, 실제로 업무를 수행함에 있어 적절한 기술을 선택하여 적용하는 능력</td></tr>
<tr><td rowspan="3">하위능력</td><td>기술이해능력</td><td>업무 수행에 필요한 기술적 원리를 올바르게 이해하는 능력</td></tr>
<tr><td>기술선택능력</td><td>도구, 장치를 포함하여 업무 수행에 필요한 기술을 선택하는 능력</td></tr>
<tr><td>기술적용능력</td><td>업무 수행에 필요한 기술을 업무 수행에 실제로 적용하는 능력</td></tr>
<tr><td colspan="2">⑨ 조직이해능력</td><td>업무를 원활하게 수행하기 위해 국제적인 추세를 포함하여 조직의 체제와 경영에 대해 이해하는 능력</td></tr>
<tr><td rowspan="4">하위능력</td><td>국제감각</td><td>주어진 업무에 관한 국제적인 추세를 이해하는 능력</td></tr>
<tr><td>조직체제이해능력</td><td>업무 수행과 관련하여 조직의 체제를 올바르게 이해하는 능력</td></tr>
<tr><td>경영이해능력</td><td>사업이나 조직의 경영에 대해 이해하는 능력</td></tr>
<tr><td>업무이해능력</td><td>조직의 업무를 이해하는 능력</td></tr>
<tr><td colspan="2">⑩ 직업윤리</td><td>업무를 수행함에 있어 원만한 직업생활을 위해 필요한 태도, 매너, 올바른 직업관</td></tr>
<tr><td rowspan="2">하위능력</td><td>근로윤리</td><td>업무에 대한 존중을 바탕으로 근면하고 성실하고 정직하게 업무에 임하는 자세</td></tr>
<tr><td>공동체 윤리</td><td>인간 존중을 바탕으로 봉사하며, 책임 있고, 규칙을 준수하며 예의 바른 태도로 업무에 임하는 자세</td></tr>
</table>

CHAPTER 02

의사소통의 기초

일반목표

직장생활에서 문서를 읽거나 상대방의 말을 듣고 의미를 파악하며, 자신의 의사를 정확하게 표현할 수 있다.

세부목표

1. 의사소통의 개념과 중요성을 설명할 수 있다.
2. 의사소통의 종류를 설명할 수 있다.
3. 의사소통 저해요인을 제거할 수 있다.
4. 의사소통능력을 개발하기 위한 방법을 실천할 수 있다.

제1절

의사소통의 개념

1. 의사소통의 의미

의사소통(communication)의 원래 뜻은 '상호 공통점을 나누어 갖는다'로 라틴어 'communis(공통, 공유)'에서 나온 말이다. 의사소통이란 두 사람 또는 그 이상의 사람들 사이에서 의사의 전달과 상호교류가 이루어진다는 뜻이며, 어떤 개인 또는 집단이 개인 또는 집단에 대해서 정보, 감정, 사상, 의견 등을 전달하고 받아들이는 과정을 의미한다.

의사소통은 제각기 다른 사람들이 서로에 대한 지각의 차이를 좁혀주며, 선입견을 줄이거나 제거해 줄 수 있는 수단이다. 우리들은 직장에서 상사나 동료 혹은 부하와의 사이에 작업상 의사소통이 이루어져 상호간에 공감하게 된다면 직장의 팀워크는 높아지고 그로 인해 사기가 높아져 능률이 향상될 것이다. 따라서 직장 내에서 의사소통은 반드시 필요하다. 하지만 적절한 의사소통이 조직내에서 제대로 이루어지는 것은 쉽지 않다. 조직의 구성원은 다양한 사회적 경험과 사회적 지위를 토대로 한 개인의 집단이므로 동일한 내용을 제시하더라도 각각 다르게 받아들이고 반응한다. 메시지는 고정된 것이 아니라 유동적이고 가변적인 요소이기 때문에, 상호작용에 따라 다양하게 변형될 수 있다는 사실을 기억해야 한다.

의사소통은 내가 상대방에게 메시지를 전달하는 과정이 아니라 상대방과의 상호작용을 통해 메시지를 다루는 과정이다. 성공적인 의사소통을 위해서는 자신이 가진 정보와 의견을 상대방이 이해하기 쉽게 표현하는 것 뿐 아니라, 상대방이 어떻게 받아들일 것인가를 반드시 고려해야 한다.

의사소통이라고 하면 무조건 기계적인 정보의 전달만으로 잘못 이해되어왔다. 그러나 의사소통은 정보전달 이상의 것이다. 의사소통이란 다른 이해와 의미를 가지고 있는 사람들이 공통적으로 공유할 수 있는 의미와 이해를 만들어 내기 위해 서로 언어 또는 문서, 그리고 비언어적인 수단을 통해 상호 노력하는 과정이다. 따라서 일방적인 말하기가 되지 않도록 의사소통의 정확한 목적을 알고, 의견을 나누는 자세가 필요하다.

- **의사소통에 대해 정의해보고, 우리나라 속담, 격언, 사자 성어에서 의사소통을 의미하는 말들을 찾아보자.**

2. 의사소통의 목적

의사소통은 자신이 의도한 바를 달성하기 위하여 말하고 이를 듣고 이해하는 데 관련된 '언행적 목적'과 의사소통을 통해 개인의 이미지를 관리하고 원활한 인간관계를 이루려는 '관계적 목적'이라는 두 차원의 목적이 공존한다.

1) **언행적 차원 –** 담화 텍스트의 효과적 표현과 전달/수용과 이해
2) **관계적 차원 –** 효과적 대인관계 형성과 유지

자신이 의도한 대로 상대방을 설득했다 하더라도 상대방이 무시당했다는 불쾌감을 느끼게 했다면 이는 성공적인 의사소통으로 보기 어렵다. 참여자의 특성, 의사소통의 상황에 따라 언행적 목적이 중요하게 다루어질 수 있고 또, 어떤 경우에는 관계적 목적이 더 중요하게 다루어질 수도 있다. 그러나 이 두 목적이 함께 추구될 때 바람직한 의사소통이 가능하다.

또한 구체적으로는 그림과 같이 의사소통의 목적이 존재한다. 이는 감정과 정서를 표현하기 위해서, 정보전달과 공유하기 위해서, 타인에 대한 영향력을 발휘하기 위해서, 무언가를 통제하기 위해서 이다.

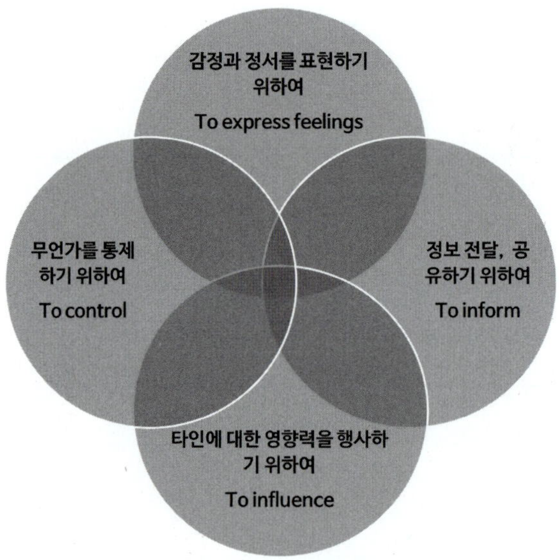

[그림 2-1] 의사소통의 목적

3. 직장생활에서 의사소통의 의미와 기능

직장생활에서 의사소통의 의미는 공식적인 조직 안에서의 의사소통을 의미한다. 직장생활에서의 의사소통은 조직의 생산성을 높이고, 사기를 진작시키며, 정보를 전달하고, 설득하려는 목적을 가지고 있다.

의사소통은 조직과 팀의 효율성과 효과성을 성취할 목적으로 이루어지는 구성원간의 정보와 지식의 전달 과정으로써 여러 사람의 노력으로 공통의 목표를 추구해 나가는 집단내의 기본적인 존재 기반이고 성과를 결정하는 핵심 기능이다. 자신의 생각과 느낌을 효과적으로 표현하는 것과 타인의 생각과 느낌, 사고를 이해하는 노력은 개인은 물론이고 조직이나 팀과 관련된 주요 요소이다.

의사소통의 역할은 개인들이 집단을 이루어 활동할 때 그 활동을 효과적으로 수행할 수 있도록 해준다. 따라서 구성원 간에 정보를 공유하는 중요한 기능을 한다. 인간관계 특히 조직 내에서 의사소통은 직장생활에서 필수이며, 대인관계의 기본이 된다.

직장에서의 의사소통은 다음과 같은 네 가지 기능을 수행한다.

첫째, 의사소통은 구성원들이 감정과 정서를 표출하고 다른 사람들과의 교류를 넓혀나가는 것이다.

둘째, 의사소통은 개인과 집단에 정보를 전달해 주는 기능을 한다. 구성원들에게 의사결정의 기준이 제공되고 명령과 지시 등이 수행된다.

셋째, 의사소통은 구성원들 동기를 유발하는 작용을 한다. 조직은 다양한 목적과 목표를 위한 구성원들 간의 협동과 몰입을 불러일으키기 위해 의사소통을 이용한다.

넷째, 조직구성원의 행동을 통제하는 기능을 한다. 구성원들의 의무를 명확히 하고 권한과 책임에 관한 기준을 설정하기 위해 의사소통이 이용된다.

WORKSHEET 키슬러 양식에 의한 나의 의사소통 스타일

대인관계 의사소통 스타일

아래 40개의 문항에 대해 '가장 그렇다' 5점부터, '전혀 아니다' 1점까지 기입해 주십시오.

문항					
1	자신감이 있다	1 2 3 4 5	21	온순하다	1 2 3 4 5
2	꾀가 많다	1 2 3 4 5	22	단순하다	1 2 3 4 5
3	강인하다	1 2 3 4 5	23	관대하다	1 2 3 4 5
4	쾌활하지 않다	1 2 3 4 5	24	열성적이다	1 2 3 4 5
5	마음이 약하다	1 2 3 4 5	25	지배적이다	1 2 3 4 5
6	다툼을 피한다	1 2 3 4 5	26	치밀하다	1 2 3 4 5
7	인정이 많다	1 2 3 4 5	27	무뚝뚝하다	1 2 3 4 5
8	명랑하다	1 2 3 4 5	28	고립되어 있다	1 2 3 4 5
9	추진력이 있다	1 2 3 4 5	29	조심성이 많다	1 2 3 4 5
10	자기자랑을 잘한다	1 2 3 4 5	30	겸손하다	1 2 3 4 5
11	냉철하다	1 2 3 4 5	31	부드럽다	1 2 3 4 5
12	붙임성이 없다	1 2 3 4 5	32	사교적이다	1 2 3 4 5
13	수줍음이 있다	1 2 3 4 5	33	자기주장이 강하다	1 2 3 4 5
14	고분고분하다	1 2 3 4 5	34	계산적이다	1 2 3 4 5
15	다정다감하다	1 2 3 4 5	35	따뜻함이 부족하다	1 2 3 4 5
16	붙임성이 있다	1 2 3 4 5	36	재치가 부족하다	1 2 3 4 5
17	고집이 세다	1 2 3 4 5	37	추진력이 부족하다	1 2 3 4 5
18	자존심이 강하다	1 2 3 4 5	38	솔직하다	1 2 3 4 5
19	독하다	1 2 3 4 5	39	친절하다	1 2 3 4 5
20	비사교적이다	1 2 3 4 5	40	활달하다	1 2 3 4 5

진단 그래프

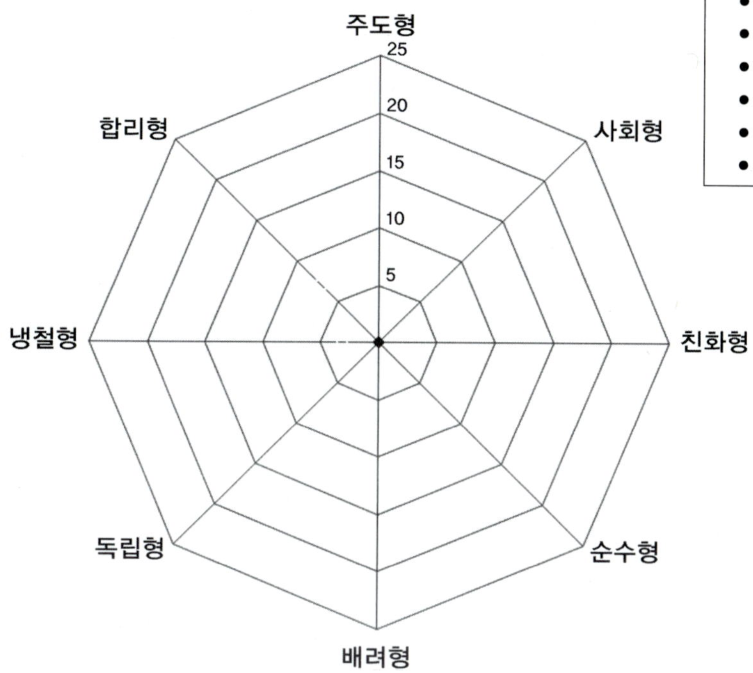

- 주도형(1, 9, 17, 25, 33)
- 합리형(2, 10, 18, 26, 34)
- 냉철형(3, 11, 19, 27, 35)
- 독립형(4, 12, 20, 28, 36)
- 배려형(5, 13, 21, 29, 37)
- 순수형(6, 14, 22, 30, 38)
- 친화형(7, 15, 23, 31, 39)
- 사회형(8, 16, 24, 32, 40)

- 나의 개선할 점에 대해 이야기해보자.

출처: 한국산업인력공단, 『의사소통능력 학습자 매뉴얼』

제2절

의사소통 저해요인

직장생활에 있어서는 적절한 의사소통이 필수적이다. 고객의 요구사항을 듣지 않고서는 맞춤형 서비스를 할 수 없는 것과 같이 차근차근 상대방의 말을 듣고, 나의 의견을 전달하지 않으면 어떤 일도 할 수 없다. 원만한 직장생활을 하기 위해서는 적절한 의사소통을 해야만 한다. 만약 그것을 무시한다면 결국 효과적으로 의사소통을 할 수 없어 원활하게 일을 하지 못하게 될 것이다.

평소의 대인관계에서나 직장생활에서나 효과적인 의사소통이 필수요인이다. 그러나 우리는 의사소통의 중요성을 알고는 있지만, 자신도 알지 못하는 사이에 원만한 의사소통을 저해하는 행동을 하기도 한다. 바람직한 의사소통을 저해하는 요인으로 다음의 세 가지를 들 수 있다.

1. '일방적으로 말하고', '일방적으로 듣는' 무책임한 마음

누구나 실질적인 업무를 맡으면 '실수를 범하지 않도록' 주의를 기울인다. 하지만 의사소통을 하는데 혹시 '정확히 전달되었는지', '정확히 이해했는지'를 확인하지 않고 그 순간을 넘겨버린다면 서로 '엇갈린 정보'를 가지게 된다.

원인 : 의사소통 기법의 미숙, 표현 능력의 부족, 이해 능력의 부족

2. ‘전달했는데’, ‘아는 줄 알았는데’라고 착각하는 마음

사소한 것이라도 ‘엇갈린 정보’를 바로잡지 않은 채 커뮤니케이션을 하면 업무상 문제가 발생한다. 하지만 자신은 ‘전달했는데’, ‘아는 줄 알았는데’ 하며 착각에 빠져 있기 때문에 업무상 문제를 정보공유의 부족에서 오는 것이라고 생각하지 않는다. ‘~는데’에서 오는 착각은 서로에게 ‘엇갈린 정보’만 갖게 할 뿐이다.

원인 : 평가적이며 판단적인 태도, 잠재적 의도

3. ‘말하지 않아도 아는 문화’에 안주하는 마음

직접적인 대화를 통해서 관계하는 것보다, ‘말하지 않아도 안다’, ‘호흡이 척척 맞는다’, ‘일은 눈치로 배워라’ 등과 같이 오히려 ‘눈치’를 중요시 하는 의사소통을 미덕이라고 생각하는 경향이 있다. 말하지 않아도 마음이 통하는 관계는 ‘최고의 관계’이지만, 비즈니스 현장에서 필요한 것은 마음으로 아는 눈치의 미덕보다는 정확한 업무처리임을 명심해야 한다.

원인 : 과거의 경험, 선입견과 고정관념

WORKSHEET 사례 읽고 토론하기

도대체 뭐가 불만인데?

홍보팀 S팀장은 다소 꼼꼼한 성격 탓에 같은 부서 동료들이 스트레스를 받는 일이 자주 일어났다. 이번 사내 체육대회에서도 반드시 1등을 해야 한다는 목표를 향해 퇴근 후 저녁 늦게까지 열심히 연습하고 준비하였다. 하지만 가정형편이 좋지 않아 퇴근 후 다른 일을 더 해야만 하는 사원, 부모님이 아프셔서 집에 일찍 들어가야 하는 사원들에게까지 연습에 참여하지 않는다고 지나치게 깐깐하게 대해 회사 동료들 사이에 불만이 쌓여가고 있었다.

결국 그녀의 깐깐함 덕에 올해도 사내 체육대회 1등이라는 목표를 이루었지만 그 과정에서 같은 부서 동료들은 S팀장의 리더십과 의사소통능력에 대해 의문을 가졌고 말다툼을 하게 되는 등 홍보팀 분위기가 사내 체육대회 이전보다 훨씬 나빠졌다.

- 위의 사례를 읽고 S팀장은 무엇이 문제인지 의사소통 방법에 대해 이야기해보자. 내가 부하 직원이었다면 어떻게 했을지도 얘기해보자.

제3절

의사소통 능력을 개발하려면 어떻게 해야 할까?

의사소통능력은 사소한 노력으로 향상될 수 있다. M씨는 친구들로부터 남의 이야기를 흘려 듣는다거나 금방 잊어버린다는 얘기를 많이 들었다. 그래서 M씨는 다른 사람의 이야기를 들을 때나 책이나 문서를 읽을 때 메모하는 습관을 들였다. 처음에는 귀찮고 힘들었지만 지금은 그렇게 모은 메모들이 중요한 자료로 쓰일 때가 상당히 많다. 이렇게 의사소통능력을 개발하기 위한 M씨의 노력을 바탕으로 우리는 의사소통능력을 개발하기 위해 어떤 노력을 해야 할지 알아보자.

자신의 의사소통능력을 개발하는 것은 쉬운 일이 아니다. 대부분의 사람들이 의사소통능력을 개발하려 계획하고 노력하지만, 실제 그것이 잘 지켜지지 않는 것이 대부분이다. 이는 의사소통능력개발 계획을 세우는데 있어서 자신에게 필요한 능력이 무엇인지 스스로에 대한 정확한 평가와 실천 가능한 계획, 그리고 이를 실천하기 위한 끈기가 없기 때문이다.

WORKSHEET 사례 읽고 토론하기

기록은 기억을 지배한다.

취업을 준비하고 있는 M군은 자주 친구들로부터 다른 사람의 이야기를 흘려듣거나 금방 잊어버린다는 얘기를 많이 들을 만큼 어떤 일을 하던 간에 늦거나 잘못하는 경우가 많았다. 그리고 같은 일을 했음에도 불구하고 남들보다 남겨진 자료가 별로 없는 것을 발견하였다. 그래서 M군는 항상 메모하고 기억하는 노력을 하기로 결심하고 이를 실천에 옮겼다. 그 후 M군는 취업준비 스터디시간에는 물론이고, 먼저 취업한 선배들을 만날 때, 신문이나 책을 읽을 때 역시 메모를 하려고 열심히 노력했다. 처음에는 귀찮기도 하고, 쉽지 않아 다른 사람은 어떻게 정리하고 작성하는지 관찰하는 것을 시작으로 언제 어디서든 메모하였다.

메모를 하다 보니 자신만의 방법을 터득하게 되었는데, 글자로만 하는 것이 아니라 기호와 자신만의 암호를 정해 더욱 간단하고 신속하게 메모할 수 있었으며, 시간이 지난 뒤에도 알아보기 쉽도록 중요한 사항은 한 눈에 띄도록 하였다. 그리고 내용과 관련 자료를 주제별로 분리하고 문서 보관 상자에 넣어 자신만의 데이터베이스를 만들기에 이르렀다.

이후 취업스터디모임에서 희망하는 회사에 대해 스터디를 했는데 모아둔 메모와 자료를 바탕으로 쉽게 작성할 수 있었고, 새로운 생각이 더해져 더욱 풍부한 자료가 되었다.

- M군은 자신의 부족한 의사소통능력을 메모하는 습관을 통해 더욱 개발하려 노력했다. 그렇다면 자신에게 맞는 의사소통능력을 개발하기 위한 방법에는 어떤 것이 있을지 생각하여 정리해보자.

1. 의사소통능력 개발 Tip

의사소통능력을 개발하기 위해서는 자신이 원활할 의사소통을 하지 못하는 저해요인을 분명히 알고, 이를 제거하기 위한 훈련을 해야 한다. 그러기 위해서는 무엇보다도 자신이 스스로 의사소통의 중요한 주체임을 인지하고, 자신의 문제점을 객관적으로 분석할 수 있어야 한다. 또한, 타인을 이해하려는 노력과 조직의 구성원으로서 조직분위기를 개선하도록 노력하는 것도 필요하다.

1) 사후검토와 피드백의 활용

- 직접 말로 물어보거나 얼굴표정이나 기타 표시 등으로 정확한 반응을 살핀다.

2) 언어의 단순화

- 명확하고 쉬운 단어를 선택하여 이해를 높인다.

3) 적극적인 경청

- 감정을 이입하고 능동적으로 집중하여 경청한다.

4) 감정의 억제

- 감정적으로 메시지를 왜곡하지 않도록 침착하게 의사소통 한다.

- **위의 사례를 읽고 나는 어떤 노력을 해야 할까? 나의 의사소통 방법에 대해 이야기해보자.**

2. 사후검토와 피드백(feedback)

1) 피드백이란?

상대방에게 그의 행동의 결과가 어떠한 지에 대하여 정보를 제공해 주는 것을 말한다. 즉, 그의 행동이 나의 행동에 어떤 영향을 미치고 있는가에 대하여 상대방에게 솔직하게 알려주는 것이다.

2) 사후검토와 피드백 활용

의사소통의 왜곡에서 오는 오해와 부정확성을 줄이기 위하여 말하는 사람 또는 전달자는 사후검토와 피드백을 이용하여 메시지의 내용이 실제로 어떻게 해석되고 있는 가를 조사할 수 있다. 얼굴을 맞대고 하는 의사소통에서는 이러한 사후 검토나 피드백이 직접 말로 물어볼 수도 있고, 얼굴표정 등으로 정확한 반응을 얻을 수 있기 때문에 용이하다.

3) 사후검토와 피드백 시 유의점

피드백은 상대방이 원하는 경우 대인관계에 있어서 그의 행동을 개선할 수 있는 기회를 제공해 줄 수 있다. 하지만 부정적이고 비판적인 피드백만을 계속적으로 주는 경우에는 오히려 역효과가 나타날 수 있으므로 피드백을 할 때 상대방의 긍정적인 면과 부정적인 면을 균형 있게 전달하도록 유의하여야 한다.

4) 언어의 단순화

의사소통에서 나누는 내용을 구성할 때 사용되는 언어는 받아들이는 사람을 고려하여 보다 명확하고 이해 가능한 것을 선택해야 한다. 의사소통에서 필요한 상황에 따라 용어의 선택이 달라질 수 있다. 전문용어는 언어를 사용하는 집단 구성원들 사이에 사용될 때에는 이해를 촉진시키지만, 고객에게 사용했을 때에는 의외의 문제를 야기할 수 있기 때문에 의사소통을 할 때 주의하여 단어를 선택하는 것이 필요하다.

5) 적극적인 경청

우리는 다른 사람과 대화를 할 때 신체적으로는 가까이 있으면서도 상대가 말하고자 하는 내용에는 관심을 보여주지 않는다면 그 사람과는 의미 있는 대화를 더 이상 나누기 어렵다. 단순히 상대방의 이야기를 들어주는 것과 경청의 의미는 다르다. 듣는 것은 수동적인 데 반해 경청은 능동적인 의미의 탐색이다. 경청의 의미는 의사소통을 하는 양쪽 모두가 같은 주제에 관해 생각하고 있다는 것이다.

하지만 경청은 지적인 노력을 요구하고 전적으로 정신력의 집중을 필요로 하기 때문에 그리 쉬운 일이 아니다. 따라서 상대방의 입장에서 생각하려고 노력하면서 감정이 이입될 때, 현재 일어나고 있는 의사소통에서 무엇이 이야기 되고 있는가를 주의 깊게 경청하므로 적극적 경청은 더욱 용이해진다.

6) 감정의 억제

우리는 감정적인 존재이므로 언제나 이성적인 방법으로 의사소통을 하지는 않는다. 의사소통에 있어서 느낌을 갖는다는 것은 자연스러운 일이다. 하지만 자신의 상황에 따라 어떤 문제에 대해 감정적으로 좋지 못한 상황에 있을 때 듣거나, 문서가 주어진다면 메시지를 왜곡하기 쉽고, 반대로 자신이 전달하고자 하는 의사표현을 명확하고 정확하게 하지 못할 경우가 많다. 이러한 상황에 있을 때 가장 좋은 방법은 침착하게 마음을 비우도록 노력하고, 자신이 평정을 어느 정도 찾을 때까지 의사소통을 연기하는 것이다. 하지만 조직 내에서 의사소통을 무한정 연기할 수는 없기 때문에 먼저 자신의 분위기와 조직의 분위기를 개선하도록 노력하는 등 적극적인 자세가 필요하다.

WORKSHEET 사례 읽고 토론하기

과장님은 맨날 똑같은 말만 해

매주 수요일 업무보고시간에 참석하는 홍보팀의 팀원들은 A과장이 입을 열자 서로 눈치를 보며 한숨을 쉰다. A과장은 매번 회의에서 똑같은 말만 반복하기로 유명해진지 오래되었고, 회사에서 A과장만 모르는 그의 별명은 '앵무새'이다. 그는 그에게 익숙한 말들만 고집스레 반복하여 사용하기 좋아하는 대표적인 상사이다. 기업이미지 홍보전략을 위한 회의에서도 A과장은 별다른 전략적 제안 없이 무조건 부하직원들에게 '그럼 기대하겠네.'라는 말을 하고, 직원 사기증진을 위한 홍보전략 회의에서도 역시나 A과장은 별다른 전략적 제안 없이 무조건 부하직원들에게 '그럼 기대하겠네.'라는 말만 반복했을 뿐이다.

이제 A과장과 함께하는 홍보팀 회의는 A과장이 말을 꺼내기 시작하면 하품을 하거나, 지루한 표정을 짓는 부하직원들이 많아졌다. A과장도 좀처럼 잡히지 않는 회의분위기를 의식한 듯 어떻게든 회의를 가다듬어 보려고 하지만 자신은 왜 그러는지 이유를 몰라 답답하기만 하다.

- 위의 사례를 읽고 의사소통에 문제가 있다고 생각하는 것에 대해 이야기해보자.

제4절
효과적인 의사소통 실습

1. 상대방의 말을 잘 듣는다.

상대방의 의견을 잘 듣고 의미를 잘 파악하되 비평, 견해, 충고, 분석, 질문을 하지 않으면서 자신이 상대방을 존중한다는 표현을 해 주어야 한다. 상대방의 말을 들을 때는 언어적 표현뿐만 아니라 비언어적 표현에도 주의를 기울인다. 상대방의 이야기가 진행될 때에는 반응을 보여 경청하고 있음을 표현하는 것이 좋다.

사례 1 세정이는 학교에서 있었던 하루 일과를 어머니께 말씀드리고 있음

2. '나'를 주어로 하여 솔직한 자신을 표현한다.

'나 전달법(I-message)' 이란 상대방에게 주어진 상황에 대한 자신의 느낌과 생각, 의견 등을 '나'를 주어로 하여 표현하는 것이다. 또한 상대방을 비난하지 않으면서 상대방의 행동에 대한 자신의 솔직한 감정과 희망 사항 등을 표현하게 되므로 상호간에 이해와 공감대를 형성할 수 있다.

사례 2 연락 없이 늦게 들어온 승주가 어머니께 꾸중을 들음

3. 긍정적인 언어를 사용한다.

긍정적인 언어는 상대방을 격려하고 지지함으로써 신뢰와 애정의 관계를 이루게 한다. 부정적인 언어는 상대방에게 열등감이나 죄의식을 가지게 하고 심한 갈등 관계를 만든다. 그러므로 칭찬과 격려, 공감, 부탁, 지지와 같은 긍정적인 언어 표현을 사용하면 의사소통이 원활하게 이루어지고 서로의 발전에 도움이 된다.

사례 3 친한 민경이와 다투고 들어온 태경이는 기분이 몹시 상하여 언니에게 이야기하고 있음

4. 언어적 의사소통과 비언어적 의사소통을 일치시킨다.

언어적 의사소통 방법과 비언어적 의사소통 방법을 함께 사용할 때, 두 가지 방법이 일치하지 않으면 수신자는 혼란을 느끼게 되어 의사소통이 잘 이루어지지 않게 된다. 언어적 의사소통과 비언어적 의사소통이 일치할 때 메시지는 효과적으로 전달된다.

사례 4 **친한 친구가 약속 시간보다 30분이나 늦게 왔음**

WORKSHEET 다른 말로 바꾸어보기

- 다음 말을 다른 말로 바꾸어보자.

1. "아무 것도 아녜요. 신경 쓰지 마세요."
2. "넌 매번 왜 약속을 지키지 않니?"
3. "너는 의지가 약해서 문제야. 그런 의지로 뭘 할 수 있겠니?"
4. "너 때문에 이렇게 됐잖아"
5. "언니는 엄마 말을 참 잘 듣는데, 너는 그렇지 않아서 걱정이구나."
6. "네 말을 믿은 내가 잘못이지"

서 평

"남편이 출장 가도 된대?" ... 팀장의 이상한 걱정

[서평] 이현주의 〈관계의 99%는 소통이다〉

주간회의, 월간회의, 기획회의, 결산회의…. 어느 회사나 회의를 한다. 그것도 아주 많이. 게다가 개인면담에 구두보고, 서면보고, 전자결재까지. 심지어 커피는 물론 밥까지 같이 먹는다. 어디 그뿐인가. 이것도 부족해 정기적으로 체육대회에 워크숍까지 연다. 이 모든 것들이 모두 직장 내 '소통' 행위다. 이렇게 소통을 많이 하는데, 왜 항상 우리회사는 소통이 안 된다고 말하는 걸까?

어쩌면 직장 내 소통 부재의 원인은 업무 진행 방식에 있을지도 모른다. 어젯밤에는 24시간 대기해야 하는 단톡방에 '고생하는 팀원들의 고충과 생각을 다 이해한다'고 해놓고선 팀장은 정작 업무관련 지시만 남겼다. 부하 입장에서는 사실상 '댓글 달기'가 어려운 분명한 일방통행이다.

혹시 상사들만 부하와 원만하게 소통하고 있다는 '착각'에 빠져있는 것은 아닐까. 이래서 '월급은 노동의 정당한 대가가 아니라, 인간관계에서 받는 스트레스의 대가'라는 말이 나왔을지도 모른다.

흔히 '가족 같은 회사'라고 한다. 보통 상하 관계가 끈끈하고 우애가 깊어 단단하게 뭉칠 수 있는 회사라는 의미로 쓴다. 가족 같은 회사, 참 좋은 말이다. 하지만 엄연히 따진다면 직장은 노동을 제공하고 돈을 버는 곳이지, 결코 가족이 될 수는 없다.

진짜 '가족 같은 회사'란 직원과의 약속을 지키는 회사 즉, 월급 제때 주는 회사다. 회식 많이 시켜준다고 가족 같은 회사라고 말하면 안 된다. 상사들이 부하 직원들을 자상하게 대한다고 해서 가족 같은 회사는 더더욱 아니다. 그건 그분들의 개인적인 취향이자 스타일일 뿐이다.

선배들이 종종 "동생이라고 생각하고 편하게 대하게"라고 말한다. 가족은 소중하고 편안하고 익숙하다. 이처럼 팀원을 가족처럼 대하겠다는 말은 가족처럼 소중하고 편안하게 대하겠다는 의미일 것이다. 그런데 간혹 너무 편하게 생각해 지켜야 할 경계를 넘어설 때가 있다.

팀장이 자신의 귀가시간을 점검하고, 애인을 만나는 일 등에 간섭하며 마치 여동생을 대하듯이 이것저것 세세하게 잔소리를 하는 것이다. 아무리 걱정하는 마음에서 우러나온 것이라도 상사가 하는 간섭이 달가울 리 없다.

기혼 여자 팀원이 느끼는 주요 스트레스 원인 중 하나는 남편과 아이들을 걱정해주는 팀장이다. "남편이 출장 가도 된다고 하나?", "이렇게 늦게 들어가면 애는 누가 봐주나?", "신혼인데 남편한테 저녁 안 챙겨줘? 나는 신혼일 때 부인이 나보다 늦게 들어오면 화나던데"와 같은 걱정들이다. (본문 212~213쪽)

팀원을 가족이라 생각한다 해서 사적 영역까지 개입하는 건...

팀원을 가족처럼, 팀원의 가족도 자신의 가족처럼 생각해서 하는 걱정이라면 처음 한두 번에 그쳐야 한다. 흔히 소통에 문제라도 생기면 "왜 이래? 다 동생 같아서 하는 소리야"라고 반문한다. 오직 본인의 입장만 이야기한다. 직원의 고통은 안중에 없다.

가족처럼 생각한다는 것은 그만큼 서로를 배려하고 존중하라는 뜻이지, 진짜 가족처럼 사적인 영역까지 개입하라는 뜻이 아니기 때문이다. 동료나 부하에게 아내에게 바라던 바를 요구하며 대리만족하지는 않았는지, 딸이나 동생에게 할 잔소리를 하지는 않았는지 가슴에 손을 얹고 되돌아보라. 사심 없이 정말로 부하를 가족처럼 생각하는가?

혹시 회사에서 소통이라면 자신이 있다고 자부하는 상사라면 이 책부터 꼭 권한다. 〈관계의 99%는 소통이다〉는 임상 심리전문가의 실사례를 통해 의사소통이 인간관계의 맥락 속에서 상호 작용으로 이루어진다는 사실을 일깨워준다.

말은 거짓으로 쉽게 꾸밀 수 있다. 그러나 손짓·몸짓·표정 등 비언어적 표현을 거짓으로 꾸미는 것은 뛰어난 연기자가 아닌 바에는 절대 쉽지 않은 일이다. 그러니 사람의 성격과 욕구에 따라 같은 말이라도 그 속에 담긴 감정은 천차만별이다. 하지만 분명한 점은 그 종류나 강도에 차이는 있어도 감정이 담겨있지 않은 대화는 없다는 것이다. 대표적인 직장언어를 감정 번역해본다.

-한번 알아보겠습니다. → 진짜, 팀장님 귀찮게 구시네요.
-팀장님 바쁘세요? → 드릴 이야기가 있습니다. 시간 좀 내주세요.
-언제까지 마무리하면 될까요? → 한 두 달쯤 후에 보고하면 안되나요?
-팀장님, 출출하시죠? → 인제 그만 퇴근하고 싶어요.
-꼭 오늘 안에 끝내야 하나요? → 야근하고 싶지 않아요.
-그거 맨 뒤에 보시면… → 제대로 읽어보시긴 한 겁니까?
-그거 제가 안 드렸나요? → 어물쩍 넘어가려고 했는데 악착같으시네요.

직장인들이 회사에 있는 시간은 가족과 함께 하는 시간보다 훨씬 많기에 직장 내 소통은 삶에 관한 질을 좌우하는 중요한 지표다. '소통'에서 가장 중요한 것은 그냥 넘기지 않는 것이다. 헬스클럽에 등록하고 자격증을 따거나 혹은 외국어를 배우는 것만이 자기계발이 아니다. 상대방의 마음을 읽고 소통하기 위해 시간과 노력을 들이는 것은 회사에 다니며 할 수 있는 가장 중요한 자기계발이다.

질문하고 기다릴 줄 아는 상사의 스타일에 길들면, 직원들은 질문받기 전에 스스로 질문과 대답을 주고받으면서 생각을 다듬는 습관이 생길 것이다. 이런 습관이 자리 잡으면 답변에 걸리는 시간도 줄어든다. 그때까지는 인내심을 지니고 기다려야 한다.

질문을 던져놓고 부하 직원이 답변하거나 말거나 자신이 하고자 하는 이야기를 장황하게 늘어놓는 것도 피해야 한다. 이는 하고 싶은 이야기의 주제를 '질문'이라는 방식을 빌려 운을 띄우는 경우다. 직장에서 하고 싶은 이야기를 마음껏 할 수 있는 것은 상사의 특권일지도 모른다. 하지만 이것을 남용하면 직원들은 답변이 필요한 질문을 받아도 더는 생각하지 않게 되니 이 점을 반드시 유념해야 한다.

질문할 때 유념해야 할 또 다른 사항은 문제 해결을 위해 던진 질문에 대한 답변이 자신의 견해와 다르더라도 논쟁으로 이어지지 않도록 주의해야 한다는 점이다. 질문하는 이유는 한 팀으로서 더 좋은 해결책을 찾기 위해서지, 한 사람의 뜻을 관철하거나 권력을 시험하기 위한 것이 아니다. (본문 108쪽)

부정적 말투와 단어	긍정적 말투와 단어
어쩔 수 없잖아.	이제 뭘 할 수 있을까.
해야만 한다.	하고 싶다. 하겠다고 결정했다.
이렇게밖에 못하나, 이게 다 한 건가.	더 할 수 있는 게 뭐가 있을까.
(언제)까지 못하면 큰일이야.	(언제)까지 반드시 마치도록 하자.
실수하지 않도록 하게.	멋진 보고서를 만들어보게.
어떻게든 잘 되겠지.	우리는 잘해낼 수 있을 거야.
풀리지 않는. 어려운.	도전해볼 만한. 해볼 만한.
실패.	성공을 향한 실험.
갈등.	화합을 위한 조정. 서로를 이해하는 과정.
슬럼프.	도약을 위한 준비.
문제.	기회.

▲ 부정적 말투와 언어 vs 긍정적 말투와 언어 (본문 159쪽)

자신을 둘러싼 인간관계 때문에 힘들고 괴로운 부하가 존재한다는 전제하에 시작해야 한다. 비록 나와 다른 의견이나 관점이 있더라도, 비판하기보다는 긍정적인 관점으로 대하면 상대방의 표현을 더 촉진할 수 있다.

내가 틀릴 수 있다. 나는 결코 만능이 아니다. 가장 중요한 것은 나에게 문제가 있다고 시작하는 것이 첫걸음이다. 일부분만 보고 다 안다고 말하면 큰 오판이다. 그러니 부하직원에게 결코 다 안다고 공언하지 말라. 그것은 상대방을 완전히 아는 것이 아니다.

소통할 때 자기부터 내려놓아야 직원들을 잘 챙기는 길이고, 그게 가족 같은 회사다.

출처: 오마이뉴스

WORKSHEET 나는 어떤 사람인가?

OK-OK 진 단 지

아래 20개의 문항에 대해 자신에게 맞는 것이라고 생각하는 것에 2점, 맞지 않는 것에 0점, 어느 쪽도 아니라고 생각하면 1점을 해답란에 기입해 주십시오.

	Test 1	점수	
1	하루하루 충실감이 있는 하루이다.		
2	상처받기 쉬운 편이다.		
3	'나에게는 능력이 없다'라고 체념하는 일이 많다.		
4	자신의 실패를 그다지 신경 쓰지 않는다.		
5	'무엇 때문에 이런 일을 하고 있는 것인가'라고 생각하는 일이 있다.		
6	자신이 하고 싶은 일이라도 상대가 싫어하는 것 같으면 그만 둔다.		
7	자신에게는 아직 감추어진 재능이 많다고 생각한다.		
8	타인으로부터 비판받으면 아무런 말도 하지 못한다.		
9	좋아하는 사람에게는 스스로 다가선다.		
10	대부분의 일은 하면 된다고 생각한다.		
11	자신은 매력적이라고 생각한다.		
12	싫은 일이라도 곧 기분전환 할 수 있다.		
13	앞으로 하고 싶은 일과 포부가 많다.		
14	진정한 자신을 내보이면 타인에게 미움 받을 것 같은 기분이 든다.		
15	스스로 타인에게 접근하는 일은 없다.		
16	자신의 사고방식에 만족하고 있다.		
17	상대가 화제로 삼고 싶지 않은 것은 취급하지 않는다.		
18	무엇을 하든 잘 안되고 있다는 생각이 든다.		
19	타인과 비교해 볼때 자신이 모자라는 점이 많다		
20	자신이 느낀 것은 무엇이든 상대에게 이야기하는 편이다.		
	합계		

	Test 2	점수	
1	그 사람이 있어서 좋았다고 생각하는 일이 많다.		
2	다른 사람들과 함께 일을 하면 잘 되지 않는 편이다.		
3	자기 취미에 맞지 않는 사람과는 어울리고 싶지 않다.		
4	그가 여러 가지로 이야기하는 것을 듣기 좋아한다.		
5	상대의 장점을 발견하는 것에 능란한 편이다.		
6	사고방식이 다른 사람과도 잘 어울린다.		
7	연애란 이런 것이라고 딱 잘라 말하는 점이 있다.		
8	그의 결점 중 하나가 눈에 띄면 비판한다.		
9	상대와 싸우더라도 해결의 실마리를 스스로 만들어내는 타입이다.		
10	귀찮은 일에는 가능한 한 관여하고 싶지 않다.		
11	상대가 무엇인가를 해주기 바란다.		
12	즐거운 듯한 사람을 보고 있으면 자신까지 즐거워진다.		
13	무엇을 하든 좋지 않은 사람이 많다고 생각한다.		
14	'나는 이렇게 노력하고 있는데...'라고 생각하는 점이 있다.		
15	문제가 생기면 다른 사람 탓으로 돌리는 일이 많다.		
16	그가 하는 말은 마음으로부터 좋다고 느낀다.		
17	개인적인 일은 거의 이야기하지 않는다.		
18	상대방의 단점도 포용하는 편이다.		
19	상대보다 좀 더 좋은 사람이 있으리라 생각한다.		
20	상대가 하는 말은 그대로 쉽게 믿는 편이다.		
	합계		

진단 그래프

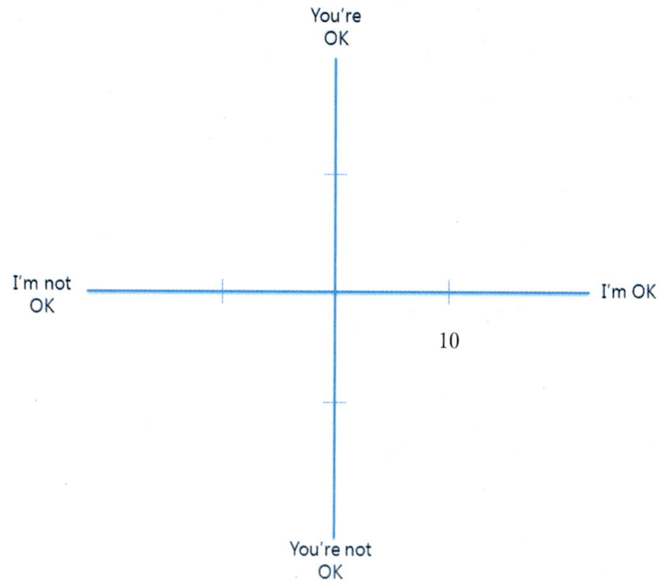

• 나의 개선할 점에 대해 이야기해보자.

출처: 박태호 외, 『글로벌 감성 커뮤니케이션』

학 / 습 / 평 / 가

01. 다음은 의사소통에 대한 설명이다. (A), (B)에 각각 들어갈 적절한 용어를 적어 보시오.

> 의사소통이란 두 사람 또는 그 이상의 사람들 사이에서 일어나는 (A)과 (B)가 이루어진다는 뜻이며, 어떤 개인 또는 집단이 개인 또는 집단에 대해서 정보, 감정, 사상, 의견 등을 전달하고 받아들이는 과정이라고 할 수 있다.

(A) = ______________ (B) = ______________

02. 다음은 직장생활에서의 의사소통에 대한 설명이다. 이와 관련하여 맞으면 ○를, 틀리면 ×를 표시해 보시오.

- 의사소통은 내가 상대방에게 메시지를 전달하는 과정이다. ( )
- 의사소통은 정보전달 이상은 아니다. ( )
- 의사소통에서 상대방이 어떻게 받아들일 것인가에 대한 고려가 바탕이 되어야 한다. ( )

03. 왼쪽에 있는 것과 오른쪽에 있는 것을 서로 관련된 것끼리 연결하여 보시오.

문서적인 의사소통능력 •	• 감정적인 정보전달
	• 상황과 목적에 적합한 문서작성
언어적인 의사소통능력 •	• 상대방의 이야기를 듣고 의미파악

CHAPTER 03

의사소통의 다양한 구분과 유형

일반목표

의사소통에 있어서의 언어와 비언어, 반언어의 차이 및 성별에 따른 의사소통의 형태를 이해할 수 있다. 또한 의사소통에 있어서의 예절을 익히며, 소셜미디어에 대한 특징을 알고 의사소통에 활용할 수 있는 능력을 갖는다.

세부목표

1. 언어와 반언어, 비언어의 차이를 이해하고 설명할 수 있다.
2. 성별에 따른 의사소통을 차이를 설명할 수 있다.
3. 다양한 의사소통의 예절을 이해하고 설명할 수 있다.
4. 소셜미디어의 특징을 설명하고 실제 활용할 수 있다.

제1절

언어와 반언어, 비언어 의사소통

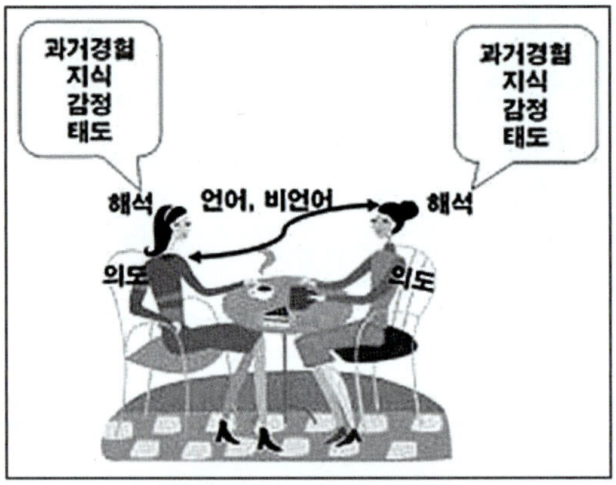

[그림 3-1] 의사소통의 구조

의사소통과정에서 의미를 일반화, 삭제, 및 왜곡하지 않고 제대로 의사소통을 하기 위해서는 관심집중, 경청, 이해는 필수적이다. 모든 인간관계에서도 질적인 관계란 우선적으로 관심을 기울이는 것부터 출발한다.

상대방이 나를 향해서 보고 있는가는 관심집중의 기본적인 행동특징이다. 나를 향해서 보는 것이 아니라 다른 곳을 향해서 시선을 두고 마주앉아 있다면 내게 관심이 있다고 믿지 않는다. 상대방이 내게 관심을 기울일 때 사용할 수 있는 작은 기술은 상대를 바라보고, 개방적인 자세를 취하면서, 상대방 쪽으로 몸을 기울이면서, 좋은 시선의 접촉을 유지하고 편안하고 자연스러운 자세를 취하는 방법이 있다.

대화에서 경청할 때의 관건은 청자가 상대적으로 더 비중을 두어야 할 화자의 말과 행동을 선택해서 주목하는 것이며, 화자의 말과 행동에 대한 경청은 성공적인 대화로 이끄는 주요 요인이다. 경청은 말하는 사람이 생각하는 감정을 자유롭게 표현할 수 있도록 북돋아 주므로 자신의 감정의 명료화, 사고의 합리화를 돕게 되며, 의사소통의 중요한 관건이 된다.

의사소통에 있어서 듣는 것이 말을 하는 것보다 중요하다. 그러나 경청만 한다고 해서 그것이 대화의 최선은 아닌 것이다. 경청에 대한 반응으로 또는 자신의 전달하고자 하는 내용은 어떤 방식으로든지 전달하는 것이 관계를 원활하게 해준다. 자기표현이란 자신의 가치관 및 욕구나 바람이 무엇인지를 알고 자신의 생각과 감정을 다른 사람에게 전달함으로써 자신의 욕구충족을 이루는 주도적인 행동을 말한다. 자기표현을 하게 됨으로써 갖게 되는 장점은 자기개방 및 자기노출을 통해서 친밀감과 우호적인 관계를 맺을 수 있다. 그리고 감정의 정화를 경험하게 된다.

자신의 생각이나 감정들이 왜곡되게 경험하는 것을 예방할 수 있으며, 있는 그대로의 모습으로 타인에게 수용된다는 점 등이 장점이다. 반면에 자기표현에 뒤따르는 단점은 타인과의 의견과 가치가 충돌할 수가 있고, 심리적 거리감을 느낄 수도 있다. 이 같은 단점을 보완하기 위해서는 적절한 자기표현기술을 익히는 것이 중요한 과제이다.

[표 3-1] 언어적 & 반언어적 & 비언어적 의사소통

구분	내용
언어적 의사소통	음성언어적 : 말을 중심으로 이루어지는 의사소통 문자언어적 : 문자를 중심으로 이루어지는 의사소통
반언어적 & 비언어적 의사소통	반언어적 표현 : 어조, 음색, 속도, 고저, 장단, 억양 비언어적 표현 : 얼굴표정, 몸동작, 눈 맞춤, 의상

반(半)언어적 표현은 언어와 직접 관련이 있는 의사소통으로 속도, 강약, 고저, 음량, 음질에 따라 달라지는 표현을 말하며, 비(非)언어적 표현은 언어와는 직접 상관은 없지만 상대방에게 중요한 영향을 주는 표정, 눈길, 손짓, 몸짓, 옷차림, 태도 등을 뜻한다. 그러므로 '표정 - 웃음, 울음, 눈물' 등은 '비(非)언어적 표현'이다.

1. 반언어, 비언어 사용의 필요성

1) 같은 음성 언어라도 그 속에 담긴 목소리의 특성에 따라 의미가 달라질 수 있다: '미안하다'라는 말을 낮고 작은 소리로 말하면 사과의 의도가 들어 있으나, 이 말을 크고 빈정거리는 말투로 말한다면 비꼬거나 마지못해 한다는 의도가 들어 있어 듣는 이의 기분을 상하게 한다.

2) 내용에 어울리는 비언어적 수단은 의사 전달을 보다 분명히 한다.: '저 쪽으로 가세요.'라는 말을 손가락으로 방향을 가리키며 말하면 어디로 가라는 것인지 분명해지지만, 손가락으로 방향을 가리키지 않고 말만 하면 어디로 가라는 것인지 알 수 없다.

3) 지루함을 없애 준다.: 움직이지 않고 같은 소리로만 말을 하면 단조로워 듣는 이가 지루할 수 있다. 이 때, 반언어와 비언어를 사용하면 단조로움을 없애고 듣는 이를 이야기에 집중시킬 수 있다.

4) 반언어, 비언어로 의사를 전달할 수 있다.: 듣는 이는 말하는 이의 목소리와 표정, 몸짓 등을 통해 전달하려는 의사를 대략적으로 파악할 수 있다.

5) 의사 전달력이 크다.: 반언어, 비언어적 의사소통은 언어적 의사소통에 비해 훨씬 구체적이고 직접적이어서 전달력도 크다.

2. 반언어적 의사소통 수단

1) 침묵

① 효과적인 의사소통에서 중요한 역할을 한다.
- 차례를 지켜 말하거나 듣기 위해서는 일단 침묵해야 한다.
- 침묵하지 않으면 다른 사람의 말을 들을 수 없다.

② 상황에 따라 침묵의 의미가 다르다.
- 분노한 상황에서의 침묵 : 감정
- 따분한 분위기에서의 침묵 : 지루함의 표현
- 내용이 생각나지 않을 때 : 말이 막힘
- 상대방의 제의에 침묵할 때 : 더 이상 할 말이 없음

2) 음조 : 목소리의 높낮이

① 기쁨이나 두려움, 분노 등의 긴장된 감정은 목소리를 높아지게 한다.
② 우울하거나 피곤할 때, 침착할 때에 음조는 낮아지게 된다.
③ 음조는 긴장된 감정을 표현할 때 극단적으로 변화하게 된다. 대개 낮으면서 강력한 음조는 듣는 이로 하여금 힘을 느끼게 한다.

3) 강세 : 음절이나 단어 또는 어절에 얹히는 고저

① 주로 강조나 대조를 위해 사용된다.
② 강세가 어느 부분에 놓이느냐에 따라서 똑같은 표현이라도 다르게 해석될 수 있다. : "준영이가 학교에 오지 않았어요."라는 말을 할 경우, 화자가 어떤 단어에 강세를 주느냐에 따라 매우 다양한 의미를 나타낼 수 있다.

4) 말의 빠르기 : 말하는 속도

① 보통 사람의 말 빠르기는 1분에 120~180개 단어 정도이다.
② 빨리 말하는 사람은 흥분을 전달하며 표현이 풍부하고 설득적이다. 하지만 너무 빨리 말하는 것은 듣는 사람을 긴장하게 만들고 불안감을 준다.
③ 느리게 머뭇거리면서 말하는 사람은 뭔가 둔하고 열의가 없다는 인상을 준다.
④ 말하는 속도는 말하는 상황, 전달 내용의 난이도, 청자의 이해 수준, 화자의 정서 상태나 감정 상태에 따라 얼마든지 달라질 수 있다.

5) 성량 : 목소리의 크기

① 특정 내용을 강조하는 경우, 자신의 의사를 분명히 표현하는 경우, 화가 난 감정 등을 표현하는 경우일 때에는 목소리가 자연히 커진다.

② 별다른 강조점이 없거나 실망하거나 지친 경우에 목소리는 자연히 작아진다.
③ 엄숙한 자리에서나 연장자에 대한 존경을 나타내는 경우에도 역시 목소리는 낮고 부드러워진다.

6) 억양 : 소리의 높낮이의 이어짐

① 동일한 문장
- 억양을 상승조로 : 의문문
- 억양을 하강조로 : 평서문

② 억양에는 발화의 의미와 태도가 드러나 있기 때문에 이를 잘 이해해야 정확한 의미를 알 수 있다.

3. 비언어적 의사소통 수단

몸의 일부 혹은 몸 전체의 반사적 움직임을 모두 포함한다.

1) 눈빛(시선)

① 사람의 변화하는 감정이나 느낌을 가장 빠르고도 정확하게 반영해 준다.
② 상대방의 눈을 자연스러우면서도 따뜻하게 응시하는 것은 서로간의 교감을 형성시켜 주는 역할을 한다.

2) 표정

① 사람의 얼굴 표정에는 나이, 건강 상태, 사회적 신분 정도나 성격 등의 대략적인 신상 정보가 나타나 있다.
② 희로애락과 같은 기본적인 감정 상태, 놀라움이나 두려움, 증오심, 질투, 혐오감, 수치감 등과 같은 복합적인 감정 상태까지도 표정에 그대로 나타난다.
③ 말을 하면서 상대방의 얼굴을 보면 그 사람이 자신의 말을 어느 정도로 열심히 경청하고 있는지 알 수 있다.

3) 제스처 : 상대방에게 시각적 신호를 보내는 갖가지 동작

① 고개를 끄덕이는 것은 거의 보편적으로 긍정을 표시하고, 좌우로 머리를 흔드는 것은 부정이나 거부 의사를 표시한다.

② 어깨를 으쓱하는 제스처는 상대방이 무슨 말을 하는지 모르거나 이해하지 못함을 표현하는 데 사용된다.

③ 제스처는 문화에 따라 각기 다른 의미로 사용될 수 있다.

④ 제스처는 우선 동작이 남에게 보여야 하고, 동작을 통해서 무언의 정보가 전달되어야 한다.

4) 자세

① 사람의 자세는 그의 신분이나 나이, 건강, 심리 상태 등에 대해서 꽤 많은 정보를 알 수 있게 해 준다.

② 대개 신분이 높은 사람은 고자세를 유지하는데 반해서, 그렇지 않은 사람은 저자세를 유지하는 경향이 있다.

③ 성격이 적극적인 사람은 늘 진취적인 자세를 취하는데 반해서, 성격이 소극적인 사람은 항상 불안하고 유동적인 자세를 취하는 경향이 있다.

5) 신체 접촉

① 상대방의 등을 톡톡 두드려 주거나 손을 꼭 쥐어 주는 등의 신체 접촉은 열 마디 말보다 훨씬 더 깊은 신뢰감과 격려의 메시지를 전달해 준다.

② 신체 접촉은 두려움, 사랑, 불안, 온정, 냉정함과 같은 매우 넓은 영역의 감정이나 느낌을 전달해 준다.

WORKSHEET 비언어적 의사소통 수단 알아보기

비언어적 의사소통

다음 문항을 보고 그것이 어떠한 비언어적 의사를 표현하는지 보기에서 골라보고, 본인만의 비언어적 의사소통 수단을 확인해 보시오.

□ 상의의 단추를 풀고, 다리를 꼬지 않고, 바싹 다가서서, 팔짱을 끼지 않는다.

□ 의자 끝에 앉는다. 몸을 약간 앞으로 구부린다. 머리를 약간 기울인다. 볼에 손을 댄다. 볼을 어루만진다. 곁눈질한다. 입을 삐쭉 내민다. 안경을 천천히 주의 깊게 닦는다. 눈을 보고 살짝 미소 짓는다.

□ 의자 끝에 걸터앉는다. 발돋움한다. 선채로 양손을 뒤로 잡는다. 상의의 단추를 연다. 머리를 기울인다. 접촉한다. 손바닥을 비빈다. 얼굴을 똑바로 하여 너그러운 표정으로 미소 짓는다. 바지를 위로 힘껏 추스린다.

□ 팔짱을 낀다. 주먹을 쥔다. 양팔을 잡는다. 다리를 꼰다. 눈을 내리뜬다. 한쪽 다리를 의자의 옆에 놓는다. 옆에서 힐끗 쳐다본다. 외면한다. 곁눈질한다. 약간 몸을 움찔한다.

□ 걷는다. 콧대를 만진다. 머리를 수그린다. 입에 손을 댄다. 눈을 문지른다. 옆을 향해 뚫어지게 본다. 코를 문지른다. 귓등을 문지른다. 양발에 시선을 둔다. 몸 전체를 출구로 돌린다.

□ 숨이 차다. 양손을 굳게 잡는다. 양손을 비튼다. 기침을 한다. 손바닥을 머리 뒤에 댄다. 의자에 앉아 머뭇거린다. 발목을 가볍게 끈다. 손등을 끌거나 문지르게 한다. 팔꿈치 또는 팔을 잡는다.

□ 테이블을 친다. 머리를 움켜쥔다. 눈을 내리뜬다. 낙서한다.

가	의미를 찾는다.
나	의심한다.
다	환심을 산다.
라	마음속 깊은 생각을 털어놓는다.
마	긴장한다.
바	무료함을 나타낸다.
사	방어한다.

• 나의 비언어적 의사소통 수단에 대해 개선할 점은 무엇인지 얘기해보자.

출처: 박태호 외, 『글로벌 감성 커뮤니케이션』

제2절

남성과 여성의 의사소통

남자	질문	여자
예뻐?	미팅할래?	차는 있어?
예쁘냐?	여동생 있어	맨날 싸우겠다
예쁘냐?	나 여자친구 생겼어	그래? 잘됐네
예쁘냐?	어제 나이트에서 부킹했는데...	누군데? 너혼자 나이트 갔냐?
예쁘냐?	어제 탤런트 누구더라... 아무튼 봤다.	실물은 별로지?

남녀에 대한 사회·문화적인 기대가 다르므로 성역할 학습에 차이가 있다. 따라서 사회 집단 속에서 남성은 '남성답게', 여성은 '여성답게'와 같이 이분법적인 역할을 강요받게 된다. 전통적으로 남성에게는 도전적, 공격적, 적극적, 성취 지향적인 특성을 기대하는 반면, 여성은 수동적, 의존적, 애정적, 정서적인 특성을 기대하여 왔다.

1. 어릴 때부터 두드러지는 차이

남자아이들과 여자아이들은 일반적으로 좋아하는 놀이부터 다르고, 놀이를 하면서 언어를 사용하는 방법에서 차이가 난다. 남자아이들은 바깥에서 놀기를 좋아하며 대체로 떼를 지어 놀기 때문에 자연스레 계급 관계가 형성된다. 반면 여자아이들은 둘이서 놀거나 작은 그룹을 만들어 어울린다. 여자아이들의 세계에서 가장 중심이 되는 것은 가장 좋은 친구가 되겠다는 마음이다.

그래서 그들은 사용하는 언어도 다르다. 여자아이들은 주로 명령을 하지 않으며 자기가 좋아하는 것이 있다 하더라도 그것을 간접적으로 암시하는 방법으로 표현한다. 남자아이들이 "그것 좀 줘!", "꺼져!"라고 말하는 반면 소녀들은 "이걸 하는 것이 어때?", "이렇게 하자"는 식으로 말한다.

10대 남자아이들은 지위를 놓고 다툼을 벌이고, 운동을 어느 정도 잘 하는지, 누가 명령을 내리는 권한을 갖는지를 놓고 왈가왈부하는데 비해 소녀들은 자기 차림새가 어떠한지, 서로의 관계, 다른 사람이 자기를 놓고 어떻게 말하는지에 관심이 있다고 한다. 남자아이들이 자기가 잘났다고 자랑하는 것과는 달리 여자아이들의 경우에는 잘난 척 했던 여자아이가 '과시하거나 뽐내려 한다'는 이유로 비난의 대상이 된다. 남자아이들은 명령을 내리는 데서 그치지 않고 서로 모욕을 주기도 하고 위협을 하기도 하는데, 그러는 과정에서 다른 아이에 대해 불만이 있다면 면전에서 불평을 털어놓는다. 그러나 여자아이들의 불만은 전형적으로 상대방이 없는 자리에서 이루어지는 게 보통이라고 한다.

남자아이들은 주로 게임, 운동 등 일에 관한 내용에 관심을 갖고 있으며, 여자아이들은 인간관계, 인간의 삶에 대한 것에 관심을 갖고 있다. 사고방식에 있어서 둘 사이에는 크지는 않지만 분명한 차이점이 있다. 성인 남녀의 경우와 마찬가지로 남자아이들은 해결 방법을 제시하는 경우가 높고, 여자아이들은 인간관계를 중시하는 경우가 높은 편이다.

결과적으로 남성의 대화는 사회적 힘의 우열에 기초하여, 경쟁적이고, 공격적이고, 주도적이고, 권위적이고, 공적이고, 정보 전달적인 성격을 지니게 된다. 그에 비해 여성의 대화는 유대감에 기초하여, 상호 지지적이고, 방어적이고, 협조적이고, 사교적이고, 사적이고, 정적 공감을 중요시한다.

2. 남성다움과 여성다움

현대는 과거의 남성 중심 사회에서 벗어나 양성 중심 사회로 탈바꿈하고 있다. 하지만 '여성 상위 시대'라 하여 여성이 남성보다 존중되는 사회 변화를 꾀하고 있는 지금에도 사람들의 의식

속에는 남성 우월주의가 남아 있다.

고정관념이란 어떤 사회집단에 대해 갖고 있는 지식과 신념을 말한다. 따라서 그 집단의 구성원들은 어떤 속성을 갖고 있다고 믿기 때문에 개인차를 무시하고 획일적인 평가를 내린다. 이를테면 여성에 대해 남성보다 더 감정적이고 의존적이라 생각하는데 역시 성적 고정관념을 반영하는 것을 볼 수 있다. 다른 많은 연구결과에서 남성과 여성은 서로 다른 특성을 지니고 있는 것을 나타났다. 이를테면 남성은 독립적, 객관적, 경쟁적, 모험적, 자기 확신적 그리고 야망이 있는 사람으로 생각된다, 여성은 이런 특성들과는 반대되는 특성을 소유한 것으로 묘사된다. 즉 의존적이고 주관적이면 수동적이고 비경쟁적이며 모험심이 없고 자기 신뢰가 없고 야망이 없는 것으로 특징지어진다.

이런 고정관념은 실제의 현실을 반영하는 수가 많다. 남성이 여성보다 더 독립적으로 보이고 여성은 남성보다 더 수동적으로 보이고 있다. 하지만 현실이 이렇게 보이는 데는 남성과 여성의 선천적 요인보다는 성적 이중기준의 역할도 크다고 볼 수 있다. 문화가 성에 대한 이중역할을 정해놓고 역할을 수행하도록 해온 것이다. 남성이 전통적인 남성의 역할을 수행할 때 강화를 주고 여성이 전통적인 여성의 역할을 수행할 때 강화를 주었기 때문에 남성은 자연스럽게 독립적이고, 여성은 수동적인 것이다. 즉 고정관념이 현실적인 차별을 가져와 실제 행동상의 차이를 만들어 놓은 것이다.

여성의 성적 고정관념을 보면 남성에 비해서는 덜 호의적이고 덜 바람직한 것임을 알 수 있다. 하지만 이중에는 긍정적으로 평가되는 것들도 있다. 일반적으로 온정과 협력을 의미하는 특성들이다. 여성은 재치있고 온화하면 타인이 어떻게 느끼는가에 민감하여 부드러운 감정표현을 쉽게 할 수 있는 것으로 묘사된다. 반면 남성은 무뚝뚝하고 거칠며 타인의 감정에 둔감하고 자신의 감정표현을 잘하지 않는 것으로 파악된다. 그러나 여성이 몇 개의 긍정적인 특성을 갖고 있다 하더라도 양적인 측면에서 그 수는 매우 적다. 더욱이 바람직한 특성 중에서 남성적인 특성은 여성적인 특성보다 더 높게 평가 받는다. 이는 오늘날 사회에서 온정보다는 유능한 것을 더 높게 평가하는 경향이 있기 때문이다. 즉 공적인 자리에서 독립적이고 경쟁적인 남성의 대화방식이 여성의 대화방식보다 우위를 차지하는 경우가 많은 것이다.

고정관념은 알게 모르게 남녀의 대화방식에도 영향을 미치고 있다. 사회 집단이나 한 개인이나 이러한 고정관념을 한순간 바꾸기는 어렵다. 다만 남녀의 대화방식에 있어서, 남성은 유대적이며 상호적인 방식을, 여성은 독립적이고 주도적으로 대화를 하려고 노력한다면 의사소통이 한층 수월할 것이다.

3. 남녀의 의사소통의 차이

1) 정보 전달 대화 특성

여성이 대화에서 사용하는 언어는 다정다감한 것으로 이를 통해 관계를 돈독히 하겠다는 의도가 강하다. 이런 경우 대화를 하면서도 서로 유사한 것을 찾아내려고 애를 쓰게 되며 상대방과 비슷한 경험이 없는가에 신경을 쓰게 된다. 한 두 사람 정도 모인 사적인 모임에서 안락함을 느낀다.

남성의 대화는 독립을 확보하고 계급사회질서에서 지위를 높이고 협상을 벌이거나 지위를 계속 유지하는 수단으로 쓰인다. 이런 사회에서는 지식과 기술을 과시할 수 있어야 하고 이야기를 들려주거나 농담을 하거나 정보를 전달해 줌으로써 중심역할을 할 수 있어야 하는 것이다. 남자들은 어릴 때부터 대화를 통해 남의 관심을 집중시키는 방법을 익혀 왔다. 그렇기 때문에 남자들은 오히려 잘 알지 못하는 사람들이 많이 모인 자리에서 하는 대화에 더 마음을 편하게 가질 수 있는 것이다.

2) 설득 대화 특성

남성은 말을 길고 장황하게 하는 것보다는 짧고 요약된 말을 한다. 그래서 자신의 의사를 표현할 때 가능한 한 한마디 단어로 표현하는 방법을 택한다. 남성의 경우 좌뇌의 두 곳에 어휘를 관장하는 부분이 있어, 자신의 생각을 표현하고자 할 때나 언어 경쟁에서 상대방을 제압하려고 할 때에는 내용을 요약할 수 있는 어휘를 사용하여 제압 또는 상대 우위를 나타낸다.

반면에 여성의 뇌에는 어휘를 담당하는 구역이 좌뇌와 우뇌에 분포되어 있긴 하지만 그렇게 강력하지 못하다. 따라서 어조의 강약, 몸짓 언어 등의 수단을 많이 동원한다.

설득하는 말을 잘 하기 위해서는 논리적 근거를 가지고, 정확한 자료를 제시하면서 말해야 한다. 뿐만 아니라 자기의 주장을 장황하게 늘어놓기보다는 간단명료하게 요점을 말해야 한다. 이런 점에서 어휘 사용에 능한 남성이, 그렇지 못한 여성보다는 설득력이 강하다. 그러나 여성들끼리 이야기를 할 때에는 인간관계에 바탕을 둔 말이 더 설득력을 더 가질 수 있다. 남성들처럼 상대 우위를 점하기 위해 설득을 하면 오히려 왕따 당하기 쉽다.

사례읽기 **여행만 다녀오면 친구를 잃는 당신에게**

사람들 사이의 관계를 중시하는 심리학자들이 동반자들 간의 의사소통 방식과 갈등 해소 방법 등에 대해 연구한 바 있다. 그 덕분에 우리는 여행 동반자 관계에 힌트를 주는 여러 이론을 찾아볼 수 있는데, 특히 부부간 관계에 대한 연구는 여행 동반자 관계에 시사하는 바가 크다. 첫째로 여행 동반자들이 커플이나 가족인 경우가 많아서 부부 관계에 대한 연구로부터 얻을 것이 많기 때문이고, 둘째로 여행 동반자란 한번 여행을 시작하면 서로가 마음에 들지 않더라도 여행이 끝날 때까지 꼭 붙어 있어야 해서 본질적으로 부부나 가족과 유사한 특성을 갖기 때문이다. 즉 "어떻게 하면 원만한 부부 관계를 유지하면서 살 수 있을까?"라는 질문과, "이 친구와 싸우지 않고 여행을 잘 끝내고 싶은데 어떻게 하면 될까?"라는 질문은 본질상 매우 유사하다.

최성애 박사는 부부 상담의 대가 존 가트먼의 연구와 상담 기법을 발전시켜 한국의 부부에 적용해온 손꼽히는 연구자이자 상담가이다. 최 박사에 따르면 불행한 부부의 특징은 다섯 가지로 요약할 수 있다. 첫째, 문제를 제때 해결하지 않고 최대한 크고 파국적인 규모로 부풀어 관계를 망칠 때까지 별다른 조치를 취하지 않는다. 불행한 부부는 이런저런 견해 차이와 크고 작은 감정의 골을 해결하지 않고 곪을 때까지 내버려둔다. 불행한 여행 동반자도 서로의 성격과 욕구와 가치에 관심을 두지 않고 갈등을 방조하며, 결국 "여기서부터는 따로 따로 가자. 귀국 비행기가 18일 10시인 건 알지?"라는 이야기가 나올 때까지 암 덩어리를 키우고만 있는 사람들이다.

둘째, 불행한 부부는 싸움을 시작했다 하면 마음에 담았던 말을 거르지 않고 그대로 쏟아낸다. 불행한 여행 동반자들도 서로 감정이 끝까지 악화된 뒤에야 마음에 담았던 말을 그대로 쏟아붓는다. "넌 3년 전에 베이징에서도 너 먹고 싶다는 오리만 먹느라 나는 마사지도 못 받게 하고, 2년 전 홍콩에서도 너 가고 싶다는 레이디스마켓이랑 하버시티에서 내 발 부르트게 쇼핑이나 하고. 그러더니 이번에는 뭐? 료칸 오고 싶다고 해서 왔더니, 노천탕이 좁아? 장난해?"

셋째, 불행한 부부는 싸움을 멈출 줄 모르고 싸움이 끝난 뒤 화해할 줄도 모른다. 불행한 여행 동반자도 브레이크를 거는 방법을 몰라서 사소한 문제와 다툼이 장기간 싸움으로 발전하도록 서로 싸움을 키우기만 한다. 넷째, 불행한 부부는 서로의 '영향력'을 받아들이지 않는다. 이를 잘 나타내는 말로는 "너 할 일이나 해!" "시끄러워!" "알아서 해!" 같은 것들이 있다. 이런 말들은 상대가 나에게 아무 영향력도 행사하지 못하게 하려는 아집과 적대감이 반영된 말이다. 함께 여행하는 사람에게 "내가 짠 계획 가지고 왈가왈부하지 마"라는 말을 듣는다면 우리는 어떨까?

마지막으로, 불행한 부부는 한쪽이 다른 쪽을 완전히 지배한다. 이런 경우는 겉으로 드러나는 싸움이 없을 수도 있지만 이 부부가 느끼는 불행은 싸움하는 부부 못지않게 끔찍하다. 한 사람이 다른 사람을 완전히 지배하고 다른 이들은 부글부글 끓는 속으로 그냥 꾹 참아버리는 여행 동반자 관계라면 그 누구도 행복한 여행을 하고 있다고 할 수 없다.

비난·방어·경멸·담쌓기의 결말

행복한 부부는 불행한 부부의 다섯 가지 특성과는 정반대 특성을 가진다. 문제를 최대한 빨리 해결하려 하고, 앙금을 있는 그대로 토해내는 게 아니라 말을 하기 전 상대의 감정을 한 번 더 헤아려보며, 싸움에 브레이크를 걸 줄 알다. 또한 서로의 영향력을 인정하면서 어느 한쪽이 일방적인 우위를 행사하지 않고 서로의 의견과 감정을 존중한다.

내 여행 타입을 알아보자

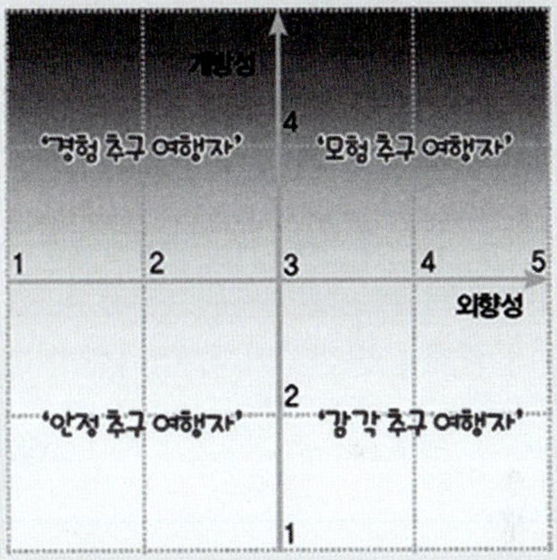

매우 A(1점), 조금 A(2점), 어느 쪽도 아니다(3점), 조금 B(4점), 매우 B(5점)

내·외향성
A 조용한 – B 수다스러운
A 주장이 없는 – B 주장이 강한
A 모험적이지 않은 – B 모험적인
A 힘이 없는 – B 힘이 넘치는
A 소심한 – B 대담한

개방성
A 상상력 빈곤한 – B 상상력 풍부한
A 창의적이지 않은 – B 창의적인
A 호기심 없는 – B 호기심 많은
A 사색적이지 않은 – B 사색적인
A 세련되지 못한 – B 세련된

※ 10개 항목의 점수를 각각 매겨 '외향성' '개방성' 요인별로 합산한 다음 5로 나눈 평균이 자신의 외향성, 개방성 점수다.

이처럼 여행 동반자들은 행복한 부부가 보이는 다섯 가지 관계의 특징을 갖기 위해 노력할 필요가 있다. 그런데 이 모든 노력을 한 방에 날려버릴 수 있는 네 가지 아주 질 나쁜 언행이 있다. 비난·방어·경멸·담쌓기다. 이 네 가지 언행을 보이는 부부는 90% 이상이 이혼에 이른다고 한다.

'비난'이란 타인의 인격을 비하하는 언행을 뜻한다. 우울증을 연구하는 학자들은 우리가 스스로 "항상" "모든 일에 대해" "내 성격 특징 때문에" 실패한다고 생각하게 되면 우울증에 걸린다고 말하는데, 비난은 타인이 "항상" "모든 일에 대해" "너의 그놈의 고칠 수 없는 깊은 내적 특징 때문에" 일을 잘못하고 있다고 욕하는 것이다. "넌 매번 여행만 오면" "넌 쇼핑을 하건 식도락을 하건" "넌 도대체 어떻게 되어먹었길래"라는 말들이 비난의 기관차다. 이 기관차 뒤에 무슨 말이 따라오건 말이다.

'방어'란 비난에 이어 나타나는 행동으로, 역공 또는 희생자 되기로 구분할 수 있다. 역공이란, 한마디로 네가 나를 욕하면 나는 너를 더욱 아주 심하게 욕해준다는 것이고, 희생자 되기란 본인이 억울했던 일을 몽땅 쏟아놓으며 자기는 잘못이 없고 정말 문제가 심한 것은 너라고 주장하는 행동이다. 비난과 방어의 주고받기는 자신의 잘못을 완전히 부인하고 문제의 원인을 전적으로 상대에게 돌리는 파국적 관계 방식이다.

'경멸'이란 상대를 멸시하고 조롱하는 것을 뜻한다. "아이고 여행을 해본 적이 있어야 뭘 하지" "오늘 밤에 바에 가겠다고? 네가? 뭐하러?" 따위 말이 동료 여행자의 마음을 찢어놓는 경멸에 해당한다. '담쌓기'란 서로 간의 생각과 감정의 소통을 끊어버리고, 상대를 존중하거나 이해하거나 설득하려는 시도를 완전히 중단하는 것을 뜻한다. '혼자 실컷 떠들어봐라' 하는 생각, 대화를 거부하거나 아예 대화 자리를 박차고 일어나버리는 행동 등은 비난이나 경멸보다 얌전해 보일지 모르지만 종말의 시간을 앞당기기로는 못지않은 효과를 나타낸다.

최성애 박사는 비난 대신 부드러운 요청과 감사의 말을, 방어 대신 인정을, 경멸 대신 호감과 존중의 표현을, 담쌓기 대신 대화를 하라고 권유한다. 이런 행동은 기본적으로 사람과 사람의 관계를 원활하게 만드는 왕도이므로, 자연히 여행 동반자의 관계와 여행의 질에도 긍정적인 영향을 줄 것이다. 누구 할 것 없이 먼저 시작해서 서로의 '감정통장'을 넉넉히 채워주며 관계를 발전시키자. 행복한 여행이 따라올 것이다.

출처: 김명철 (심리학 박사) webmaster@sisain.co.kr

WORKSHEET 성차별적인 의사소통 사례 찾아보기

- TV 드라마나 예능 프로그램을 시청한 후 성차별을 나타내는 사례를 찾아보자. 또 어떻게 바꾸어야 할지에 대해서도 얘기해보자.

- 일시 :
- 프로그램명 :

제3절
의사소통과 예절

1. 의사소통에서의 예절의 의미

언어적 의사소통은 음성과 전달하고자 하는 메시지를 분명하게 전달하지만 화자가 청자에게 의도적으로 제한된 정보를 제공하게 되는 경우가 있기 때문에 청자는 화자가 전달하는 정보의 정확성을 확인하는데 있어서는 비언어적 의사소통에 의존하는 경우가 있다.

그렇기 때문에 언어적 의사소통보다도 비언어적 의사소통이 의미를 더 강하게 전달하기도 한다. 정확한 의사소통을 하기 위해서는 상대방과의 언어적 의사소통과 비언어적 의사소통이 동시에 이루어져야 하며, 그 의미를 파악하게 될 때, 진정한 의사소통을 할 수 있다.

언어적인 의사소통에 있어서도 매우 애매하고 불확실한정보가 전달되는 경우가 있다. 신경언어학에서는 의사소통과정에 인간의 심층구조에서 표층구조로 가기 위해서 경험을 변형시키는 경우가 있는데, 일반화와 삭제, 그리고 왜곡이 있다.

1) 일반화

구체적이고 사소한 경험을 가지고 전체 경험으로 확대하는 일반화가 있다. 일반화는 구체적인 것에 대한 섬세함과 풍요로움을 감소시키며 특정한 경험과 느낌을 보편적 수준으로 확대시킨다. 예로는 '영아는 나를 좋아하지 않아요'를 '여자는 나를 좋아하지 않아요' 혹은 '아무도 나를 좋아하지 않아요'로 표현하는 것이다. 보편적 일반화에 사용되는 수식어로는 '모두, 각각의,

모든, 무엇이든' 등이 포함되고, 부정적인 수식어로는 '결코 ~가 아니다, 아무데도 ~가 없다, 조금도 ~없다, 아무것도 없다, 아무도 없다' 등이다.

2) 삭제

본래의 경험과 심층적 의미에 대한 언어적 표현 중 일부분을 제거 또는 누락시키는 삭제가 있다. 삭제는 미완성의 의사소통 상태를 만들게 된다. 예를 들어 '일을 다 망쳤단 말이야'라는 표현은 누구의 일인지, 누가 망쳤는지, 무엇을 어떻게 했어야 했는지에 대한 부분이 의문이 간다. 또 '난 어떻게 해야 좋을지 모르겠어'란 표현은 무엇에 관해서 하는지, 누구에게 하는지, 어디서 하는지, 자기 자신을 위해서 하는 것인지 등의 구체적인 정보가 빠져 있으므로 의사소통이 미완성된다.

3) 왜곡

의미가 왜곡되는 경우가 있다. 그 예로는 타인이나 외부사건 및 환경이 원인이 되어 결과가 자기의 내적 상태를 초래한다고 믿고 자신의 경험을 표현하는 것이다. 즉, 남이나 외부에서 내 감정 상태를 만들어 낸다고 생각하여 그 원인과 결과를 믿는 것이다. '친구가 나를 힘들게 한다', '언니는 내가 미워하게 만들어'라는 표현 등이다.

왜곡의 다른 예로는 의사소통의 왜곡망이 자신의 과거경험이든, 선입견 및 고정관념이든 간에 자신의 왜곡망을 사용하여 다른 사람의 마음을 자기 나름대로 알 수 있다고 믿는 것이다. 이렇게 남의 마음을 읽기는 상대방을 주관적으로 해석하는 과오를 범하고, 자신을 괴롭히고 고통스럽게 할 수도 있다.

2. 의사소통에서의 호칭과 지칭

1) 의사소통을 시작하는 말, 호칭과 지칭

'호칭'은 어떤 대상을 직접 부르는 말이고, '지칭'은 어떤 대상을 가리켜 이르는 말이다. 예를 들어, 부모님께 직접 '아버지', '어머니'라고 부르는 말은 호칭이 되고, "아버지는 누나를 '꽃돼지'라고 부른다"에서 '아버지', '누나', '꽃돼지'는 지칭하는 말이 된다. 이와 같은 호칭과 지칭은 의사소통과 대인관계의 시작이라고 할 수 있다.

의사소통의 첫 번째 수단이 언어이고, 언어로 나누는 이야기는 상대방을 부르는 데에서 시작하기 때문이다. 상대방을 부르는 것은 상대방의 관심을 나에게로 향하게 하는 일이고, 누군가를 가리키는 것은 이야기의 관심을 내가 원하는 곳으로 유도하는 것이기 때문이다. 부모님이나 형제자매가 함께 사는 가정에서, 회사에서 함께 일하는 사람이나 친구, 가게에서 만나는 사람들이 있는 사회에서 써야 하는 호칭과 지칭은 모두 다르다.

2) 상대방에게 좋은 인상을 주기 위한 말씨와 어휘

상대방과 몇 마디의 이야기만 나누어 보아도 상대방의 성장 환경, 교육 정도, 사회적 지위 등을 알 수 있다고 전문가들은 말한다. 물론 생활 속에서 짧은 대화만으로 자세하게 알 수는 없겠지만, 적어도 '상대방과의 대화가 좋다, 나쁘다', '상대방과 의사소통이 잘 된다, 안 된다' 정도는 알 수 있다. 친구나 나보다 나이가 어린 사람들에게는 친근하고, 정겨운 말씨를 쓰며, 나보다 나이가 많은 어른들께는 높임말로 공손한 말씨를 쓰도록 해야 한다. 어휘의 선택에 있어서 가장 기본은 욕설을 쓰지 않는 것이다. 어른들께는 존대하는 표현을 쓰는 것도 기본이라고 할 수 있다.

3) 하얀 거짓말

상대방의 기분을 생각해서, 또는 상대방의 체면을 살려 주기 위해서 하는 가벼운 거짓말을 '하얀 거짓말'이라고 한다. 영어로는 '화이트 라이(white lie)'라고 한다. 누군가 사람들 앞에서 나에게 정말 예쁘다고, 참 잘한다고 칭찬해 주면 기분이 어떨까? 물론, 정말 예쁘고 뭔가를 잘해서 칭찬해 주는 경우도 많다. 하지만, 조금 부족한 사람에게 그렇게 이야기를 해 주면 비록 거짓말이라도 기분이 정말 좋아진다. 그래서 '선의의 거짓말'이라고도 한다. 아픈 친구의 무거운 가방을 들어 주면서, "힘들지 않아"라고 말하는 것은 거짓말이기는 하지만 상대가 걱정하지 않기를 바라는 마음에서의 하얀 거짓말인 것이다. 이러한 거짓말의 바탕에는 남을 배려하는 마음이 있다. 그렇다고 해서 무조건 거짓말을 하라는 것이 아니며 상대방을 배려하는 마음이 중요하다.

3. 의사소통과 예절

말은 한 인간의 인격의 유형이며 관계를 형성한다. 말은 대화의 방법으로써 관계를 성숙시키기도 하고 파괴시키기도 한다. 좋은 대화의 방법은 관계를 친숙하게 하고 관계를 성숙하게 한다. 그래서 대화의 법을 편리 위주가 아닌 윈 윈 커뮤니케이션(win-win communication)이 될 수 있게 훈련하여야 한다.

상대방의 말을 경청하는 기술의 궁극적인 목표는 나와 상대방 모두에게 이익이 되는 상황을 만들어 내는 것, 즉 윈 윈 커뮤니케이션을 이루는 것이다. 윈 윈 커뮤니케이션은 상호간의 평가와 이해를 촉진시킬 뿐만 아니라 믿음과 존중의 분위기를 창조한다. 누군가 자신의 말에 진심으로 귀 기울여 줄 때 당신은 스스로가 특별한 존재라고 느끼지 않는가? 잘 듣는 행위는 쌍방 통행로와 같다. 효율적인 커뮤니케이션을 하려면 서로 상대방의 말에 귀를 기울여야 한다.

우리는 늘 다른 사람들이 자신의 기준을 수용하기를 원하지만, 정작 자기 역시 다른 사람들의 기준을 받아들여야 한다는 사실은 잊어버린다. 이것은 바람직한 커뮤니케이션을 방해하는 커다란 장애이다. 우리는 스스로의 눈과 귀와 마음을 열고 상대방의 말을 듣는 법을 배워야 한다. 우리가 배우고자 하는 윈 윈 의사소통 표현법은 누구나 알아들을 수 있는 용어로 정보를 알기 쉽고 간결하게 전달하는 능력이 된다.

1) 전화를 통한 의사소통

전화는 많은 통신 수단 중에서 가장 빠르고 손쉬운 방법이다. 다른 통신수단이 흉내낼 수 없는 장점이 있다. 그것은 바로 인간의 목소리, 질문에 금방 대답해 줄 수 있는 살아있는 인간의 존재를 제공한다는 점이다.

많은 연구결과, 인간의 커뮤니케이션이 시각적·음성적·언어적 신호로 이루어져 있다는 사실을 밝혀냈다. 심리학자인 앨버트 메라비언의 '침묵의 메시지:감정과 태도에 숨어 있는 커뮤니케이션'에 따르면 우리가 전달하고자 하는 메시지의 50%는 시각적 신호를 통해 전달된다고 한다. 목소리의 높이, 말하는 속도, 소리의 크기 같은 음성적 신호는 38%, 대화에서 선택하는 용어 등 언어적 신호는 7%를 전달한다고 한다.

목소리 자체는 이미지를 전달하는 핵심 열쇠인 것이다. 목소리는 우리가 신체적으로, 그리고 심리적으로 느끼고 있는 감정을 그대로 드러낸다. 전화를 통한 의사소통을 효과적으로 하기 위해서는 언어 능력을 훈련시키는 동시에, 상대방의 말에 집중하는 연습을 해야 한다. 상대방의 말소리에 귀를 기울이면 들리지 않는 감정까지도 읽어낼 수 있다. 시각 장애인들이 서로의 감정과 의사를 교환하는 방법을 잘 관찰해 보면, 그들은 보이지 않는 눈을 대신할 다른 능력을 이용하고 발달시킨다. 대체로 시각 장애인들은 소리에 매우 민감하기 때문에 상대방이 선택하는 단어와 목소리만으로도 그 사람의 감정을 무리 없이 읽어 낼 수 있다.

말은 때와 장소에 맞게, 예의를 갖춰서, 상대방을 존중하면서 말을 하는가, 그렇지 않는가 하는 것이 진짜 말을 잘하고 못하는 판단의 관건이다. 전화는 얼굴을 서로 못 보는 상태에서 말을 통해 자신의 의사를 전달한다. 얼굴을 못 본다고는 하지만 전화를 통해서는 그 사람의 기분이나 마음의 상태, 상황의 급박함, 심지어 말하는 사람의 기본적인 성향까지 그대로 전달한다.

(1) 바른 자세로 전화하기

전화를 걸고 받을 때 흔히 하는 실수 중에 하나는 상대방이 내 모습을 못 본다고 해서 엎드려서 전화를 건다거나 다리를 책상 위에다 올리고 전화를 한다거나 입 안에 음식물이 남아 있는 상태로 전화를 하는 경우가 있다. 이렇게 하면 상대방도 여러분들이 불성실한 태도로 전화를 하고 있다는 것을 금방 알아차리고 똑같이 무성의하게 전화를 받을 것이다. 바른 자세로 전화를 해야 대화 또한 바르고 유익한 방향으로 진행해 나갈 수 있다.

(2) 미소를 잃지 않기

밝고 경쾌한 목소리로 전화 통화를 하는 것이 중요하다. 전화란 얼굴이 보이지 않는 상태에서 서로 의사소통을 하는 것으로 낮게 깔린 목소리는 상대방에게 여러분을 우울하고 딱딱한 사람이라는 선입견을 줄 수 있다. 밝고 명랑한 얼굴로 전화통화를 하면 전화를 받은 상대방도 한결 즐거운 통화를 진행해 나갈 수 있게 된다.

(3) 비즈니스적인 전화와 사적인 전화의 구분

회사에서 업무적인 일로 전화를 할 때도 자신이 평상시 사용하던 표현법이나 전화 태도를 그대로 사용하는 경우가 있다. 업무를 위한 전화통화에 가장 기본이 되는 예절은 자신의 소속기관과 실명을 먼저 밝히고 전화를 한 목적을 가급적 육하원칙에 입각하여 상대방에게 설명한 다음 통화자의 결정을 기다리는 것이 좋다. 다른 회사, 다른 단체에 전화를 해서 대뜸 "누구누구 좀 바꿔 주세요."라고 하는 것은 매우 실례이다. "저는 000의 000라고 합니다. 0000일 때문에 0000님과 전화통화를 하고 싶은데 가능할까요?"라고 먼저 묻는다면 전화 받은 사람의 입장에서는 전화를 한 대상이 이미 파악되었으므로 자신이 어떤 태도로 전화 건 사람을 대해야 할지, 그리고 전화한 사람이 문의하고 있는 내용을 실제로 해결해 줄 수 있는 문제인지 아닌지를 바로 파악할 수 있기 때문에 전화 업무를 훨씬 효율적으로 진행해 나갈 수 있다.

일반 직장인들의 경우에도 업무 차 하루에도 수십 통씩 거래 회사와 전화로 통화를 해야 하는 경우가 있다. 위의 몇 가지 예를 잘 기억하고 실천할 수만 있다면 전화를 통해 이루어지는 직장, 단체의 1차 비즈니스는 성공적으로 이루어 질 수 있을 것이다.

2) 전화로 이미지를 전달하는 기술에 있어서 최악의 매너를 피해 가는 몇 가지 방법을 소개하면 다음과 같다.

① 전화를 하면서 우물우물 껌을 씹지 말자.
② 통화 중에 무엇을 먹거나 마시지 말자.
③ "부탁합니다", "감사합니다", "괜찮습니다"라는 말들을 마음속에 새겨두자. 정중함을 나타내는 말이다.
④ 전화를 하면서 편지를 뜯거나 보고서를 읽거나 문서를 작성하지 말자. 지금 이야기중인 사람에게 주의를 집중하자.
⑤ 회의 중에는 전화를 받지 말자. 다른 사람에게 부탁하든지, 음성사서함으로 바꾸어 놓든지, 가능한 방법을 마련해 두자. 만약 꼭 받아야 할 전화라면 회의를 시작하기 전에 참석자들에게 미리 양해를 구하라.
⑥ 통화하고 있는 사람을 방해하지 말자. 책상에 메모를 남기든지, 잠시 후로 용건을 미루라.
⑦ 통화하는 도중에 전화를 걸어 온 상대방에 대한 이야기를 동료와 나누는 일이 없도록 하자. 수화기를 통해 자신에 대한 이야기나 문제, 불친절한 말을 듣게 되는 것처럼 당황스러운 일은 없다.
⑧ 운전 중에는 절대 휴대전화를 사용하지 말자. 꼭 써야 한다면 먼저 차를 길 한편에다 대도록 하자.
⑨ 식당에서 식사중일 때도 역시 휴대전화 사용을 삼가야 한다.
⑩ 언제나 상대방을 존중하는 마음으로 진실하고 정중하게 대하라. 그런 마음과 태도는 분명히 전화선을 타고 전해진다.

3) 전화 거는 예절

① 용건을 미리 정리해 짧은 통화가 되게 하며, 감정을 안정시키고 호흡을 가다듬는다.
② 다른 사람이 받았으면 정중하게 바꿔주기를 청한다.
③ 상대의 목소리가 들리면 다시 인사하고 용건을 말한다.
④ 상대가 없으면 받은 사람에게 전해줄 수 있는가를 정중하게 묻고 용건을 말한다.
⑤ 늦은 밤, 이른 아침, 식사시간은 가급적 피한다. 만약 밤늦게 전화한다면 미리 예고하여 가족의 허락을 얻거나 상대방이 전화하도록 전한다.
⑥ 잘못 걸렸으면 "죄송합니다. 전화가 잘못 걸린 것 같습니다."하고 정중하게 사과한다.
⑦ 용건이 끝나면 정중하게 인사하고, 전화를 끊겠다고 예고한 다음 끊는다.
⑧ 어른과 통화 후에는 어른이 먼저 끊는 것을 확인한 후에 끊는다.

4) 전화 받는 예절

① 전화신호가 울리면 호흡을 가다듬고 평온한 감정으로 전화기 앞에 바른 자세로 앉는다.
② 수화기를 들고, 먼저 "예"라고 대답한 다음 자기소개를 한다.
③ 전화를 건 사람이 확인되면 먼저 인사부터 한다.
④ 다른 사람을 찾으면 친절하게 기다리라고 말하고 바꾼다.
⑤ 받을 사람이 없으면 사정을 설명하고, 대신 받아도 되겠느냐고 묻는다.
⑥ 남에게 온 전화는 통화 내용, 시간, 용건 등을 전해준다.
⑦ 통화가 끝나면 정중하게 인사한다.
⑧ 가능하면 전화를 건 사람이 먼저 끊은 후 수화기를 내린다.
⑨ 잘못 걸려온 전화라도 친절하게 반응한다.

5) 휴대전화 예절

① 공연관람, 수업시간 등에는 반드시 호출음이 외부로 들리지 않도록 한다.
② 중요한 회의 중이나 운전 중에는 통화를 금한다.
③ 공공장소에서 큰소리로 통화하지 않는다.

6) 곤란한 전화에 반응하는 예절

가끔 통화하기 곤란한 전화를 받을 때가 있는데 전화이기 때문에 가능한 대처법이 있다. 이때 상대방의 탓으로 돌리지 않는 자세가 중요하다.

① 상대방의 목소리가 작을 때는 전화기 탓으로 돌린다.("죄송합니다. 감이 조금 먼 것 같습니다. 전화 상태가 좋지 않은 것 같네요.")
② 방금 상대방의 이름을 들었는데 기억나지 않을 때도 전화기 탓으로 돌린다.("죄송합니다. 감이 멀어서 귀하의 이름을 정확하게 못 들었습니다. 다시한번 말씀해주시겠습니까?")
③ 더 길어지는 통화를 끝내려면 전화라는 점을 이용한다.("죄송합니다. 다른 급한 전화가 와서 먼저 실례하겠습니다. 나머지 이야기는 나중에 제가 다시 전화를 드리도록 하겠습니다.")
④ 장난 전화가 오면 더욱 단호하게 대처한다.("지금 일하는 중입니다. 실례하겠습니다.")

요즘은 통신수단의 기능이 발달되어 있어서 의사소통의 수단을 넘어 각종 정보처리 수단으로써 효용과 가치가 갈수록 커지고 있다. 그러나 현대 시대의 일상적인 의사소통은 얼굴을 보지 않고 하는 전화가 생활 대화에 많은 분량을 차지하고 있다. 일반적으로 전화를 통하여 대화가 되기 때문에 그것에 대한 예절을 배우고 지키는 것은 당연하다. 전화를 사용할 때는 상대를 볼 수 없으므로 자칫 무례해지기 쉽고 오해의 가능성도 높으므로 예절을 지키도록 한다.

전화통화는 나를 남에게 보여 주는 첫 번째 만남이기 때문에 신뢰를 줄 수 있는 최상의 예의를 갖추어 대화에 임해야 할 것이다.

WORKSHEET 맞춤법 익히기

맞춤법 테스트

아래 두 개의 단어 중 맞는 것에 동그라미를 표시해 주십시오.

단언컨데	단언컨대	넓직한	널찍한
설렘	설레임	설겆이	설거지
되물림	대물림	개구쟁이	개구장이
오랜만이야	오랫만이야	낭떨어지	낭떠러지
역할	역활	발자욱	발자국
정답을 맞히다	정답을 맞추다	납짝하다	납작하다
문안하다	무난하다	간지르다	간질이다
희안하다	희한하다	깨끗히	깨끗이
요새	요세	하마터면	하마트면
금새	금세	통채로	통째로
건들이다	건드리다	요컨대	요컨데
야 임마	야 인마	일찌기	일찍이
뒤치닥거리	뒤치다꺼리	눈쌀	눈살
빈털털이	빈털터리	며칠	몇일
움츠리다	움추리다	곰곰히	곰곰이
애띠다	앳되다	바램	바람
궁시렁거리다	구시렁거리다	내 거	내 꺼
널부러지다	널브러지다	잠갔다	잠궜다
핼쑥하다	핼쓱하다	웬만하면	왠만하면
한웅큼	한움큼	어따대고	얻다대고
느즈막하다	느지막하다	일일이	일일히
홧병	화병	주워먹다	줏어먹다
댓가	대가	구렛나루	구레나룻
안성맞춤	안성마춤	구지	굳이
귀뜸	귀띔	어의없다	어이없다

참 고 국립국어원이 발표한 '2016년 표준어 추가 결과'

| 추가 표준어(4항목)

추가 표준어	뜻 차이
걸판지다	걸판지다 [형용사] ① 매우 푸지다. ¶ 술상이 걸판지다 / 마침 눈먼 돈이 생긴 것도 있으니 오늘 저녁은 내가 걸판지게 사지. ② 동작이나 모양이 크고 어수선하다. ¶ 싸움판은 자못 걸판져서 구경거리였다. / 소리판은 옛날이 걸판지고 소리할 맛이 났었지.
현재 표준형 거방지다	거방지다 [형용사] ① 몸집이 크다. ② 하는 짓이 점잖고 무게가 있다. ③ =걸판지다①.
겉울음	겉울음 [명사] ① 드러내 놓고 우는 울음. ¶ 꼭꼭 참고만 있다 보면 간혹 속울음이 겉울음으로 터질 때가 있다. ② 마음에도 없이 겉으로만 우는 울음. ¶ 눈물도 안 나면서 슬픈 척 겉울음 울지 마.
현재 표준형 건울음	건울음 [명사] =강울음. 강울음 [명사] 눈물 없이 우는 울음, 또는 억지로 우는 울음.
까탈스럽다	까탈스럽다 [형용사] ① 조건, 규정 따위가 복잡하고 엄격하여 적응하거나 적용하기에 어려운 데가 있다. '가탈스럽다①'보다 센 느낌을 준다. ¶ 까탈스러운 공정을 거치다 / 규정을 까탈스럽게 정하다 / 가스레인지에 길들여진 현대인들에게 지루하고 까탈스러운 숯 굽기 작업은 쓸데없는 시간 낭비로 비칠 수도 있겠다. ② 성미나 취향 따위가 원만하지 않고 별스러워 맞춰 주기에 어려운 데가 있다. '가탈스럽다②'보다 센 느낌을 준다. ¶ 까탈스러운 입맛 / 성격이 까탈스럽다 / 딸아이는 사 준 옷이 맘에 안 든다고 까탈스럽게 굴었다. ※ 같은 계열의 '가탈스럽다'도 표준어로 인정함.
현재 표준형 까다롭다	까다롭다 [형용사] ① 조건 따위가 복잡하거나 엄격하여 다루기에 순탄하지 않다. ② 성미나 취향 따위가 원만하지 않고 별스럽게 까탈이 많다.
실뭉치	실뭉치 [명사] 실을 한데 뭉치거나 감은 덩이. ¶ 뒤엉킨 실뭉치 / 실뭉치를 풀다 / 그의 머릿속은 엉클어진 실뭉치같이 갈피를 못 잡고 있었다.
현재 표준형 실몽당이	실몽당이 [명사] 실을 풀기 좋게 공 모양으로 감은 뭉치.

국립국어원이 '2016년 표준어 추가 결과'를 발표함으로써 6항목의 어휘가 표준어, 또는 표준형으로 인정받았다. 새로 표준어의 지위를 갖게 된 낱말은 '걸판지다, 겉울음, 까탈스럽다, 실뭉치, -엘랑, 주책이다' 등이다.

| 국립국어원이 추가한 표준어 일람

연도	항목	뜻 차이
2011	39	간지럽히다, 남사스럽다, 등물, 맨날, 묫자리, 복숭아뼈, 세간살이, 쌉싸름하다, 토란대, 허접쓰레기, 흙담, -길래, 개발새발, 나래, 내음, 누꼬리, 떨구다, 뜨락, 먹거리, 메꾸다, 손주, 어리숙하다, 연신, 휭하니, 걸리적거리다, 끄적거리다, 두리뭉실하다, 맨숭맨숭/맹숭맹숭, 바둥바둥, 아웅다웅, 야멸차다, 오손도손, 찌뿌둥하다, 추근거리다, 택견, 품새, 짜장면

연도	항목	뜻 차이
2014	13	구안와사, 굽신, 눈두덩이, 삐지다, 초장초, 개기다, 꼬시다, 놀잇감, 딴지, 사그라들다, 섬찟, 속앓이, 허접하다,
2015	11	이쁘다, 마실, 찰지다, -고프다, 푸르르다, 잎새, 꼬리연, 이크, 의론(議論), 말아/말아라/말아요, 노랗네/동그랗네/조그맣네
2016	6	걸판지다, 겉울음, 까탈스럽다, 실뭉치, -엘랑, 주책이다

이번에 새로 표준어로 인정한 항목은 크게 두 가지다. 하나는 현재 표준어와는 뜻이나 어감이 달라 별도의 표준어로 인정한 경우로서 모두 4항목이다. '실뭉치', '걸판지다', '겉울음', '까탈스럽다' 등은 현재 표준어인 '실몽당이', '거방지다', '건울음', '까다롭다'와는 의미가 서로 다른 것으로 보아 별도 표준어로 인정한 것이다.

한때 '멍게'의 표준어는 '우렁쉥이'였는데 이 말을 아는 이들은 거의 없었다. "방언이던 단어가 표준어보다 더 널리 쓰이게 된 것은, 그것을 표준어로 삼는다. 이 경우, 원래의 표준어는 그대로 표준어로 남겨 두는 것을 원칙으로 한다."는 표준어 사정원칙에 따라 '멍게'도 표준어의 지위를 얻었다. 잘 쓰이지 않지만 '우렁쉥이'도 여전히 표준어로 남아 있으니 이른바 복수 표준어다.

실제로 국어에 대한 관심이 남과 다른 나에게도 '실몽당이'나 '거방지다'는 낯선 낱말이다. 그러나 '실뭉치'나 '걸판지다'는 듣는 순간 그게 무얼 말하는지 단박에 느낌이 오지 않는가. 근간을 지키는 범위 안에서 엔간하면 널리 쓰이는 비표준어를 모두 표준어의 범주 안으로 들이는 게 필요한 이유가 여기 있다.

실제로 국어에 대한 관심이 남과 다른 나에게도 '실몽당이'나 '거방지다'는 낯선 낱말이다. 그러나 '실뭉치'나 '걸판지다'는 듣는 순간 그게 무얼 말하는지 단박에 느낌이 오지 않는가. 근간을 지키는 범위 안에서 엔간하면 널리 쓰이는 비표준어를 모두 표준어의 범주 안으로 들이는 게 필요한 이유가 여기 있다.

| 추가 표준형(2항목)

추가 표준어	뜻 차이
엘랑 현재 표준형 에는	ㅇ 표준어 규정 제25항에서 '에는'의 비표준형으로 규정해 온 '엘랑'을 표준형으로 인정함. ㅇ '엘랑' 외에도 'ㄹ랑'에 조사 또는 어미가 결합한 '에설랑, 설랑, -고설랑, -어설랑, -질랑'도 표준형으로 인정함. ㅇ '엘랑, -고설랑' 등은 단순한 조사/어미 결합형이므로 사전 표제어로는 다루지 않음. (예문) 서울엘랑 가지를 마오. 교실에설랑 떠들지 마라. 나를 앞에 앉혀놓고설랑 자기 아들 자랑만 하더라.

추가 표준어	뜻 차이
주책이다 현재 표준형 주책없다	ㅇ 표준어 규정 제25항에 따라 '주책없다'의 비표준형으로 규정해 온 '주책이다'를 표준형으로 인정함. ㅇ '주책이다'는 '일정한 줏대가 없이 되는대로 하는 짓'을 뜻하는 '주책'에 서술격 조사 '이다'가 붙은 말로 봄. ㅇ '주책이다'는 단순한 명사+조사 결합형이므로 사전 표제어로는 다루지 않음. (예문) 이제 와서 오래 전에 헤어진 그녀를 떠올리는 나 자신을 보며 '나도 참 주책이군' 하는 생각이 들었다.

다른 하나는 비표준적인 것으로 다루어 왔던 표현 형식을 표준형으로 인정한 경우로서 모두 2항목이다. 표준어인 '주책없다'와 '-에는'과 같은 뜻으로 널리 쓰이고, 문법적인 오류의 근거도 없는 '주책이다'나 '-엘랑'을 표준형으로 잡아준 것이다.

1960년대에 널리 유행한 이미자의 노래 '섬마을 선생님' 가사에 '서울엘랑 가지를 마오'라고 하는 대목이 있다. 그동안 이는 비표준형이었으나 앞으로는 표준형으로 쓸 수 있게 된 것이다. 2011년도에 표준어가 된 '-길래'와 비슷한 경우다.

'-기에'의 구어적 표현이지만 사실상 '-기에'보다 '-길래'가 훨씬 많이 쓰였다. 대중가요의 가사 '당신은 누구시길래'는 물론, 텔레비전 드라마 제목도 '사랑이 뭐길래'였으니 말이다.(그러나 이 글을 쓰는 지금도 아래아 한글에는 '누구시길래'에 빨간 금이 그인다.)

제4절
소셜미디어와 의사소통

1. 소셜미디어의 정의와 종류

1) 소셜미디어의 정의

소셜미디어(Social Media)에서 미디어(Media)는 신문이나 라디오와 같이 의사소통의 도구이다. 즉 소셜미디어는 의사소통의 사회적 도구이다. 웹2.0 용어로, 단지 정보만을 전달하는 것이 아니라, 정보를 전달함과 동시에 상호 소통하는 웹사이트이다. 상호 소통이란 단순히 댓글 또는 글에 대한 평가를 요청하거나, 복잡하게는 공통된 흥미를 가진 다른 사람들이 매긴 영화 순위를 바탕으로 당신에게 영화를 추천해주는 것 등의 의미를 포함한다.

일반 미디어의 경우, 일방통행로(One-way street)와 같이 신문을 읽고, TV 프로그램을 보지만 개개인의 생각을 전달하는 데는 아주 제한적이다. 반면 소셜미디어는 양방향 통행로(two-way street)로 의사소통할 수 있도록 제공한다.

SNS(Social Networking Service)는 소셜미디어를 근간으로 하여 온라인 상에서 불특정 타인과 관계를 맺을 수 있는 서비스를 말한다. 처음 SNS가 온라인에 도입되었을 때 온라인 인맥 구축이 목적이었다. 멀리 떨어져 있으면서도 서로의 일상을 공유하면서 친구와의 관계를 돈독히 하기도 했고, 새로운 친구를 사귀기도 했다. 2010년 3월 일본 지진이 일어났을 때에는 트위터를 통해 피해자의 생존 여부를 파악하기도 하였다.

결과적으로 SNS란 웹상에서 친구, 선후배, 동료 등 지인과의 인맥 관계를 강화시키고, 또 새로운 인맥을 쌓으며 폭넓은 인적네트워크(인간관계)를 형성할 수 있도록 해주는 서비스이다. 또 온라인에서 개인의 정보를 공유할 수 있게 하고, 의사소통을 도와주는 1인 미디어, 1인 커뮤니티라 할 수 있다.

2) SNS의 종류

- **페이스북(Facebook)** : 인적 네트워크 형성이 가능한 대표적인 소셜미디어로 전 세계 7억명이 사용하는 SNS
- **트위터(Twitter)** : 관심사나 전문 분야에 따라 짧은 문구, 이미지, 동영상을 업로드하는 소셜미디어
- **인스타그램(Instagram)** : 요즘 페이스북보다 인기가 있다는 온라인 사진 공유 소셜 네트워킹 서비스
- **구글+(Google+)** : 페이스북을 겨냥하여 만든 일종의 인맥구축 서비스
- **유튜브(YouTube)** : 무료 동영상 공유 사이트로, 사용자가 영상 클립을 업로드하거나 공유하는 사이트
- **링크트인(Linkedin)** : 미국의 비즈니스 목적의 소셜 네트워크 서비스 등

- **카카오톡, 카카오스토리**
- **밴드**

3) SNS의 특징

SNS의 특징은 기능만큼이나 다양하다. SNS는 즉시성, 쌍방향성, 실시간성, 정보공유, 집단지성의 특징을 가지고 있다. 각각의 특징을 구체적으로 살펴보면, 다음과 같다.

즉시성은, 스마트폰 보급이 증가함에 따라 SNS 이용자들이 언제 어디서든 손쉽게 SNS에 접근할 수 있으며, 스마트폰의 어플리케이션도 간편하고 편리하게 이용할 수 있도록 개발되었다는 의미이다.

쌍방향적이고, 실시간적인 정보교환 특성이 있다. 소셜미디어는 관심 있는 사람들의 참여와 도움을 직접적으로 전달하고, 쌍방향적인 의사소통이 가능함에 따라 정보를 주고받을 수 있다. 또 링크를 통해 쉽고 간편하게 실시간으로 정보를 접하거나 다른 사람에게 전달할 수 있다.

정보 공유와 집단지성 능력이 있다. 소셜미디어는 기존 미디어와 다르게 서비스를 제공할 수 있는 툴이 다양해서 자신이 만들어 낸 콘텐츠 또는 정보를 자신이 속한 소셜 그룹에서 공유한다. 또 다른 사람이 올린 질문에 답하고, 관심 정보를 리트윗한다. 정보가 커뮤니티를 통해 개방적이며, 지속적으로 축적되고 발전됨으로써 거대한 집단지성이 만들어진다.

2. SNS를 통한 제3의 인간관계

SNS에서 관계는 언어적 메시지의 교환에 의해서만 맺어지고 유지되는 것이라는 점에서 이전에 보지 못했던 새롭고 독특한 현상이다. 빠른 쌍방향성과 상호작용을 기반으로 한 SNS에서 흔히 접하게 되는 관계나 소통 방식이 과거와는 전혀 다르기 때문에 제3의 새로운 유형의 관계로 보는 것이다.

이러한 제3의 인간관계는 전통적인 미디어의 의제 설정(Agenda-setting)과 게이트키핑(Gate-keeping, 뉴스 결정자가 뉴스를 취사선택하는 과정)이 점점 약화되고, 새로운 의제 설정 기능과 게이트키핑, 특히 능동적 수용자들의 적극적인 참여와 연대를 촉진시키는 동시에 새로운 커뮤니케이션의 패러다임을 가져다 줄 것으로 기대하고 있다. 한마디로 어떤 관계를 당사자들에게 지속적으로 환기해 주면서 관계에 대한 비전을 강화하는 역할을 한다는 것이다.

아주 많고 다양한 소셜미디어 웹사이트의 공통점은 웹사이트 간의 소통과 다른 방문자들과의 소통을 가능하게 한다는 것이다. 주변에서 소셜미디어를 사용해 타인과 의사소통하거나 정보를 주고받는 것을 쉽게 볼 수 있는데, 소셜미디어는 SNS에 가입한 이용자들이 서로 정보와 의견을 공유하며 대인 관계망을 넓힐 수 있다.

3. SNS 의사소통의 한계

그렇다면 소셜미디어는 순수하게 온라인 인맥 구축의 목적으로만 이용될까? 그렇지 않다. 모르는 사람과 인간관계를 구축한다는 점은 곧 마케터의 구미를 당겼고, 수도 없이 많은 곳에서 SNS를 통한 마케팅을 시행하고 있다. 현재 SNS는 온라인 인맥 구축보다 마케팅 시장으로 훨씬 많이 이용되고 있다. 앞으로 소셜미디어 마케팅 규모는 점점 더 커질 것으로 보인다. 이렇듯 소셜미디어 속에는 진실한 인맥과 정보도 있지만, 꾸며진 인맥과 정보도 넘쳐난다.

소통이란 막히지 아니하고 잘 통함, 뜻이 서로 통하여 오해가 없음을 뜻한다. 과연 꾸며진 인맥과 정보를 통해 온라인으로 나를 아는 친구들과 과연 얼마나 소통을 할 수 있을까? 그리고 그 소통은 진정한 소통일까? 카카오스토리는 카카오톡에서 새롭게 출시된 SNS의 일종으로 친구신청이나 댓글 알림을 차단할 방법이 따로 없다. 그러므로 모르는 사람이 댓글을 남겨도 알림메시지가 오거나, 카카오스토리를 이용하지 않으려는 사용자에게 계속해서 친구신청이 와 이것을 일명 ‘카카오 스팸’이라고 부른다.

일부 소셜미디어 이용자들은 SNS 폐해에 대해 언급하기도 한다. 한 남성은 페이스북에 친한 여자 직장동료와의 사진이 타인을 통해 업데이트 돼 여자친구와 헤어졌다. 회식자리에서 옆자리 여자 동료와 우연히 찍은 사진을 다른 동료가 사진을 올렸고, 여자친구가 그 사진을 보고 헤어지자고 말했다는 것이다.

한 설문결과에 따르면 소셜미디어가 ‘족쇄’같다는 의견이 다수 나왔고, 연애할 때에 불편하다는 의견은 절반을 넘는다. 소셜미디어의 연령층이 점점 확대됨에 따라 직장상사 혹은 시어머니 등 평소 사적인 이야기를 쉽게 털어놓지 못하는 관계에 놓인 사람에게까지도 자신의 정보가 모두 알려져 SNS가 환영을 받고 있지만은 않다. 이렇듯 소셜미디어 때문에 피해를 보는 사례가 점점 많아지고 있다. 이는 소통에 부합하지 않는다. 그들은 '피해'를 받기 원하지 않았음에도 피해를 받았기 때문이다.

이런 사례에 근거해 SNS가 과연 소통을 위한 공간인지에 대해 의문을 갖게 한다. 트위터나 페이스북에서는 모르는 사람(원하지 않는 사람)이 팔로잉/친구추가를 할 경우 신고를 하거나 막는 제도를 도입했지만, 하루에도 수십 명씩 차단하고 신고를 할 시간적 여유는 많지 않다. SNS를 통한 피해 사례는 더 있다. 소셜미디어를 통한 개인정보 유출, 신상 털기가 점점 확대되거나 유명 연예인, 소설가 등 저명한 사람들의 잘못된 정보전달이 리트윗 되면서 피해를 보는 사례도 적지 않다.

최근 소셜미디어 중독의 문제까지 확장되고 있어 사회적인 대책이 필요하다. 카카오톡 등의 그룹 채팅으로 다른 일을 하지 못하거나 근무시간에 집중도 하락 등 심각한 문제가 초래되고 있기 때문이다. 더욱이 소셜미디어 부작용에 주목해야 한다. 한 조사를 따르면 청년층(18세~30세)의 경우 소셜미디어를 하지 않기 때문에 고립된다는 의견도 다수 나왔다고 하니 그 심각성을 이제는 깨달아야 한다.

4. 소셜미디어를 업무에 활용하는 7가지 방법

어떤 사람들은 소셜미디어를 '시간 낭비'라고 생각하기도 한다. 2012년 Salary.com의 설문조사에 따르면 매일 근무 시간 중 업무와 관련 없는 웹 사이트를 방문한 직원이 64%나 되었으며 직원들의 61%는 1주일에 1시간 이상을 개인적인 웹 사용에 소요한다고 밝혔다. 시간을 가장 많이 낭비하는 요소는 사용자들의 41%가 방문한 페이스북이었다. 링크드인이 37%로 2위를 차지했으며, 이로써 왜 그렇게 많은 사람들이 페이스북에서 시간을 보내고 있는지 예상할 수 있다.

그렇다면 트윗, 좋아요, 상태 업데이트로 하루를 보내는 것에 대해 직원을 질책하는 관리자를 누가 나무랄 수 있을까? 또는 근무 시간 중에는 직원이 소셜미디어 웹사이트를 방문하지 못하도록 하는 IT 정책에 문제는 없을까? 혁신적인 방안이 아니더라도 관리는 필요하다.

하지만 소셜미디어가 업무에 실제로 도움이 된다는 사실을 입증하는 것은 어떨까? 페이스북, 트위터 등의 소셜미디어 사이트가 실제로 업무에 필수적이라는 사실을 입증할 수 있는 근거가 필요한가? 소셜미디어를 업무에 활용할 수 있는 일곱 가지 방법을 알아보자.

1) 도움 요청하기

잘 알려져 있지 않은 사실을 찾거나 어려운 문제의 해답을 원하거나 새로운 주제에 관한 연구가 필요했던 적이 있는가? 물론, 그럴 것이고 그 때문에 구글이 존재한다. 하지만 이 세계에서 가장 큰 검색엔진이 특정 프로그램에 누가 출연했는지 찾아볼 때는 도움이 되겠지만 복잡한 질문을 해결하지 못하는 경우가 있으며, 의견 또는 선호도 등의 문제에 있어서는 쓸모가 없다.

지난 20년 동안의 산악용 자전거 판매량에 관한 데이터를 알고 싶을 때, 검색을 하면서 시간을 낭비할 수 있다. 반면에 소셜미디어에 질문을 올리는 방법이 있다. 네트워크의 규모가 충분하다면 수 분 이내에 누군가 답을 알고 있는 사람으로부터 대답을 얻거나 최소한 그런 사람에 대한 정보를 얻을 수 있을 것이다.

하지만 소셜미디어는 즉흥적인 의견에 더욱 강하다. 회사에서 어떤 색상의 자전거를 생산해야 할까? 사람들은 몇 단을 원할까? 어떤 프레임 스타일이 가장 좋은가? 일반적으로 많은 돈과 시간이 필요한 설문조사를 몇 시간 만에 끝낼 수 있으며, 그렇지 못하더라도 최소한 적절한 방향성을 유지할 수 있다.

2) 인재 발굴

일반적으로 근무 시간 중에 SNS에 시간을 보내는 사람은 자신의 이력서를 업데이트하고 일자리를 찾고 있다고 볼 수 있다. 하지만 (하도급업자 또는 프리랜서라 하더라도) 자신의 직업 설명에 다른 직원의 관리가 포함되어 있다면 적절한 인재 발굴에 큰 도움이 될 수 있다. 탄탄한 검색 툴(검색상자 옆의 "고급(Advanced)" 클릭)로 위치, 업종, 학력, 이력 등을 기반으로 적절한 후보를 찾을 수 있다. 더 많은 고급 검색 기능을 이용하려면 비싼 요금제로 업그레이드해야 한다.

3) 동료와 협업하기

하나의 집단으로써 의사소통하는 소셜미디어의 가장 눈에 띄는 대중적 용도가 점차 비즈니스 환경에서 각광 받고 있다. 이렇게 생각해 보자. 사무실의 모든 직원이 하루 종일 페이스북에 접속해 있다면, 페이스북의 메시지 및 저장 시스템을 활용해 상호 의사소통을 수행할 수 있지 않을까?

초대된 회원만 가입할 수 있는 비공개 그룹을 생성하고 동료들을 초대한다. 이미 모두가 사용하고 있는 단일 플랫폼에서 인스턴트 메시지 교환 시스템, 이메일, 게시판, 기본 사진 저장 시스템에 접근할 수 있기 때문에 새로운 로그인 정보를 기억할 필요가 없다. 사진 공유만 해도 회사의 로고와 경영진 프로필 사진 등 공통 미디어 자산을 정리하고 공유할 수 있는 아주 강력하면서 단순한 방법이 될 수 있다. 페이스북의 그룹 페이지에 최신 파일을 올리고 오래된 사진을 삭제하여 자신과 동료들의 시간과 노력을 절약할 수 있다.

4) 제품 및 행사 홍보

소셜미디어는 단순히 아기 사진, 고양이 영상, 음식 사진을 던져놓는 공간이 아니다. 이제는 점차 기업들이 고객들과 의사를 소통하고 인지도를 쌓으며 직접 고객들과 개인적인 수준에서 상호 작용하는 공간으로 자리잡고 있다. 트위터와 페이스북은 쿠폰과 기타 홍보 활동에 유용하다.

5) 고객 대화 모니터링

소셜미디어에서 쿠폰과 기타 딜을 제공할 때, 고객들이 실제로 어떤 의견을 표출하는지 확인할 수 있는 능력이 뒷받침 되어야 한다. 예전에는 자사의 제품에 관한 고객들의 의견을 파악하기 위한 포커스 그룹(focus group)의 정리와 관리에만 신경 썼으면 될 것이다. 이제는 그 근원을 직접 확인함으로써 시간, 노력, 자본을 절약할 수 있다.

트위터에서는 특히 회사명, 업계, 경쟁사, 제품 등의 키워드를 검색하고 모니터링 하기가 쉽다. @ 태그를 이용해 개인들과 직접 의사를 소통하거나 해시태그를 이용해 더욱 광범위한 대화에 참여할 수 있다. 접근방식에 상관없이 소셜미디어는 다른 곳에서 불가능한 자사와 업계의 실시간 동태 파악에 유용할 수 있다.

6) 고객 의사소통

몇년전만 하더라도 고객과 의사소통할 수 있는 유일한 방법은 이메일 소식지, 방문이 드문 웹사이트 게시물, 이메일 뿐이었다. 무엇을 선택하든 비용과 시간이 발생하고 효과도 떨어졌을 것이다.

소셜미디어는 이 과정을 최적화하여 더 나은 정보를 제공하면서 큰 생산성을 제공한다. 제품을 새로운 버전으로 출시하거나 새로운 기능을 추가했을 때, 또는 고객들에게 업무 시간 변경을 고지할 때, 페이스북과 트위터 등의 사이트에 업데이트를 게시하면 실제적으로 즉각적이면서 쉽게 삭제하는 이메일 소식지에 비해 읽힐 가능성이 훨씬 높다. 회사에서 웹 사이트 다운이나 기타 사소한 문제 등의 문제가 발생하면, 트위터는 고객들에 업데이트를 제공하는 수단이 된다.

7) 진행 중인 작업에 대한 피드백 확보

소셜미디어는 직접 소규모 집단을 형성하거나 박람회 또는 기타 대중 환경에서 피드백을 구하는 대신에 작업 진행사항을 보여줄 수 있는 간단한 수단을 제공한다.

인스타그램, 유튜브 등의 사진 및 비디오 중심적인 서비스는 이런 용도에 특화되어 있으며, 그 양방향적 특성은 인지도를 실시간으로 파악할 수 있을 뿐 아니라 개발 중인 제품의 방향성에 대한 피드백을 얻을 수도 있다. 자신이 무엇을 잘못하고 있는지 알려줄 값비싼 컨설턴트를 고용한다고 생각하면 된다.

WORKSHEET 사례 읽고 토론하기

입사 합격통보 했는데… '난 반사회적 존재' 트위터 글보고 채용 취소

최근 한 출판사가 채용하기로 했던 입사자의 트위터 글을 보고 채용을 철회했다. 이를 두고 온라인상에서 논쟁이 한창이다. 서울 마포구에 있는 G모출판사는 이달 초 편집부원을 모집했다. 서류 전형과 면접을 거쳐 정모(24)씨에게 18일 합격 통보했다. 하지만 출판사는 19일 정씨에게 "트위터에 올린 다른 글을 읽어 본 결과 (정씨의 성격이) 3~4명으로 구성된 작은 규모의 우리 회사와는 맞지 않는 것 같아 채용을 취소한다"는 내용의 메일을 보냈다.

그날 오전 출판사 트위터 타임라인(팔로잉하는 상대의 트위터 글이 올라오는 공간)에서 "ㅇㅇ출판사에서 편집일을 하게 됐다"는 정씨의 트위터 글을 발견했다.
트위터에는 "면접 보러 간다니까 친구가 '성격 반만 죽이라'고 조언했다. 난 지금까지 '내 성격 니들이 못 받아줄 것 같으면 어쩔 수 없고'란 생각을 하고 있다. 가장 보통의 성격 파탄자 혹은 반사회적 존재"라는 글이 실려있었다.

다음날 정씨는 '트위터 사찰'에 따른 '부당 해고'라고 반발했다. 이 글을 읽은 네티즌들의 항의가 이어지자 출판사는 20일 블로그에 "정씨의 트위터를 사찰했다는 것과 정씨의 정치적 신념을 문제 삼았다는 것은 사실과 다르다"는 내용의 해명글을 올렸다.

출처: 조선닷컴

- 앞의 사례를 읽고 출판사와 입사자의 의견 중 문제가 있다고 생각하는 것에 대해 이야기해 보자.

학/습/평/가

01. 다음은 의사소통 과정에 대한 의미이다. (A), (B), (C)에 각각 들어갈 적절한 용어를 적어보시오.

의사소통과정에서 의미를 일반화, 삭제, 및 왜곡하지 않고 제대로 의사소통을 하기 위해서는 (A), (B), (C)는 필수적이다. 모든 인간관계에서도 질적인 관계란 우선적으로 관심을 기울이는 것부터 출발한다.

(A) = ______________ (B) = ______________ (C) = ______________

02. 다음은 반언어 및 비언어를 사용하는 이유를 설명한 것이다. 이와 관련하여 맞으면 ○를, 틀리면 ×를 표시해 보시오.

- 같은 음성 언어라도 그 속에 담긴 목소리의 특성에 따라 그 의미가 달라질 수 있다. ( )
- 내용에 어울리는 비언어적 수단은 의사 전달을 보다 분명히 한다. ( )
- 지루함을 만들 수 있으므로 조심스럽게 사용해야 한다. ( )
- 반언어, 비언어만으로는 의사를 전달하기 어렵다. ( )
- 의사 전달력이 크다. ( )

03. 다음은 (A), (B)에 각각 들어갈 적절한 용어를 적어보시오.

(A)는 어떤 대상을 직접 부르는 말이고, (B)는 어떤 대상을 가리켜 이르는 말이다. 예를 들어, 부모님께 직접 '아버지', '어머니'라고 부르는 말은 (A)이 되고, '아버지는 누나를 꽃돼지라고 부른다.'에서 '아버지', '누나', '꽃돼지'는 (B)하는 말이 된다. 이와 같은 (A)와 (B)는 의사소통과 대인 관계의 시작이라고 할 수 있다.

(A) = ______________ (B) = ______________

04. 다음은 소셜미디어의 특성을 말한 것이다. 왼쪽에 있는 것과 오른쪽에 있는 것을 서로 관련된 것끼리 연결하여 보시오.

즉시성 •	• 커뮤니티를 통해 개방적이고 지속적으로 축적되고 발전
정보 공유 •	• 언제 어디서든 손쉽게 SNS에 접근 가능
실시간성 •	• 콘텐츠, 정보를 자신이 속한 소셜그룹에서 공유가 가능
쌍방향성 •	• 쉽고 간편하게 즉각적으로 공유가 가능
집단지성 •	• 상호간 양방향으로 정보, 의견교환 등이 가능

CHAPTER 04

의사소통 관련 이론

일반목표

의사소통과 관련하여 이론을 접해보고, 이해하며, 상황에 적절하게 적용할 수 있도록 한다.

세부목표

1. '조해리의 창 이론'을 이해한다.
2. '사티어의 가족 의사소통 이론'을 이해한다.

제1절
‘조해리의 창(Johari's window)’ 이론

1. ‘조해리의 창’ 이론의 개요

인간관계에서 나 자신을 다른 사람에게 내보이는 일은 매우 중요하다. 나의 인간관계는 어떠한가? 나의 인간관계는 어떤 유형에 속하는가? 나는 다른 사람에게 나의 모습을 잘 내보이는가? 또 다른 사람이 나에 대해서 어떤 생각을 가지고 있는지 잘 아는가? 등. 이를 자기공개(self-disclosure)라고 하며 인간관계를 심화시키는 중요한 요인이다. 이렇게 자신을 다른 사람에게 나타내는 점에 있어서 사람마다 차이가 있다.

또 인간관계에서 다른 사람들이 나에 대해 어떻게 느끼고 있는지를 잘 아는 일 역시 중요하다. 타인은 나를 비춰주는 사회적 거울(social mirror)이므로, 다른 사람의 반응 속에서 나의 모습을 비쳐보는 일이 중요하다. 이렇게 다른 사람을 통해 피드백(feedback)을 얻음으로써 자기이해가 깊어지고 자신의 행동에 대한 조절능력이 커진다.

자기공개와 피드백의 측면에서 인간관계를 진단해볼 수 있는 방법이 ‘조해리의 마음의 창(Johari's window of mind)’이다. 조해리의 창은 심리학자인 Joseph Luft와 Harry Ingham에 의해서 개발되었으며 두 사람의 이름을 합성하여 ‘조해리(Jo + Harry =Johari)의 창’이라고 명명하였다.

조해리의 창은 개인의 자기공개와 피드백의 특성을 보여주는 네 영역으로 구분된다. 네 영역은 각각 공개적 영역, 맹목의 영역, 숨겨진 영역, 미지의 영역으로 구분한다. 첫째, 공개적 영역(open area)은 나도 알고 있고 다른 사람에게도 알려져 있는 나에 관한 정보를 의미한다. 둘째, 맹목의 영역(blind area)은 나는 모르지만 다른 사람은 알고 있는 나의 정보를 뜻한다. 사람은 이상한 행동습관, 특이한 말버릇, 독특한 성격과 같이 '남들은 알고 있지만 자신은 모르는 자신의 모습'이 있는데 이를 맹목의 영역이라고 할 수 있다.

셋째, 숨겨진 영역(hidden area)은 나는 알고 있지만 다른 사람에게는 알려지지 않은 정보를 의미한다. 달리 말하면, 나의 약점이나 비밀처럼 다른 사람에게 숨기는 나의 부분을 뜻한다. 마지막으로 미지의 영역(unknown area)은 나도 모르고 다른 사람도 알지 못하는 나의 부분을 의미한다. 심층적이고 무의식의 정신세계처럼 우리자신에게 알려져 있지 않은 부분이 미지의 영역에 해당한다. 그러나 자신의 행동과 정신세계에 대한 지속적인 관심과 관찰을 통해서 이러한 부분은 자신에게 의식될 수 있다. 즉, 조해리의 창은 나와 타인과의 관계 속에서 내가 어떤 상태에 있는지를 보여주고 어떤 면을 개선하면 좋을지를 보여주는 분석틀이다.

- 열린 창(Open) : 나도 알고 타인도 아는 공공영역의 자아
- 장님의 창(Blind) : 나는 모르지만 타인이 알고 있는 자아
- 숨겨진 창(Hidden) : 나는 알지만 타인은 모르는 사적영역의 자아
- 미지의 창(Unknown) : 나와 타인 둘 다 모르는 미지의 자아

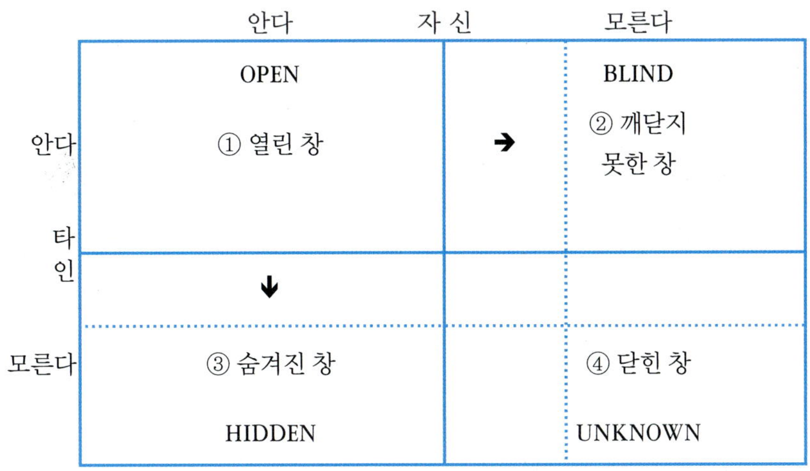

[그림 4-1] '조해리의 창(Johari's window)' 구조

2. '조해리의 창' 진단과 해석

사람마다 마음의 창 모양이 다르다. 개인이 인간관계에서 나타내는 자기공개와 피드백의 정도에 따라 마음의 창을 구성하는 영역의 넓이가 달라진다. 이렇게 다양하게 나타나는 창 모양은 어떤 영역이 가장 넓은가에 따라 크게 네 가지 유형으로 구분될 수 있다

1) 열린 창 영역: 개방형

공개적 영역이 가장 넓은 사람이다. 개방형은 대체로 인간관계가 원만한 사람들이다. 이들은 적절하게 자기표현을 잘 할뿐만 아니라 다른 사람의 말도 잘 경청할 줄 아는 사람들로 다른 사람에게 호감과 친밀감을 주게 되어 인기가 있다. 그러나 지나치게 공개적영역이 넓은 사람은 말이 많고 주책없는 또는 경박한 사람으로 비쳐질 수도 있다.

2) 깨닫지 못한 창 영역: 자기 주장형

둘째 유형은 맹목의 영역이 가장 넓은 자기 주장형이다. 이들은 자신의 기분이나 의견을 잘 표현하며 나름대로의 자신감을 지닌 솔직하고 시원시원한 사람일 수 있다. 그러나 이들은 다른 사람의 반응에 무관심하거나 둔감하여 때로는 독단적이며 독선적인 모습으로 비쳐질 수 있다. 자기 주장형은 다른 사람의 말에 좀 더 진지하게 귀를 기울이는 노력이 필요하다.

3) 숨겨진 창 영역: 신중형

숨겨진 영역이 가장 넓은 사람이다. 이들은 다른 사람에 대해서 수용적이며 속이 깊고 신중한 사람들이다. 다른 사람의 이야기는 잘 경청하지만 자신의 이야기는 잘 하지 않는 사람들이다. 이들 중에는 자신의 속마음을 잘 드러내지 않는 크레믈린형의 사람이 많으며 계산적이고 실리적인 경향이 있다. 신중형은 잘 적응하지만 내면적으로 고독감을 느끼는 경우가 많으며 현대인에게 가장 많은 유형으로 알려져 있다. 신중형은 자기개방을 통해 다른 사람과 좀 더 넓고 깊이 있는 교류가 필요하다.

4) 닫힌 창 영역: 고립형

마지막으로 미지의 영역이 가장 넓은 고립형이 있다. 이들은 인간관계에 소극적이며 혼자 있

는 것을 좋아하는 사람들이다. 다른 사람과 접촉하는 것을 불편해 하거나 무관심하여 고립된 생활을 하는 경우가 많다. 이런 유형 중에는 고집이 세고 주관이 지나치게 강한 사람도 있으나 대체로 심리적인 고민이 많으며 부적응적인 삶을 살아가는 사람들도 많다. 고립형은 인간관계에 적극적이고 긍정적인 태도를 가질 필요가 있다. 인간관계의 개선을 위해서는 일반적으로 미지의 영역을 줄이고 공개적 영역을 넓히는 것이 바람직하다.

WORKSHEET 조해리의 창 체크리스트

조해리의 창 체크리스트

질문문항을 읽고 비어있는 칸에 정말 그렇다 5점, 다소 그렇다 4, 보통 3, 거의 그렇지 않다 2, 전혀 그렇지 않다 1점으로 체크하시오.

	항목	점수	
1	내가 생각하는 바를 자신있게 말한다.		
2	상대방이 나를 비판할 때 변호를 하기보다는 귀를 기울이는 편이다.		
3	어떤 일에 대하여 잘 모르는 것은 잘 모른다고 확실하게 말한다.		
4	다른 사람의 말에 대해 몸짓과 표정, 눈길로 관심을 나타낸다.		
5	자기 자신을 솔직하게 표현한다.		
6	남이 무엇인가를 표현하려고 애쓸 때에는 그것을 도와준다.		
7	나는 나의 잘못에 대하여 변명을 하기 보다는 잘못을 인정하는 편이다.		
8	나의 의견에 대해서 상대방이 어떻게 생각하는지 물어보고 경청하는 편이다.		
9	별로 좋은 일이 아닐 지라도 남들이 알아야 할 일이라면 알려준다.		
10	토의를 독단적으로 운영하지 않으며, 아이디어를 자유로이 제기할 수 있도록 한다.		
11	남녀관계에 있어서 정직하다.		
12	다른 사람의 가정을 존중한다.		
13	처음 만나는 사람에게도 자신을 솔직하게 드러내는 편이다.		
14	이야기를 독점하여 상대방을 짜증나게 하는 일이 거의 없다.		
15	나는 다른 사람에 비해 비밀이 적은 편이라고 생각한다.		
16	관심을 갖는 척 하거나 경청하는 척 하지 않는다.		
17	본대로 솔직하게 이야기하며, 거짓말을 하지 않는다.		
18	다른 사람이 내 말에 찬성하지 않는다고 화내거나 푸대접하지 않는다.		
19	자신의 본성을 그대로 나타내며 가장하지 않는다.		
20	다른 사람의 조언이나 충고를 고맙게 받아들인다.		
21	다른 사람이 이해할 수 있는 말과 용어를 쓴다.		
22	중요한 토의를 할 때 방해되는 일이 일어나지 않도록 사전에 예방조치를 한다.		
23	다른 사람이 잘못을 했을 경우 잘못한 사람에게 솔직하게 이야기 한다.		
24	대화나 토의를 할 때 다른 사람이 그들의 생각을 발표하도록 권장한다.		
	합계		

진단 그래프

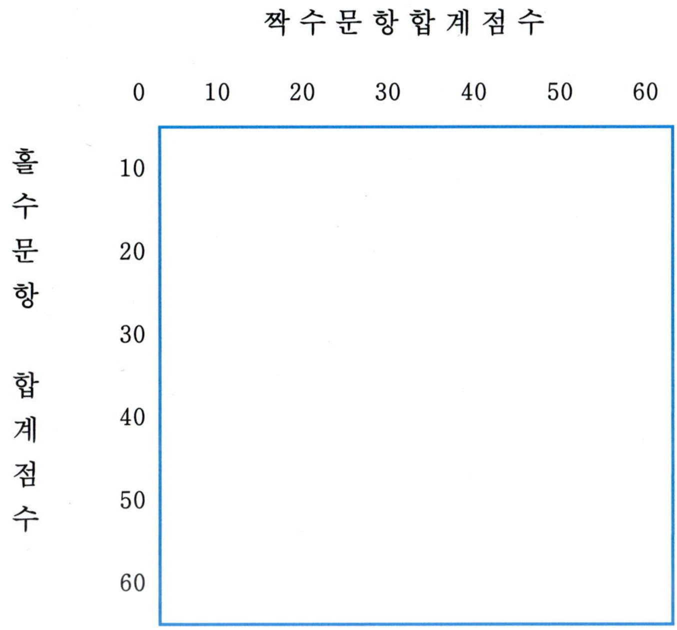

나의 영역 찾기
1. 진단지 홀수문항 점수와 짝수 문항 점수를 모두 합한다.
2. 짝수와 홀수 합계점은 그림에 표시하여 사각형을 만든다.

- 실제 측정결과를 보고 나의 마음열기 경향성에 대해 개선할 점은 무엇인지 얘기해보자.

출처: 박태호 외, 『글로벌 감성 커뮤니케이션』

제2절

'사티어(Satir)의 가족 의사소통' 이론

1. 사티어의 가족 의사소통 이론의 배경

1) 인간관, 신념

사티어는 경험적 가족치료의 선구자이다. 그는 예리한 통찰력과 독특한 기법을 바탕으로 실제 경험을 바탕으로 독자적인 가족치료 모델을 개발하였는데, 내담자뿐만 아니라 내담자 가족들도 고통을 당하고 있는 것을 보면서 가족치료에 관심을 두었으며, 모든 가족은 성장하려는 힘과 상호 작용하려는 힘을 가지고 있다고 보았다. 즉, 자신의 내적 경험을 개방하여 가족과 자유롭게 상호 작용할 때에 개인뿐만 아니라 가족이 함께 기능하고 성장한다고 하였다.

사티어 이론은 현상학, 자아심리학, 행동이론, 학습이론, 의사소통 이론, 가족체계 이론에 기초를 두고, 어느 가족치료보다도 인간에 대한 신념과 전체가치를 중요시하는 인본주의를 원칙으로 한다. 즉, 인간을 선천적으로 선하고 잠재능력을 가진 존재로 본다. 따라서 병은 성장을 위해 잠재력을 발휘하지 못하는 능력 부족이나 잠재능력을 발전시키고자 하는 욕구가 좌절할 때 생기는 것으로 보았다. 그런 측면에서 전통적인 의료모델과 비교하여 성장모델(Growth Model)이라고 한다.

또한 가족의 모든 상호작용은 의사소통에 의한다는 의사소통 이론에 기초를 두고 있다. 가족은 어떠한 상황에서든 의사소통을 할 수밖에 없는데, 문제는 의사소통 과정이나 결과에서 발생한다고 본다. 특히 의사소통에서도 감정측면을 중요시하였는데, 의사소통의 본질은 감정이라고 보았기 때문이다. 사티어는 가족의 고통을 덜어주고 성장할 수 있는 다양한 의사소통 개선 방법을 제시하였다.

2) 사티어 가족치료 이론의 인간관

사티어가 어떻게 가족치료 모델을 발전시켰는지 이해하기 위해서는 그가 가진 세상과 사람에 대한 신념을 이해하는 것이 중요하다. 사티어가 인간에게 가진 관점과 신념은 크게 세 가지로 나누어 볼 수 있다.

첫째, 인간의 위상에 대한 철학적 관점이다. 이것을 일명 종자 모델(seed model)이라 한다. 인간은 근본적으로 잘 되려는 잠재력과 생명력을 갖고 태어난다. 적절하게 양육된다면 건강한 성인으로 자랄 수 있다. 개인은 고유한 인격체와 사람됨을 가지고 있으며, 이것은 정체감 형성에 결정적인 역할을 한다.

둘째, 개인의 성장에 대한 관점이다. 개인의 성장은 유전적 영향, 장기적 영향, 신체와 정신의 연속적 상호작용 즉, 학습과 환경의 상호작용에 영향을 받고 있다. 따라서 개인의 어떤 사건을 설명하기 위해서는 다양한 변수를 고려하여야 하며, 변화는 인생과정 중 다양한 수준에서 일어난다. 인간의 문제와 병리적 현상은 원가족에 대한 이해와 재구성, 개인의 내적 자원의 수용·통합·활용의 과정을 통해 해결될 수 있다고 본다.

셋째, 학습과 변화에 대한 신념이다. 장점을 강조함으로써 약점이 소멸되는 '변형과 쇠퇴'의 반복적인 과정을 통해서 학습이 일어난다. 이는 잘못된 것을 소거시킴으로써 변화가 일어난다고 하는 행동치료와는 다른 견해이다. 아동은 원가족 삼인군에서 습득한 것 가운데 정서적 측면에서의 학습을 잘 기억한다. 특히 그것이 생존에 관련되는 경우 더욱 잘 학습한다. 원가족 삼인군에서 학습된 것은 후에 인생에 영향을 미치게 된다. 학습은 잊어버릴 수도 있고 새로 학습할 수도 있다. 따라서 잘못 학습된 것은 수정할 수 있으며, 이 때 자신에게 적합한 행동만을 선택할 필요가 있다.

2. 사티어 가족 의사소통 이론의 주요 개념

사티어는 가족은 성적 욕구, 생산적 욕구, 그리고 문화적 가치의 전달 등 상호 강화적인 기능에 의해 결합이 이루어지며 특히 아동들이 정서적으로 성숙하도록 하는 책임을 갖는다고 보았다. 또 가정의 목적은 양육, 지지, 그리고 가족구성원의 생리방향을 제시해주는 것이라고 지적하고 있다. 또한 그는 치료의 개념으로 '성숙'을 강조하면서 "성숙은 나머지 개념들의 기준이 되기 때문에 치료에 있어서 가장 중요한 개념이다. 또한 성숙한 사람은 본인과 타인에 대해 정확한 견해를 가지고 있으며 따라서 자신이 결정한 것에 대해 책임을 갖는다. 성숙한 사람이 되기 위해서는 자신을 분화시킬 수 있는 능력이 있어야 한다."고 설명하였다.

사티어는 가족의 생활에서 의사소통을 매개변수로 보고 메시지의 일치성과 불일치성을 강조하였으며, 임상을 통해 문제가정에서는 가족생활의 네 가지 측면에서 계속적으로 문제가 나타난다는 것을 알게 되었다. 이러한 측면을 언급하고 이것을 자신의 가족치료에서 중요한 개념으로 발전시켰다. 네 가지 측면은 자신에 대해 가진 감정과 생각들이라고 할 수 있는 자기 존중, 사람들이 서로 간에 의미를 나타내려고 하는 방법인 의사소통, 가족들이 느끼고 행동하는데 이용하며 결국 가족의 제도로 발전되는 규칙, 가정 밖의 타인 및 제도와 관련을 맺는 방식인 사회와의 연결이다.

1) 자기 존중

자기 존중은 사티어 이론의 핵심 개념이며, 사람은 자기 존중의 감정 없이는 성숙할 수 없다고 하였다. 가족체계 내에서의 의사소통은 가족체계 내에서 개인들의 자기 존중 형성에 영향을 미친다고 본다. 또한 자신이 성장한 가족으로부터 분리시킬 수 없는 사람은 명확한 메시지를 주고받는데 문제를 가진다고 하였다. 따라서 치료를 받으러 오는 대부분의 개인과 가족들은 자기 존중감이 낮다는 것이다.

사티어는 자기 존중을 인간의 기본욕구라는 프로이드의 관점을 부정하면서 인간의 기본욕구(원초적 욕구)는 자기 존중이라고 보았다. 자기 존중이란 다른 사람들이 자기를 보는 것과는 별개의 것으로 자기가 자신에게 가지는 애착, 사랑, 신뢰, 존중과 같은 것이다. 이것은 자기 자신을 인정하고 인식하며 정당화하기 위한 의식적 혹은 무의식적 노력이다. 여기서 중요한 것은 행동하는데 있어서 생존욕구에 집착하는 것보다는 자신의 잠재성을 인정하고 중시하고 긍정적이고 밝은 측면을 표현하는 것이다. 자기 존중은 태어나면서부터 삼인군(부-모-자신) 원가족 체계 안에서 학습된다고 보았다. 원가족 삼인군은 인간의 가장 기본적인 욕구를 표현하고 충족시키는 집합체이며, 사회 심리적 에너지를 만들어내는 체계이다.

2) 의사소통

사티어는 의사소통이란 '인간 사이에 오가는 모든 것을 덮어주고 영향을 미치는 거대한 우산'

이라고 하였다. 일단 이 세상에 태어난 이상 의사소통은 남들과 어떤 관계를 맺고 무슨 일을 겪는가를 결정하는 최대의 단일요인이다. 어떻게 생존문제를 해결하는가, 남들과 어떻게 사귀는가, 얼마나 생산적인 인간이 되는가, 어떻게 지각하는가, 그 자신의 신성함을 어떤 식으로 받아들이는가하는 이 모든 것들은 대부분 그의 의사소통 기술에 달려있다.

의사소통이란 용어는 일반적으로 문맥내의 언어행동에 사용되는 것과 같이 비언어적인 행동에도 사용되어 진다. 의사소통은 상호작용(interaction)이나 교호작용(transaction)을 의미할 수 있다. 이것은 사람들이 의미를 교환할 때 사람들에 의하여 사용되는 온갖 상징과 행동적 암시(clues)를 포함하게 된다. 사티어는 이처럼 의사소통의 두 가지 수준, 언어적 및 비언어적인 메시지를 통하여 우리 자신을 전달하는 방식이 수없이 많다고 하였다.

3) 가족 규칙(Family rule)

가족 규칙이란 가정생활에서 실제로 살아 움직이는 것이다. 또한 규칙은 역동적이며 필수적인 영향력이며, 관찰이 가능하다. 모든 가족은 나름대로의 규칙을 가지고 있다. 가족 성원들은 규칙에 대하여 개념을 가지고 있지 않은 경우가 있으며 각각의 규칙에 동의하지 않을 수도 있다. 그러므로 치료의 목표는 가족성원들이 어떤 규칙에 적응할 수 있으며 어떤 규칙이 더 이상 관계없는지 알아내도록 돕는 것이다.

또한 가족 내에서의 분명한 규칙과 동시에 감정에도 비중을 둔다. 가족 규칙의 영역에는 여러 가지가 있을 수 있으나 보고 듣는 것에 대해서 말할 자유가 있는지, 두려움이나 절망을 표현하고 위로 받을 수 있는지, 금지된 화제에 대해 물을 수 있는지, 모르는 사항에 다시 물을 수 있는지 그러는 과정에서는 어떤 감정을 느끼는지 등이 중요하다고 하였다. 결론적으로 치료자는 가족의 과업에 있어서 명백한 규칙을 만드는 것이 중요하며, 가족 성원들이 성장할 수 있도록 융통성 있는 가족규칙을 재형성하거나 그 내용을 변화할 수 있도록 돕는다.

4) 가족 체계

사티어는 가족체계를 두 가지로 구분했다. 하나는 폐쇄 체계이고 다른 하나는 개방 체계이다. 폐쇄 체계(closed system)는 가족이 외부체계와 단절되어 정보가 제한되거나 가족내외에서의 상황변화를 무관하게 느끼는 경향이 있다. 폐쇄 체계는 권력, 신경증적 의존, 복종, 억압, 순종, 죄책감에 의해 지배된다. 그리고 변화를 허용하지 않고 변화될 때는 가족의 균형이 감당하기 어려울 정도로 깨진다.

개방 체계(open system)는 상호작용 및 반응이 상황의 변화 혹은 새로운 정보에 따라 영향을 받으며 변화에 적응할 수 있고 사실을 파악할 수 있는 능력이 있다. 개방 체계는 선택과 융통성이 있는 것이 특징이다.

3. 사티어의 가족 의사소통 이론의 역기능적 의사소통

사람은 스트레스를 받는 상황에서 자신을 방어하고 생존하기 위해 대처방법을 가지고 있다. 사티어는 대처하는 방법과 형태로써 역기능적 의사소통을 보았고 그것을 네 가지 유형으로 분류하고 개념을 발전시켰다. 그것은 회유형, 비난형, 초이성형, 산만형으로 나중에 사티어는 생존유형이라는 개념으로 사용하였다.

1) 회유형(placate)

회유하는 사람은 자기 존중감을 무시하고 무조건 남의 기분을 맞추려고 애쓰고 사과하고 결코 반대하지 않으면서 언제나 비위를 맞추면서 말한다. 회유는 나 자신이 살아남고 안정을 유지하려는 방법으로 나 자신이 느끼는 감정보다 상대방에게 "예"라고 대답하는 것이 중요하다고 생각하면서 자신의 스트레스를 다루려고 한다.

회유형의 사람들은 다른 사람과 상호 작용하는 상황은 존중하지만 자기 자신의 가치나 진정한 감정은 무시한다. 그리고 그들 자신의 힘을 다른 사람들에게 넘겨주며, 다른 사람들의 모든 요구를 거의 수용하고 들어준다. 또한 회유형의 사람들은 그들 자신을 부인하며 자신은 별로 중요하지 않다는 메시지를 다른 사람에게 준다. 예를 들면, "나는 항상 좋은 사람이어야 한다. 어느 누구에게도 화를 내서는 안 된다. 나는 모든 사람을 위해 희생해야 한다. 나는 가치가 없다, 힘이 없다." 등의 내용을 독백한다. 그들은 자신의 감정을 숨기고 어떤 문제이든 해결하고자 노력하며 모든 잘못은 자신들 때문이며 문제의 비난을 자신들이 떠맡고자 한다. 회유할 때 자신은 편하게 느끼지 못하면서 다른 사람에게는 편하게 대해준다. 다른 사람을 위해 희생 봉사하며, 모든 사람들의 만족을 위해 즐겁게 행동하려고 노력한다.

2) 비난형(blame)

비난형은 회유형과 정반대유형이다. 비난하는 사람은 자기 주장이 강하고, 독선적이며, 명령적이고, 지시적이다. 자신을 보호하기 위해 남의 잘못을 찾고 상대의 탓으로 돌리며 우월하게 행동하며 타인을 무시한다. 비난형은 사회의 규칙을 반영하는 것이지만 약해서는 안 된다고 하는 의지를 나타내며 자신을 보호하기 위하여 다른 사람이나 환경을 괴롭히고 나무라는 것이다(결점 지적, 적개심, 폭군, 잔소리, 난폭한 언행). 때문에 그들은 적의를 가지고 잔소리하는 난폭한 폭군으로 진술되기도 한다. 그러나 그들 내면에는 외로움과 긴장감으로 가득 차 있으며 실패자라는 패배감을 갖고 있다. 거친 비난은 도움을 요청하는 호소라고 사티어는 지적한다.

자기 자신은 힘이 있고 강한 사람으로 인식되기를 원하는 반면, 그들의 감정은 경직되어 있고, 융통성이 없다. 주기적으로 비난하는 사람은 다른 사람과 심히 미분화되어 있으며, 밀착되어 있는 경우가 많다. 다른 사람을 무시하고 다른 사람의 가치를 격하시키는 이면에는 자기 자신이 가치 없다고 생각하는 극히 낮은 자존감이 내면에 깔려 있다. 낮은 자존감은 자기 자신의 약점을 수용할 수 없고, 소외감과 외로움, 실패자라는 패배감은 다른 사람을 비난함으로써 자신이 더 중요한 위치에서 힘을 행사하는 사람으로 자신을 보호한다.

3) 초이성형(super-reasonable) 혹은 평가형(computing)

초이성형의 사람은 의사소통에 있어 자신이나 다른 사람을 과소평가하는 경향을 갖는다. 지나치게 합리적인 상황만을 중요시하며 기능적인 것만을 말하고 대부분 자료와 논리를 중요시한다. 그들은 자신과 다른 사람의 감정을 거부하며 어떤 감정도 내보이지 않고, 매우 정확하고 이성적이며, 냉정하고 차분하며 침착하다. 그리고 객관적이고 합리적인 의사소통 패턴을 선택한다.

그들의 행동패턴은 권위적이며 항상 논리적이고, 옳아야 하며, 경직되어 있고, 강박적이다. 인정이 없고 융통성이 없으며, 지나치게 합리적이고 강한 자존심과 지나친 책임감으로 남의 장점을 인정하지 않으며, 상처받기 쉽고 어떤 감정도 표현할 수 없는 외로움과 고립감을 느낀다. 자신이 항상 옳다는 것을 증명하기를 원하며, 객관적이 되려고 노력하고, 감정에 초점을 두지 않고, 상황에 초점을 둔다. 예를 들면 “나는 외롭다”라는 표현에 대하여 “오늘은 적막하구나”라고 자신의 느낌을 실제적인 상황표현으로 바꾸고자 노력한다.

그러나 초이성형의 내면에는 나는 상처받기 쉬우므로 ‘적절한 말만하고 감정을 보이지 마라’에 열중해 있다. 따라서 어떤 일이 있어도 실수하지 않으려고 애를 쓴다.

4) 산만형(irrelevant) 혹은 혼란형(distracting)

산만형으로 많은 버릇없는 행동에 의하여 혼란스럽다. 산만형은 초이성형의 정반대 유형이다. 산만형은 끊임없이 움직이며 토론하고 있는 주제로부터 다른 사람들의 관심을 분산시키려고 한다. 그들은 생각이나 주제를 자주 바꾸고, 생각 없이 무책임한 말을 하거나 다른 사람 말과 맞지 않는 내용으로 의사소통을 하고, 어떤 특정한 주제에 주의집중을 못한다. 또한 그들은 주제와 관계없는 말, 일관성이 없는 말, 뜻이 통하지 않는 요점이 없는 말을 나열하며, 어느 누구도 나에겐 관심이 없으며, 자신이 적절하지 못하다고 생각한다. 난처할 때 농담하고 딴전을 피우며 횡설수설하고 적절하게 반응하지 못한다. 분주하고 산만하며 신체의 어느 한 부분을 계속적으로 사용한다. 눈 깜박이기, 다리 흔들기, 머리카락 만지기 등 안절 부절한 행동을 한다.

산만형의 사람들이 커뮤니케이션을 할 때 입과 몸과 다리를 부단히 움직인다. 말할 때 요점이 없고, 상대방의 질문을 무시하고, 흔히 상대방이 질문할 때 자기 나름대로의 질문으로 반응하여, 주제에서 벗어나 있다. 일관성이 없고, 정직하지 못하며, 무책임하고, 목소리는 단조로우며, 흔히 말과 행동이 조화가 안 되고, 또한 아무것에도 초점이 맞춰져 있지 않았기 때문에 이유 없이 오르락내리락 한다. 혼란형은 '아무도 나를 돌보지 않는다. 내가 설자리가 없다'는 내면적 감정을 가지고, 목적의식이 결여되어 있으며, 고독감과 자신에 대한 무가치함을 느낀다.

사티어는 역기능적인 의사소통을 하는 사람들의 특징을 다음과 같이 말했다. 첫째, 일치되지 않는 메시지를 전달하여 통일되지 않은 자기 자신을 나타낸다. 둘째, 과거의 생활 경험에서 고정시킨 관점을 통하여 현재의 것을 보기 때문에 현재의 상황을 적절하게 해석할 수 있다. 셋째, 의사소통의 가장 중요한 기능을 수행할 수 있는 능력이 부족하다.

4. 사티어의 바람직한 순기능적 의사소통 유형_일치형(congruent)

일치형은 사티어의 주된 개념이자 목표이다. 역기능적인 의사소통에서 벗어나 보다 전체적이며 성숙한 인간으로서 기능하는 의사소통이다. 일치적인 의사소통을 할 때 진정한 자신이 될 수 있고, 다른 사람과의 관계를 맺고 개방적인 메시지를 사용한다.

일치형의 사람들은 자신과 타인, 상황 모두를 존중하며 신뢰한다. 개인의 특성을 존중하고, 자신의 내적 외적 자원들을 사용하며 대화가 개방적이다. 자신과 타인을 사랑하며, 변화에 대하여 융통성 있고, 상황을 아는 위치에서 반응하기를 원한다. 일치된 말과 일치된 정서를 사용하며, 일반적으로 현재의 메시지를 일관성 있게, 정확하게 전해 준다. 일치적으로 반응하는 것은 선택이며, 그것은 자기 자신을 위한 책임과 수용을 의미한다.

의사소통은 자기 가치감을 측정할 수 있는 수단이며 또한 서로의 감정을 나누고 바꿀 수 있는 한 방법이다. 의사소통은 한 사람이 다른 사람과 어떤 형태의 관계를 유지하며, 또 그 사람에게 어떤 일이 일어나고 있는가를 결정짓는 가장 중요한 요인이다. 체계적인 관점에서 볼 때 가족 구성원들의 의사소통 유형은 가족에게 책임이 있다. 그러므로 내담자의 낮은 자존감을 해결하는 가장 좋은 방법은 전 가족 구성원과 함께 작업하여 일치적 의사소통 패턴으로 변화시켜 주는 것이다.

일치적 반응에서는 메시지의 모든 측면이 일치를 이루고 동일한 방향으로 나아간다. 몸의 자세, 목소리, 얼굴표정 등 모든 측면이 하고 있는 말과 일치를 이룬다. 사티어는 일치적 커뮤니케이션은 진실(real)하고, 현재(now)에 입각하며, 상대방에 대한 반응도 부분적이 아니라 전체적(whole) 즉, 몸과 감각과 사고의 감정이 모두 전체적으로 일치를 이룬 반응을 한다고 말한다. 일치적 커뮤니케이션에서는 자신과 상대방과 상황이라는 세 가지 구성 요인 중 어느 하나도 배제하지 않는다. 세 가지 구성요인이 모두 관련을 맺고 있다. 그리고 언어적 메시지나 비언어적 메시지가 일치를 이루고 있다.

5. 사티어의 가족 의사소통 이론에서 말하는 '변화'

사티어는 치료의 근거를 변화와 항구성의 합일점에서 찾고자 노력하였으며, 그것을 역동적인 힘의 일치상태라고 진술하였다. 사티어 모델의 신념은, 변화는 모두에게 가능하다는 것이다. 비록 외면적 변화는 한계성이 있지만 내면적 변화는 가능하다고 믿었다. 변화는 어떤 수준에서는 자연적이며 계속적이다. 이미 배웠어야 할 습득하지 못한 정보는 배움에 의하여 변형될 수 있기 때문에 인간은 변화가 가능하다. 이것은 치료과정을 통하여 성취할 수 있는 변화와 성장에 대한 가능성이다. 사티어의 접근에서 치료적 변화는 꼭 행동적인 것만이 아니라 내면의 과정을 강조하며 더 많은 선택과 더 많은 책임감을 갖게 되는 것도 내면의 변화라고 지적한다.

사티어는 변화에 대한 가능성을 다음과 같이 진술했다.

첫째, 변화는 생존적 욕구에서 시작된다. 많은 가족들이 희망이 없는 절망 상태에서도 생존하고 싶은 욕구에서 치료를 받으러 온다.

둘째, 변화는 희망에서 시작된다. 희망은 가족 구성원들의 새로운 가능성을 보게 한다. 희망은 변화가 가능하다는 생각을 가져오고, 치료는 더 나은 대안을 찾아 성취를 가능하게 하는 한 수단이다. 변화가 꾸준히 일어나고 있다는 사실에 대한 인식은 가족 구성원들이 더 많은 변화와 최적의 삶과 기능에 대한 열린 체계를 계속 구축해 갈 수 있다는 표시이다. 치료에서 가족의 계속적인 변화와 어떤 가능성을 위해서는 다음과 같은 것들이 필요하다.

① 가족은 사랑이 있는 가족 환경을 필요로 한다.
② 가족은 신뢰감을 필요로 한다.
③ 변화는 끊임없는 욕구에서 일어난다.
④ 가족 구성원들은 변화과정에서 부딪히는 어려운 상황을 즐겁게 수용해야 한다.

WORKSHEET 우리 가족 의사소통 유형 평가하기

사티어의 의사소통 방식 체크리스트

다음 글을 읽고 자신에게 해당하는 문항에 ∨ 표시를 하시오.

번호	나의 의사소통 방식	응답
1	나는 상대방이 불편해하는 게 보이면 비위를 맞추려고 노력한다.	
2	나는 일이 잘못되었을 때 자주 상대방의 탓으로 돌리는 편이다.	
3	나는 무슨 일이든지 조목조목 따지는 편이다.	
4	나는 생각이 자주 바뀌고 동시에 여러 가지 행동을 하는 편이다.	
5	나는 타인의 평가에 구애받지 않고 내 의견을 말한다.	
6	나는 관계나 일이 잘못되었을 때 자주 내 탓이라고 생각한다.	
7	나는 다른 사람들의 의견을 무시하고 내 의견을 주장하는 편이다.	
8	나는 이성적이고 차분하며 냉정하게 생각한다.	
9	나는 다른 사람들로부터 정신이 없거나 산만하다는 소리를 듣는다.	
10	나는 부정적인 감정도 솔직하게 표현한다.	
11	나는 지나치게 남을 의식해서 나의 생각이나 감정을 표현하는 것을 두려워한다.	
12	나는 내 의견이 받아들여지지 않으면 화가 나서 언성을 높인다.	
13	나는 나의 의견을 분명하게 표현하기 위해 객관적인 자료를 자주 인용한다.	
14	나는 상황에 적절하지 못한 말이나 행동을 자주하고 딴전을 피우는 편이다.	
15	나는 다른 사람이 내게 부탁을 할 때 내가 원하지 않으면 거절한다.	
16	나는 다른 사람들의 얼굴, 표정, 감정, 말투에 신경을 많이 쓴다.	
17	나는 타인의 결정이나 잘못을 잘 찾아내고 비판한다.	
18	나는 실수하지 않으려고 애쓰는 편이다.	
19	나는 곤란하거나 난처할 때는 농담이나 유머로 그 상황을 바꾸려고 하는 편이다.	
20	나는 나 자신에 대해 편안하게 느낀다.	
21	나는 타인을 배려하고 잘 돌봐주는 편이다.	
22	나는 명령적이고 지시적인 말투를 자주 사용하기 때문에 상대가 공격받았다고 느낄 때가 있다.	

23	나는 불편한 상황을 그대로 넘기지 못하고 시시비비를 따지는 편이다.	
24	나는 불편한 상황에서는 안절부절 못하거나 가만히 있지를 못한다.	
25	나는 모험하는 것을 두려워하지 않는다.	
26	나는 다른 사람들이 나를 싫어할까봐 두려워서 위축되거나 불안을 느낄 때가 많다.	
27	나는 사소한 일에도 잘 흥분하거나 화를 낸다.	
28	나는 현명하고 침착하지만 냉정하다는 말을 자주 듣는다.	
29	나는 한 주제에 집중하기 보다는 화제를 자주 바꾸는 편이다.	
30	나는 다양한 경험에 대해 개방적이다.	
31	나는 타인의 요청을 거절하지 못하는 편이다.	
32	나는 자주 근육이 긴장되고 목이 뻣뻣하며 혈압이 오르는 것을 느끼곤 한다.	
33	나는 나의 감정을 표현하는 것이 힘들고 혼자인 느낌이 들 때가 많다.	
34	나는 분위기가 침체되거나 지루해지면 분위기를 바꾸려 한다.	
35	나는 나만의 독특한 개성을 존중한다.	
36	나는 나 자신이 가치가 없는 것 같아 우울하게 느껴질 때가 많다.	
37	나는 타인으로부터 비판적이거나 융통성이 없다는 말을 듣기도 한다.	
38	나는 목소리가 단조롭고 무표정하며 경직된 자세를 취하는 편이다.	
39	나는 불안하면 호흡이 고르지 못하고 머리가 어지러운 경험을 하기도 한다.	
40	나는 누가 나의 의견에 반대해도 감정이 상하지 않는다.	

진단 결과

의사소통 유형별 합계점수: V표시 각1점

- 회유형(1, 6, 11, 16, 21, 26, 31, 36)
- 비난형(2, 7, 12, 17, 22, 27, 32, 37)
- 초이성형(3, 8, 13, 18, 23, 28 33, 38)
- 산만형(4, 9, 14, 19, 24, 29, 34, 39)
- 일치형(5, 10, 15, 20, 25, 30, 35, 40)

회유형	비난형	초이성형	산만형	일치형
점	점	점	점	점

- 나의 가족은 사티어의 가족 의사소통 이론의 어느 유형에 속하는지 생각해보자. 왜 그렇게 생각하는지 의견을 작성해보자.

참고 하버마스(Jürgen Habermas)의 의사소통행위이론

의사소통행위론의 과제

의사소통행위란 언어적 상호이해를 통한 합의가 그 수행의 조건이 되는 행위를 말한다. 이때 주의할 사항은 의사소통행위가 합의를 목적으로 하는 행위와 같은 것이 아니라는 점이다. 그러니까 의사소통행위란 곧 토의와 동일한 것이 아니라 토의를 거쳐서 이루어지는 행위이다. 이해를 돕기 위하여 심부름의 예를 들어보자. 나의 아이에게 음료수를 사다 달라는 부탁을 했을 때 아이는 오늘 급한 숙제가 있어 곤란하다고 말할 수 있다. 나는 평소에 아이에게 사소한 심부름을 시킬 수 있다고 생각하였지만, 심부름보다 숙제하는 일이 더 중요하다는 아이의 말에 동의하고 부탁을 철회할 수 있다. 이 경우에 나는 아이와의 합의 하에 심부름 부탁을 철회하는 것이다. 그러니까 의사소통행위란 서로 행위를 조정해야 하는 상황에서 한 쪽 혹은 다른 쪽에 의해 제시된 주장의 타당성을 승인함으로써 이루어지는 것이다. 하버마스가 의사소통행위에 대립시키는 사회적 행위유형은 전략적 행위이다. 전략적 행위는 타인에게 영향력을 행사함으로써 자신이 의도하는 것을 성취하고자 하는 행위양식을 말한다. 전략적 행위에서 중요한 것은 상대가 나의 기대에 맞는 행위를 하도록 영향력을 미칠 수 있는 수단인데, 가령 권력과 화폐는 그런 수단의 대표적인 경우이다. 전략적 행위에서도 많은 경우 언어가 사용되지만, 이때 문제되는 것은 제시된 주장의 타당성이 아니라 상대에 대한 영향력이다.

의사소통적 합리성

의사소통행위에서 문제가 되는 타당성의 종류는 크게 세 가지로 나눌 수 있다. 첫째는 진리성, 즉 제시된 주장이 사실에 맞는지 여부이다. 가령 한 농가의 아낙이 남편에게 곧 비가 올 것 같으니 마당에서 건조 중인 곡식을 거두어들이자는 제안을 하였을 때, 아내는 자신의 예측이 사실에 맞을 것이라는 근거로 그런 제안을 하는 것이다. 둘째는 규범적 정당성이다. 가령 앞서 든 심부름의 예에서 나는 아이에게 보통의 경우 작은 일을 시키는 것이 도덕적으로 잘못이 아니라고 생각하면서 심부름을 시키는 것이다. 세 번째는 진실성이다. 진실성 주장이란 단순히 거짓말을 하지 않는다는 것이 아니라 자신의 감흥이나 정서를 타인에게 어떤 방식으로 표현하였을 때 그것이 적절한 표현방식이라고 여기는 것이며 경우에 따라 그것의 적절성을 상대에게 정당화할 수 있다고 주장하는 것을 말한다. 의사소통행위에 내재한 합리성은 바로 의사소통행위가 자유로운 토의를 통해 서로의 주장의 타당성에 대해 도달된 합의를 바탕으로 이루어진다는 점에 있다.

의사소통행위의 기능

하버마스는 의사소통행위를 인간의 사회적 삶의 형성에서 노동과 함께 가장 근본적인 행위양식이라고 여긴다. 그에 따르면 특히 한 사람을 사회생활에 필요한 지식과 규범을 익히게 하여 사회성원으로 길러내는 일(사회화), 사회구성원들이 자발적으로 사회적 활동에 참여하며 사회 규칙을 준수하게 하는 일(사회통합), 지적 축적물을 전달하고 계승하는 일(문화의 전승)에서 의사소통행위는 필수적이다. 그는 이런 의사소통행위를 마르크스처럼 노동에 병합시키는 것에 반대한다. 노동은 행위자들 간의 합의에 바탕하여 수행될 경우에는 의사소통행위의 일종이긴 하지만, 언제나 그런 것은 아니다. 자연을 유용하게 변형하는 것을 목적으로 하는 노동에서 중요한 것은 많은 경우 타인과의 합의가 아니라 계획의 성공 여부이다. 그래서 하버마스는 의사소통행위가 아닌 것으로서의 노동을 일종의 도구적 행위라고 이해한다. 노동은 분명 물질적 재생산을 위해서 중요하지만 사회의 상징적 재생산, 즉 앞서 말한 사회화, 사회통합, 문화적 전승을 위해서는 의사소통행위가 필수적이다.

학/습/평/가

01. 다음은 '조해리의 창' 영역에 대한 해석이다. 이와 관련하여 맞으면 ○를, 틀리면 ×를 표시해 보시오.

- 인간관계에서 자기공개와 피드백에 따라 마음의 창을 구성하는 4영역 넓이가 다르다. ( )
- 열린 창 영역은 공개적 영역이 가장 넓은 사람이다. ( )
- 개방형은 대체로 인간관계가 원만한 사람들이다. ( )
- 깨닫지 못한 창 영역은 맹목의 영역이 가장 작은 자기주장형이다. ( )
- 자기주장형은 다른 사람의 말에 진지하게 귀를 기울이는 노력이 필요하다. ( )
- 신중형은 다른 사람의 말은 잘 경청하지만 자신의 이야기는 잘 하지 않는 사람들이다. ( )
- 닫힌 창 영역의 사람들은 소극적이며 혼자 있는 것을 좋아하는 사람들이다. ( )
- 고립형은 인간관계에 좀 더 적극적이고 긍정적인 태도를 가질 필요가 있다. ( )

02. 다음은 '조해리의 창' 영역에 대한 설명이다. 왼쪽에 있는 것과 오른쪽에 있는 것을 서로 관련된 것끼리 연결하여 보시오.

열린 창(Open) •	• 나는 알지만 타인은 모르는 사적영역의 자아
장님의 창(Blind) •	• 나와 타인 둘 다 모르는 미지의 자아
숨겨진 창(Hidden) •	• 나도 알고 타인도 아는 공공영역의 자아
미지의 창(Unknown) •	• 나는 모르지만 타인이 알고 있는 자아

03. 다음은 사티어의 가족 의사소통 이론에 대한 설명이다. (A), (B)에 각각 들어갈 적절한 용어를 적어보시오.

> 사티어는 네 가지 측면을 언급하고 이것을 자신의 가족치료에서 중요한 개념으로 발전시켰다. 네 가지 측면은 자신에 대해 가진 감정과 생각들이라고 할 수 있는 (A), 사람들이 서로 간에 의미를 나타내려고 하는 방법들인 (B), 가족들이 느끼고 행동하는데 이용하며 결국 가족의 제도로 발전되는 규칙들, 가정 밖의 타인 및 제도와 관련을 맺는 방식인 가족체계이다.

(A) = ________________ (B) = ________________

CHAPTER 05

의사소통과 대화

일반목표

의사소통에서 대화의 영역을 이해하고, 대화의 기본원리를 습득한다. 의사소통과 관련하여 스트로크의 개념을 이해하고 실제 개인 및 조직 생활에 필요한 스트로크를 적용할 수 있는 능력을 기를 수 있다.

세부목표

1. 의사소통에서의 대화의 개념 및 중요성을 설명할 수 있다.
2. 상황과 목적에 따라 필요한 대화의 능력을 가질 수 있다.
3. 스트로크에 대한 이해를 높이고, 방향을 설명할 수 있다.
4. 스트로크 활용방안에 설명하고 적용할 수 있다.

제1절
대 화

[그림 5-1] KBS의 개그 프로그램 코너로 방송된 '대화가 필요해'의 한 장면

사례읽기 **하루 중 가족과 대화시간 30분이 고작?**

직장인이 하루에 가족과 대화하는 시간은 30분 이내가 대부분인 것으로 파악됐다. 가족과의 대화가 잘 이뤄진다고 생각하는 사람은 10명 중 3명에 그쳤다.

4일 벼룩시장구인구직이 가정의 달 5월을 맞아 직장인 517명을 대상으로 가족간 대화 실태에 대해 조사한 결과, '평소 가족간의 대화가 잘 이루어진다'고 답한 응답자는 33%였다.

대부분의 응답자는 '보통이다'(47.9%)라고 대답했으며 '가족간 대화가 잘 이루어지지 않는다'고 답한 응답자는 19.1%였다.

가족 구성원 중 자주 대화하는 상대로는 배우자가 31.9%로 가장 많았으며 자녀와 대화를 나눈다는 직장인은 14.9%에 그쳤다. 반면 직장인이 대화를 나누기 어려운 상대로는 37.2%가 '부모님'을 꼽았다. 가족과 대화하는 시간은 30분 안팎이 가장 많았다. 하루에 가족과 대화하는 시간이 어느 정도인지 질문한 결과 '10분~30분'이 31.9%로 가장 많았고 '30분~1시간'이 25.4%, '10분 미만'이 23.3% 였다. '1시간 이상'은 19.4%로 응답률이 가장 낮았다.

가족과의 대화가 가장 어려운 이유로는 '야근, 공부 등 각자 바빠 대화할 시간이 없어서'(34%)가 가장 많았다. 이어 '서로의 관심사가 달라 공감대가 없어서'(33%), '직장생활로 인한 스트레스 때문에'(14.9%), '대화 외 TV시청, 스마트폰 등 다른 할 일이 많아서'(11.7%), '굳이 대화의 필요성을 느끼지 못해서'(4.3%)의 순이었다.

가족과의 대화 중 가장 듣기 싫은 말은 현재상황에 대한 불만이었다. '현재상황(경제능력, 가사능력 등)에 대한 불만'이 가장 싫다는 답변이 30.9%로 가장 많았으며 이어 '다른 사람과 비교하는 말'(26.6%), '바빠, 나중에 등 대화조사 시도하지 않으려는 말'(17%)이 듣기 싫다고 밝혔다.

가족과의 진정한 소통을 위해서는 무엇이 가장 필요하다고 생각하느냐라는 질문에는 '가족에 대한 이해와 긍정적인 마인드'가 46.8%로 가장 많았으며 다음으로 '경청'(28.7%), '가족에 대한 신뢰'(12.8%), '공감대 형성'(10.6%), '솔직함'(1.1%)라고 답했다.

출처: 서울신문

1. 대화의 정의

1) 대화의 다양한 정의

대화는 conversation '돌아서서 마주 본다'는 뜻을 가진 라틴어 conversatio에서 나온 말로 프랑스어 converser를 거쳐 16세기에 영어로 편입된 말이다. 같은 계열의 단어로는 conversant(~을 아는, ~에 친숙한), tergiversation(핑계, 변절, 속임) 등이 있다.

Conversation should be pleasant without scurrility, witty without affection, free without indecency, learned without conceitedness, novel without falsehood.

대화는 상스럽지 않게 즐거워야 하고 감정 없이 재치가 있어야 하며 추잡하지 않게 자유로워야 하고 교만하지 않게 교양이 있어야 하며 거짓 없이 신선해야 한다.

- 윌리엄 셰익스피어(William Shakespeare, 1564~1616)

Conversation should touch everything, but should concentrate itself on nothing.

대화는 모든 주제를 말하되 어느 것 하나에 집중하지 않는 게 좋다.(주제는 자유롭게 하되 깊게 이야기하지는 말라는 뜻)

- 오스카 와일드(Oscar Wilde, 1854~1900)

Conversation would be vastly improved by the constant use of four simple words: I do not know.

"모르겠는데요"라는 말만 계속 반복해도 대화는 엄청나게 향상될 것이다.

- 앙드레 모루아(André Maurois, 1885~1967)

2) 대화의 특성

첫째, 대화는 말을 잘하는 것이 아니다. 말을 잘한다는 것은 '말의 속도가 빠르다'는 뜻이다. 소위 청산유수와 같다는 뜻이다. 꼭 필요한 단어들을 실에 구슬을 꿰듯 알맞게 접속시켜 가면서 언어를 구사한다는 뜻이다. 때로는 세차게 때로는 음성을 높이고 낮추면서 상대방을 압도해 나간다. 그러나 이런 말 잘하는 대화는 상대방의 의견에 관심을 기울이지 않기 때문에 대화가 아니다.

둘째. 설명하는 것도 대화가 아니다. 설명이란 사물이나 사건의 내용이나 생김새를 드러내는 것이다. 설명을 하려면 자신의 생각이나 의견을 명쾌하게 나타내야 한다. 잘못하면 상대방이 어떤 사실을 잘 모르고 있다고 전제하고 장황하게 설명을 늘어놓을 수가 있다. 때로는 자신을 우월한 사람으로 돋보이게 하기 위해 상대방을 얕잡아 볼 수 있다. 설명이 지나치면 설교가 된다. 설명 속에는 상대방의 반응을 수용할 만한 자리가 없어 대화가 되지 않는다.

셋째, 설득도 대화가 아니다. 설득이란 나의 논리와 말의 힘이 상대방의 논리와 말의 힘을 압도하는 것이다. 이것은 나와 너의 평형이 무너지는 것이다. 내가 구사한 언어의 자극이 상대방의 보호막을 뚫고 들어가는 것이다. 이것은 일종의 힘에 의한 정복이다. 설득은 열린 마음에서가 아니라 힘에 의한 것이기 때문에 대화가 아니다.

3) 대화의 세 가지 조건

앞에 말한 세 가지 전제는 대화의 파트너인 '너'를 전제하지 않기 때문에 대화의 자격을 갖추지 못한다. 참 대화란 내가 너를 향해서 의식적인 메시지를 주고, 네가 나를 향해서 적절한 응답을 줄 때 이루어진다. 그러므로 대화란 의견이나 생각을 말을 통해 나누어 갖는 과정이다. 따라서 대화의 세 가지 조건은 다음과 같다.

첫째로, 대화는 대화를 시작하는 발신자가 있어야 한다.
둘째로, 발신된 메시지를 받아들이는 수신자가 있어야 한다.
셋째로, 발신자와 수신자를 이어 주는 통로(channel)가 있어야한다.

- **본인이 생각하는 대화를 정의하고 그림으로 표현해보자.**

2. 대화의 기본태도

원만한 유대를 형성하기 위하여 우리가 가져야 할 대화의 기본태도는 다음과 같다.

1) 한 개인으로 존중한다.

'존중한다'라는 것은 상대방을 한 개인으로 인정한다는 뜻이다. 상대방이 어떤 가치있는 일을 하거나, 어떤 능력을 갖추고 있기 때문에 존중하는 것이 아니라 있는 그대로를 무조건 존중함을 뜻한다.

우리가 타인을 칭찬해 주고, 인정해주는 것 등이 바로 상대를 존중하는 것이라고 볼 수 있다. 칭찬과 인정을 하라고 해서 과하게 미화시키거나 거짓으로 칭찬을 하라는 것이 아니라 있는 그대로를 놓치지 않고 표현하는 것을 말하며 비판적인 태도를 갖지 말라 함은 상대가 어떠한 행동을 하거든 무조건 옳다고 받아들이라는 뜻은 아니다.

2) 성실한 마음으로 대한다.

대인관계에서 중요한 것은 자연스럽게, 그러면서도 진지하게 당신 자신을 나타내 주는 것이다. 타인과의 관계에서도 마찬가지이다. 진실하고 성실한 태도로 타인을 대할 경우 자신의 감정, 느낌, 생각 등을 솔직하게 나타낼 수 있을 것이며, 두 사람은 진정한 의미의 관계를 형성할 수 있을 것이다.

당신은 자신도 모르게 타인에게 화를 내는 경우가 있지 않는가? 타인을 성실하게 대할 때 당신의 감정은 결코 충동적일 수 없을 것이다. 또한 타인과의 대화에서 방어적이거나, 구태의연한 태도를 취하지 않게 될 것이다.

성실한 마음의 태도란 첫째, 자신에 대해 성실하고 진실한 마음가짐을 가진다는 것이다. 그리고 대화를 하는 내 자신이 스스로 가치를 인정하고 있어야 한다. 자신의 가치를 인정한다면 타인의 가치도 인정하게 될 것이다. 둘째, 타인에게 이야기하기 한발 앞서 자신의 감정, 느낌, 생각이 무엇인가를 명백히 확인하며, 상대방과 나의 진정한 몸과 마음의 성장과 행복을 도모하게 될 것이다.

3) 공감적으로 이해한다.

상대방을 공감적으로 이해한다 함은 자신을 유지하면서 상대방의 세계에 들어가 같이 느끼고 생각해 보는 것이다. 대화상대와 같은 느낌, 같은 생각을 갖는다는 것은 그리 쉬운 일이 아니다. 왜냐하면 우리는 우리자신의 선입견, 편견에 너무도 집착되어 있기 때문이다. 우리는 쉽게 "그럼 이해하고 말구" 같은 말을 한다. 그러나 대부분의 경우 자신의 생각이나 느낌, 가치, 도덕관을 통해서 상대방을 이해하려 한다. 이것은 진정한 의미의 이해가 아니며, 공감적 이해는 더더욱 아니다.

공감적 이해를 잘 하기 위해서는 첫째, 상대방이 하는 말을 주의 깊게 듣고 의미, 감정, 느낌 등을 알아내도록 노력하고, 둘째, 상대방이 하는 말의 억양은 그의 감정을 잘 나타내므로 목소리의 억양에 유의하여 듣고, 셋째, 상대방의 동작, 얼굴 표정, 눈빛 등을 주의 깊게 살피면서 들어야 한다.

이때 당신 자신의 이성적인 상태를 그대로 유지하여야 한다. 자신을 유지하지 못하면서 상대방과 같이 느낀다는 것은 동정이지 공감적 이해는 아니다. 공감적 이해를 하게 되면, 타인을 진정으로 이해할 수 있고, 대화하는 상대방이 스스로 자신의 문제를 해결할 수 있게 도와 줄 수 있으며. '이 사람은 나를 잘 이해해 준다.'는 친밀감을 느끼게 되고, 진정한 인간관계로 훨씬 더 가까워질 것이다.

4) 수용한다.

상대방을 있는 그대로 받아들인다는 뜻이다. 누군가 진실로 당신을 받아들여 준다면 매우 안정된 느낌을 가질 수 있을 것이며, 어렵지 않게 모든 일에 대해 말문을 열 수 있을 것이다.

이러한 상황은 비단 어른의 세계에서만 그런 것은 아니다. 자녀와의 관계에서도 마찬가지다. 부모가 자신을 진실로 받아들여 준다고 자녀가 생각하게 하는 것, 이것이 바로 자녀를 수용한다는 뜻이다.

수용하는 태도에는 다음의 세 가지가 있다.

첫째, 행동을 수용하는 것이다. 타인의 행동에 간섭하지 않음으로써 타인을 수용할 수 있다. 친구가 벽에 그림을 달고 있다. 나는 답답해하며 친구가 그림을 거는 곳으로 가서 "여기다 이렇게 하면 좋겠다", "이렇게 해봐" 등으로 간섭을 한다. 나는 타인의 행동을 수용하는 마음의 자세가 안 된 친구이다.

또 다른 나는 옆에서 가만히 친구가 그림을 거는 것을 지켜보고 있다. 친구는 이렇게도 해보고 저렇게도 해보고 장소도 옮겨보며 열심히 균형과 조화를 맞추려고 애를 쓴다. 이것은 타인의 행동을 될 수 있는 한 수용하는 태도로 간섭하는 이야기는 하지 않고 지켜봐 줄줄 아는 것이다.

둘째, 말을 수용하는 것이다. 상대방의 말을 수용하는 것은 상대가 하는 말의 의미를 깨닫는다는 뜻이다. 언어란 어떤 현상을 나타내는 것이나 현상 그 자체를 의미하는 것은 아니다. 우리가 대화를 할 때 깊이 주의해야 할 것이 바로 말의 의미이다. 말의 의미를 바르게 해석하지 못하였을 경우 커다란 과오를 범하기 쉽다.

동생과 똑같은 케이크를 나누어주었는데도 형은 동생의 것이 더 크다고 불평을 한다. 이때 우리는 흔히 "어디 동생 것이 더 크니? 똑같이 주었는데"라고 말한다. 이는 사물의 크기를 서술한 언어를 그대로 받아들인 것이다. 형은 실제의 케이크의 크기를 의미하기 보다는 부모가 주는 사랑의 차이를 의미했을지도 모른다.

말이 주는 의미란 말 그 자체에 있는 것이 아니라 그 말을 듣는 사람에게 있는 것이다. 다시 말해, 말이란 의미를 전달하는 수단인 것이다. 그 의미를 이해하지 못했을 때 대화는 중단될 가능성이 크다.

셋째, 상대방의 느낌을 수용하는 것이다. 상대방의 감정, 느낌을 수용하기 위해서는 그들의 감정, 느낌을 이해할 수 있어야 한다. 대화에 있어서, 그들은 말을 통해 의미를 전달할 뿐 아니라 그들의 생각, 느낌을 나타낸다.

3. 바람직한 대화의 구성요소

사람의 삶을 풍요롭게 하는 진정한 대화는 구체적으로 어떤 형태의 대화를 말하는가? 바람직하며 인간적 대화에 필요한 것은 기본적으로 서로의 인격에 대한 존중과 이에 기초한 상호인정이다. 그리고 이와 함께 서로에 대한 배려와 사랑이다. 이러한 바람직한 대화의 구성요소는 다음과 같다.

1) 대화의 현재성

진정하고 인간적인 대화는 대화가 이루어지는 현재에 충실해야 하며 대화가 예상되지 않은 방향으로 가더라도 대화를 따를 의지를 필요로 한다.

2) 대화의 비예측성

인격적 대화는 대화가 진행되기 전에 이미 정해진 어떤 결과를 확증해 주는 것이어서는 안 된다. 공적인 대화는 예측이 가능한 것이어야 하고 그래서 대응준비가 가능해야 한다.

그러나 사적인 대화에서는 예측가능하다는 것이 재미없다는 말과 같은 의미를 갖는다. 무슨 이야기일까 잔뜩 기대하고 긴장할 때 대화가 흥미진진해진다. 또 지루하지 않게 된다. 따라서 대화의 내용을 충실히 준비하는 것이 필요하다.

3) 대화의 타자성

대화 상대방의 유일한 개성과 개인의 독자적 신비로움과 유일한 인격이 받아들여져야 한다. 대화의 주체가 나만이 아니다. 상대방도 동등한 위치를 갖고 대등하게 무게를 지니고 있어야 한다.

4) 대화의 개방성

대화의 결과가 대화를 시작할 때부터 명백하지 않다는 것을 알고서도 위험모험에 참여할 수 있는 태도가 필요하다. 즉 대화 중에 새로운 정보를 얻을 경우 기존의 고정된 자기 견해를 기꺼이 변화시키려하는 열린 마음을 가져야 한다. 그렇게 하면 오해를 극복하고 더 깊은 관계를 형성할 수 있다.

5) 대화의 상호 함축성

상대방의 메시지를 해석하는 대화의 과정에서 대화 상대자에 대해서 무언가를 발견하고 그리고 우리 자신에 대해서 더 많은 것을 발견할 수 있는 '상호성'이 전제되어야 한다. 상대방의 말꼬리를 잡는 정도로는 공감을 할 수도 없고 효과적인 만남을 가질 수 없다. 상대방이 무슨 의미로 그런 말을 하는지 함축된 내용을 찾아야 한다.

6) 대화의 시간적 흐름

대화의 과정 속에는 의사소통하는 상대방의 역사적 연속성과 과거, 현재 그리고 미래에 대한 기대가 들어오는 것을 전제해야 한다. 즉 대화는 상대방의 인간적 형성, 발달과정에 서로 개입하는 것을 피해서는 안 된다. 상대의 과거에 대한 충분한 이해와 미래의 변화가능성을 보는 것은 연장자, 즉 교사와 부모에게는 더욱 필요하다.

7) 대화의 진실성

대화 상대방에 대해서 스스로 정직하고 진실한 태도가 필요하며 이러한 태도가 상대방에게 드러나야 한다. 서로가 진실한 모습으로 드러나지 않는다면 진정한 대화는 불가능하며 '전략적 대화'만이 가능할 것이다. 이러한 조건들이 충족된다면 인간적이고 바람직한 대화가 이루어 질 수 있을 것이다.

4. 대화의 방해요소

인간관계는 대화로 연결된다. 우리들이 일상적으로 사용하고 있는 말에는 대화를 촉진하여 진실한 이해에 이르게 하는 것도 있지만, 오히려 대화를 방해하고 오해나 갈등을 일으키는 것도 있다.

어떤 문제를 가지고 있는 자녀들에게 때로는 성급하게 해결책을 주려고 하거나, 잘 듣기보다는 하고 싶은 말만을 하면서 상대방을 무력하게 만들기도 한다. 또 심리적으로 좌절감이나 저항감을 일으키는 말도 곧잘 쓰게 된다. 여기에서는 어떤 문제로 고민이 있는 타인이 자신의 문제를 언어나 표정 등의 비언어적인 것으로 표현한 정보에 대해 내가 어떻게 반응해 왔는가를 집중적으로 살펴보고, 효과적으로 대응하는 방법을 찾아 나가야 한다. 여기에서 제시하는 12가지 '도움을 주려는 노력'은 타인과의 문제를 도와줄 수 없을 뿐만 아니라 대화의 걸림돌로 작용하여 대화가 단절되고, 원만한 인간관계 형성에도 도움이 되지 않는다.

예를 들어 한 중학생 자녀가 "엄마, 태경이가 나와 절교하자고 하였어요." 이때 엄마가 "내 생각에는 네가 그 친구에게 좀 더 잘 해주었더라면 이런 일은 일어나지 않았을 거야. 네가 먼저 가서 사과하면 어떨까?"라고 말하면, 자녀는 다음과 같은 의미로 짐작하여 받아들일지도 모른다.

"너는 비난받아 마땅해"
"네가 무엇인가 잘 못했어"
"너는 사물을 바르게 보지 못하고 있어"
"너는 좋은 친구가 아니야"

"너는 현명하지 못해"
"너는 친구도 제대로 사귀지 못하니?"
"이 문제에 대해 너 혼자는 스스로 해결할 방법을 모를 거야"

우리가 흔히 쓰고 있는 대화의 걸림돌에 대해서 알아보자.

1) 명령, 강요

"너는 반드시", "너는 꼭", "~해야 할 것이다"

2) 경고, 위협

"만약 ~하지 않으면, 그때는 ~", "~하는 게 좋을 걸, 그렇지 않으면~"

3) 훈계, 설교

"너는 ~해야만 한다.", "~하는 것이 너의 책임이야."

4) 충고, 해결방법 제시

"내가 말하고자 하는 것은~", "~하는 게 어떻겠니?", "내가 너에게 충고하자면~"

5) 논리적 설득, 논쟁

"네가 왜 틀렸냐 하면", "문제가 되는 것은", "그래, 그렇지만~"

6) 비평, 비난, 비판

"넌, 신중하게 생각하지 않아~", "너는 게을러서~"

7) 칭찬, 찬성

"야, 너 참 잘했다", "네가 맞아!"

8) 멸시, 욕설, 조롱

"이 울보야", "그래 너 잘났구나!"

9) 분석, 진단

"무엇이 잘못되었느냐 하면~", "네가 진정 말하려는 것은 그것이 아닐 거야",

"아마 너는 단지 회피하고 싶은 것일 거야"

10) 동정, 위로

"걱정하지마", "앞으로 좋아질 거야", "기운 내!"

11) 캐묻기와 심문

"왜?", "누가?", " 무슨 일이 있었니?"

12) 화제 바꾸기, 빈정거림, 후퇴

"즐거운 이야기나 하지", "그래, 세상일에 다 개입해 보시지",

"야, 네 머리 스타일 괜찮은데~"

WORKSHEET 5단계 대화 실습하기

1단계: 일상의 대화/ 형식적인 단계/ 입의 단계

2단계: 정보교환의 단계/사실의 단계 /귀와 눈의 단계

3단계: 의견이나 견해를 나누는 단계/머리의 단계

4단계: 감정과 속마음을 나누는 단계 / 가슴의 단계

5단계: 진실한 대화의 단계/공감하고 마음이 통하는 단계

제2절

스트로크(Stroke)

1. 스트로크의 의미

스트로크는 그리스어로 '쓰다듬다', '애무하다', '접촉하다'라는 뜻이다. 그러나 스트로크는 신체적 접촉으로부터 윙크, 말 걸기, 인정하기 등의 정신적 스트로크까지 매우 넓은 의미의 개념이며, 타인의 존재를 인정하기 위한 작용이나 행위를 가리키는 것이다.

길을 걷다보면 연인들이 지나간다. 손을 잡고 어깨를 토닥이고 만지고 쓰다듬는다. 그들이 주고받는 스트로크는 두 사람의 공유이다. 이렇듯 모든 사람들은 좋은 스트로크를 원한다. 쓰다듬고 만지고 안고 토닥이기를 원한다. 스트로크는 이처럼 행위만을 뜻하는 것이 아니라 다른 심리적 종류가 많이 있다. 예를 들면 언어적 스트로크, 비언어적 스트로크, 부정적 스트로크, 긍정적 스트로크 등이다.

2. 스트로크의 종류

우리가 무심히 하고 있는 말들은 어떤 말들일까? 나를 만나는 모든 사람은 그 순간 자신이 원하는 좋은 종류의 스트로크를 갈망하고 있다. 그러나 스트로크를 받았을 때 거부하는 현상이 나타난다. 이는 사람들은 자신만의 스트로크 필터를 가지고 있기 때문이다. 스트로크 필터는 고유한 자신만의 것이다.

"착하게 생겼네요!"라는 말에 "착하게 생겼다니 바보스럽다는 겁니까?"라고 말하는 것은 스트로크 필터로 걸러진 것이다. 자신이 원한 스트로크는 아니라는 뜻이다. 세상의 각양각색의 말들 중에 자신이 듣고 싶은 말이 있는 것이다. 스트로크는 진정한 마음에서 참 감정으로 욕심 없이 일어나야 한다. 스트로크를 통하여 자신이 원한 어떤 것을 받아내려고 해서도 안 된다.

"네가 그 순간에 그 말을 했다는 건 정말 용기 있는 행동이다."

"대단하다! 공부한 것을 잘 이해하는구나!"

나도 모르게 절로 나타난 경탄은 그 대상에게는 에너지가 되며, 용기와 힘을 주는 말이다. 그러나 스트로크는 아무나 할 수 있는 게 아니다. 마음속에 켜켜이 생각을 쌓는 사람은 쉽게 할 수가 없다. 이 말을 했다가 파장이 커질 것을 우려해서 스트로크를 마음속으로 삼키는 습관을 가진 사람들이다.

다음을 보고 어떤 느낌을 주는지 생각해보자.

"엄마를 도와주니 정말 고맙다"

"그런 아이디어를 생각해 내다니 넌 천재야." _조건적 긍정적 스트로크

"넌 늘 최고였어!"

"넌 언제나 똑똑하고 좋은 사람이야." _무조건적 긍정적 스트로크

"공부를 하지 않더니 꼴 참 좋다." _조건적 부정적 스트로크

"나가! 꼴도 보기 싫어." _무조건적 부정적 스트로크

스트로크	신체적	정신적	조건부	무조건
존재인지	• 접촉에 의한 직접적 표현	• 말에 의한 직접적 표현	• 행위나 태도에 대해서 표현	• 존재나 인격에 대해서 표현
긍정적 (상대가 좋게 느낀다)	• 머리를 쓰다듬는다. • 손을 잡아준다.	• 칭찬을 듣는다. • 금일봉, 훈장 • 표창	• "심부름 해줘서 고마워" • "정말 좋은 일 했네"	• "자네하고 일하는 것은 정말 행운이네"
부정적 (상대가 나쁘게 느낀다)	• 때린다. • 꼬집는다. • 걷어찬다.	• 꾸중한다. • 얕잡아본다.	• "학생이 공부 안 하면 안 돼" • "시험을 또 망쳤니"	• "헤어져" • "회사를 당장 그만두게"

3. 스트로크 구분

다음 글을 통해 스트로크를 구분해보고, 평상시 쓰거나 듣는 말을 구분해보자.

	스트로크 구분연습	긍	부	신	정	조	무
1	엄마는 네가 있어서 행복하단다.						
2	장난치다가 갑자기 꿀밤을 한 대 맞았다.						
3	그런 행동을 보니 정말 화가 나는구나						
4	심부름을 잘하는 착한 아이구나.						
5	몇 번 말해야 알아듣겠니?						
6							
7							
8							
9							
10							

바람직한 스트로크 원칙

- 긍정적 스트로크 최대화: 부정적 스트로크 최소화
- 긍정적 무조건부 스트로크 중요: 인간 상호 신뢰감 형성 기초
- 긍정적 조건부 스트로크는 적절히: 구체적, 풍부하게, 타이밍 맞춰
- 부정적 스트로크는 필요한 최소한도로 적게: 특히 무조건부 스트로크 추방
- 부정적 스트로크는 조건부로: 행동과 영향을 명확히, 감정은 솔직히

WORKSHEET 스트로크 실습하기

- 최근에 들었던 스트로크는? 본인이 받은 가장 인상 깊은 스트로크를 작성해보자.

- 나에게 익숙한 스트로크는?

- 나에게 부족한 스트로크는?

WORKSHEET 스트로크 체크리스트

스트로크 체크리스트

다음 A~E의 설문을 읽고 본인의 행동에 해당하는 것에는 2점, 어느 쪽인지 잘 분간할 수 없으면 1점을, 해당하지 않으면 0점을 매겨주십시오.

	긍정적 스트로크를 주는 정도	점수
1	친구들과 찻집이나 식당에 갈 때 본인이 먼저 권해서 가는 일이 많다.	
2	귀가 시 가족들의 "지금 오세요"라는 귀가 응대를 받기 전에 본인이 먼저 "나 왔어"라고 말한다.	
3	곤경에 처한 사람을 지나치게 도와주려고 하기 때문에 가족이나 친구들로부터 "너무 참견하지 말라"는 말을 자주 듣는다.	
4	어느 곳에서든 타인의 노고에 대해 별 어려움 없이 위로하고 감사를 표시할 수 있다.	
5	가족 생일이나 친구 생일, 다른 사람의 기념일 등을 잘 기억해 두었다가 본인이 먼저 축하의 말을 건네는 편이다.	

	부정적 스트로크를 주는 정도	점수
6	회의나 잡담을 하는 자리에서 남의 결점을 지적하는 발언을 많이 하는 편이다.	
7	학교 후배나 동료에게 칭찬보다는 엄한 충고나 꾸중을 많이 하는 편이다.	
8	가족들이 내 생각대로 행동하지 않을 때 그 자리에서 지적하는 편이다.	
9	식당에서 서비스가 나쁘면 그 즉시 불편을 토로하는 편이다.	
10	새치기를 하거나 금연 장소에서 담배피우는 사람에게 즉각 주의를 주는 편이다.	

	긍정적 스트로크를 받는 정도	점수
11	귀가 시 본인이 보통 "나 왔어"하기 전에 누군가 먼저 "지금 오세요"라고 한다.	
12	학교에서 동료·선배 교수 등으로부터 고맙다거나 위로받는 일이 비교적 많다.	
13	일의 달성 여부에 상관없이 진행과정의 노력을 인정받아 격려해주는 동료나 선배가 있다.	
14	밖에서나 가정에서 자기의 수고에 대해 다른 사람으로부터 위로와 감사의 표시를 자주 받는다.	
15	매우 곤란한 문제에 직면했을 때 바로 상의할 수 있는 신뢰할만한 사람이 있다.	

	부정적 스트로크를 받는 정도	점수
16	학교나 직장에서 작은 실패나 목표미달에 대해 꾸중을 듣거나 감당하기 어려운 압력을 받은 적이 있다.	
17	지난 반년 동안 자신의 직접적인 책임이 아닌 일 때문에 집에서 책망 받았다고 느낀 적이 있다.	
18	가족 중에 비교적 신경질적인 사람이 있어 악의는 없지만 당신을 비판하거나 책망하는 일이 있다 .	
19	상사나 선배 중에 보통 이상으로 엄격한 사람이 있어 당신을 힘들게 한다고 느낀 일이 있다	
20	나의 가족은 다른 가족들에 비해 서로에게 너무 엄격한 편이라고 느끼는 경우가 많다.	

	스트로크를 외부와 교환하지 않는 정도	점수
21	휴일에 하루 종일 혼자 지내도 고통스럽지 않고 마음이 편한데 어쩌다 친구가 찾아오기라도 하면 심적 부담을 느낀다.	
22	길을 가다가 아는 사람을 만났을 때 인사하기 귀찮아서 길을 돌아간 적이 있다.	
23	남의 얘기를 나눌 때 갑자기 다른 생각에 잠겨버려 상대방이 재차 말을 하고서야 제 정신을 차리는 경우가 많다.	
24	학교나 직장에서 사정이 생겨 식사를 혼자서 하게 되는 경우 해방감을 느낀다.	
25	회식이나 친목회 등에 불가피한 사정으로 불참하게 되는 경우 오히려 잘 되었다고 생각한다.	

- 그룹마다 득점을 합계하여 다음 막대그래프에 표시하시오.

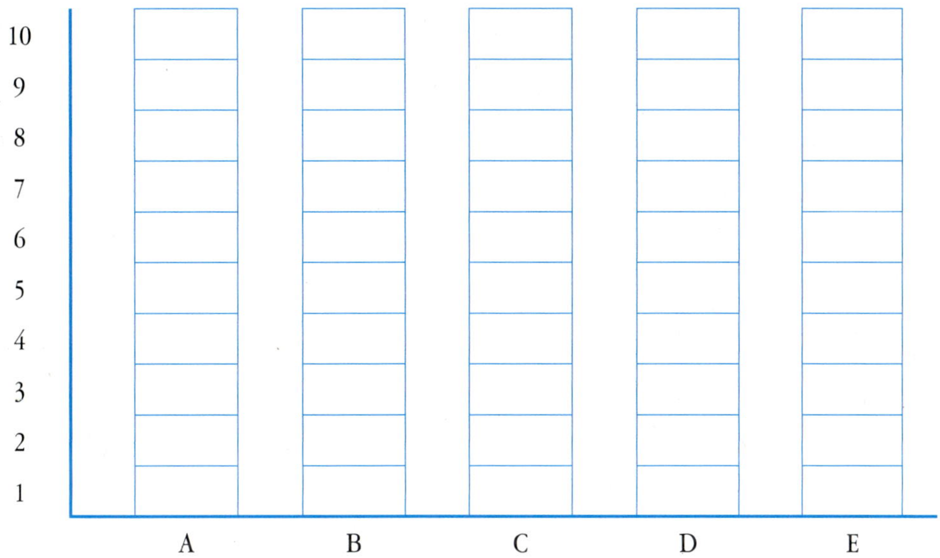

- 실제 측정결과를 보고 본인의 스트로크 경향성에 대해 개선할 점은 무엇인지 얘기해보자.

출처: 박태호 외, 『글로벌 감성 커뮤니케이션』

학/습/평/가

01. 다음 타인과의 원만한 유대감을 형성하기 위하여 가져야 할 대화의 4가지 기본태도는 무엇인지 나열하시오.

________________ ________________ ________________ ________________

02. 다음은 바람직한 대화의 구성요소에서 대화의 어떤 특성에 대한 설명인가?

> 대화의 결과가 대화를 시작할 때부터 명백하지 않다는 것을 알고서도 위험모험에 참여할 수 있는 태도가 필요하다. 즉 대화중에 새로운 정보를 얻을 경우 기존의 고정된 자기 견해를 기꺼이 변화시키려하는 열린 마음을 가져야 한다. 그렇게 하면 오해를 극복하고 더 깊은 관계를 형성할 수 있다.

① 대화의 현재성　　② 대화의 비예측성
③ 대화의 타자성　　④ 대화의 개방성
⑤ 대화의 상호 함축성　　⑥ 대화의 진실성

03. 다음은 문장을 읽고 스트로크를 구별하여 보시오.

> "네가 그 순간에 그 말을 했다는 건 정말 용기 있는 행동이다."라고 하며 선생님께서 머리를 쓰다듬어 주셨다.

- 긍정적 (　　)
- 부정적 (　　)
- 신체적 (　　)
- 정신적 (　　)
- 조건부 (　　)
- 무조건부 (　　)

04. 다음 바람직한 스트로크의 활용 원칙이 아닌 것은 무엇인가?

① 긍정적 무조건부 스트로크는 최대화한다.

② 긍정적 조건부 스트로크는 인간 상호 신뢰감 형성의 기초가 된다.

③ 부정적 스트로크는 조건부로 하되 감정은 솔직히 한다.

④ 부정적 무조건부 스트로크는 추방한다.

CHAPTER 06

공감의 이해

일반목표

공감의 의미와 중요성을 알고 상황과 대상에 따라 효과적인 의사소통 능력을 기를 수 있다.

세부목표

1. 공감의 의미와 중요성을 알 수 있다.
2. 공감은 어떻게 표현되는지 설명할 수 있다.
3. 감정이입의 의미와 공감과의 차이점을 알 수 있다.
4. 소통과 공감의 필요성을 설명할 수 있다.
5. 소통과 공감의 장애요인을 알고 적용할 수 있다.

제1절
공감의 의미와 중요성

잘 듣기 위해서는 공감적 이해가 필수적으로 요청된다. 공감적 이해란 청자가 상대방의 입장이 되어 그의 주관적인 세계를 이해하는 것을 말한다. 이것은 청자가 제 3의 귀를 가지고 상대방의 마음속에 있는 '소리 없는 소리' 또는 '마음의 소리'를 듣는 것을 말한다.

또한 우리가 상대방의 눈으로 사물을 보는 것과 같이 상대방이 지니고 있는 생각과 느낌의 틀을 이용하여 사람의 생각과 감정을 이해하는 것이다. 청자가 상대방의 감정에 공감하고 있음을 나타낸다면 상대방은 그 자신이 이해받고 있는 느낌을 갖게 되어 청자를 보다 신뢰하게 되고 자신을 더욱 드러내 보이게 된다. 이러한 과정이 진행되면서 더욱 원만한 인간관계가 이루어지게 된다.

- **공감에 대해 정의해보고, 우리나라 속담, 격언, 사자 성어에서 공감을 의미하는 말들을 찾아보자.**

사 례 눈먼 청년

한 청년이 사고로 두 눈을 멀게 되었습니다. 가족들은 그를 맹인학교에 보냈습니다. 학교에 도착하자 교장 선생님은 교사 한사람을 불러 청년에게 학교 건물과 교정 곳곳을 안내해 주라고 하였습니다.

안내를 맡은 교사는 청년의 손을 잡고 교무실을 나갔습니다. 현관 입구로 청년을 데리고 간 교사는 이렇게 말했습니다.

"자, 이제 우리는 현관 밖에 있는 층계를 내려갈 겁니다. 층계는 모두 열두 개입니다. 돌계단이라 발이 닿으면 금방 알 수 있습니다. 층계를 다 내려가면 왼쪽으로 돌아서 화단 앞을 지날 겁니다."

- 중략 -

교사의 친절한 안내에 청년의 마음은 이내 편안해졌습니다. 그는 층계를 하나하나 세면서 내려갔습니다. 왼쪽으로 돌아가니 과연 화단이 있는 것이 느껴졌습니다. 코끝에 꽃향기가 스쳤기 때문입니다. 청년은 마음속에 생기는 자신감을 느끼면서 교정을 한 바퀴 다 돌았습니다. 숙소에 다다른 청년은 진심으로 고마워 고개를 숙였습니다.

"정말 감사합니다. 선생님께서 저같이 눈 먼 사람의 입장을 정말 잘 이해하고 계시군요."

그러자 교사가 대답했습니다.

"이해하고말고요. 저도 앞을 못 보는 사람이거든요."

출처: 박성희, 『공감』(p. 34-35)

1. 공감의 의미

제한적이긴 하지만, 다른 사람의 심리적 상태를 그 사람의 입장이 되어 느끼는 것을 통해서 지각하는 방식. 문자적인 의미로는 다른 사람에게 "감정을 이입한다"(feeling into)는 뜻이다. 이 말은 동감(sympathy)과도 비교될 수 있는데, 동감은 "함께 느낀다"(feeling with)는 뜻이다.

남의 감정, 의견, 주장 따위에 대하여 자기도 그렇다고 느끼거나 또는 그렇게 느끼는 기분을 의미하며 '공감을 느끼다', '공감을 얻다', '공감이 간다' 등으로 표현한다.

2. 공감의 중요성

대화를 하다 보면 오해가 생기는 경우가 종종 있다. 사람들은 자신의 의견이 관철되지 않으면 관철시키기 위해서 애를 쓰기 때문이다. 그 것이 상대방에게 전달되는 과정에서 오해가 되는 경우가 많다. 충족되지 못한 자신의 욕구가 과장되어 표현되기 때문이다. 때로는 화를 내거나 신경질을 내거나 위협을 가하는 등의 폭력적인 형태로 나타나기도 한다. 이처럼 상대방이 감정적일 때는 원만한 대화를 하기가 어렵다.

공감적 대화를 위해 첫째로 주목할 것이 '정보'다. 말하는 사람은 말의 내용인 정보가 온전히 전달되기를 바란다. 그래서 듣는 사람은 정보를 잘 들어야 한다. 둘째로 주목할 것이 '감정'이다. 말하는 사람은 자신의 감정이 온전히 전달되기를 바란다. 화가 나 있다거나 슬퍼서 눈물을 흘리며 이야기 할 때 등 감정적 표현이 중요한 비중을 차지하고 있는 대화를 하고 있다면 상대의 감정을 알아주는 것이 공감의 핵심이다. 상대방의 기분을 헤아리면 상대는 자신의 감정이 공감 받았다고 인식되면서 욕구도 채워지고, 깊이 연결될 수 있다.

셋째로 주목할 것이 '의도'이다. 말하는 사람은 자신의 의도가 온전히 전달되기를 바란다. 말은 분명한 목적과 의도가 있다. 그 목적과 의도는 매우 다양하다. 그것을 상대의 입장에서 알아차리는 것이다. 이것은 다른 말로 표현하면 욕구라고 한다. 이 욕구에서 말이나 행동이 일어나는 것이며, 이 욕구를 알아차리려면 말 이면을 들을 수 있어야 한다. 내면의 목소리를 들어야 한다. 예를 들어, 누군가 '조용히 좀 하세요' 라고 이야기 한다면 조용한 시간을 갖고 싶은 욕구가 있을 수 있다. 그러나 더 상대의 마음을 타고 들어가 보면 존중받고 싶은 마음이 있을 수 있다. 소리가 크다고 받아들이면 상대방의 행동 때문에 존중의 욕구가 채워지지 않았기 때문인 것이다.

정리하자면, 공감에는 크게 3가지가 있다.

1) 온전히 정보를 들어주는 것,
2) 상대의 감정을 알아주는 것,
3) 상대의 의도와 욕구를 알아주는 것이다.

사 례

버락 오바마가 미국의 44대 대통령으로 당선됐지요. 킹 목사가 '내게는 꿈이 있다'는 연설을 한 것이 불과 40여 년 전인데, 백인과 함께 버스도 타지 못했던 흑인에서 대통령이 나온 겁니다.

2004년 오바마가 연방 상원의원에 당선되고 상원에서 취임선서를 하기 전날. 그는 새로 당선된 상원 하원의원들과 함께 백악관에서 부시 대통령을 만났습니다. 그 자리에서 부시는 오바마를 한쪽 구석으로 안내하면서 이렇게 말했습니다.

"괘념치 않는다면 충고 한마디 했으면 하는데."

"전혀 괘념치 않습니다."

"당신의 장래는 밝아요. 정말 밝지. 그러나 내가 워싱턴에 있어 봐서 하는 소리지만 이곳 생활이 정말 힘들 수도 있어요.

지금까지 그랬던 것처럼 당신이 큰 주목을 받게 되면 사람들이 당신을 노리기 시작할 겁니다. 또 당신을 노리는 사람들이 반드시 우리 쪽에만 있지 않으리란 점은 당신도 잘 알고 있을 거예요. 당신 편에서도 나올 수 있지. 모두가 당신이 언제 굴러 떨어질까 하고 기다릴 겁니다.

내 말이 무슨 뜻인지 알죠? 그러니 조심해야 해요."

사실 오바마와 부시는 많이 다릅니다. 출신 배경도 다르고, 생각도 다르지요. 오바마는 부시의 경제정책, 외교정책 등 대부분을 비판하고 있습니다. 하지만 오바마는 민주당 지지자들에게 "부시는 나쁜 사람이 아니다. 부시와 그의 각료들은 나름대로 조국에 최선책이라고 생각하는 것을 수행하려 애쓰고 있다"라고 말합니다. 물론 그런 말을 듣는 민주당원들은 놀랍니다.

'공감'입니다. 공감할 수 있는 마인드, 공감할 수 있는 능력이 중요합니다.

"네게 그렇게 하면 기분이 어떨 것 같니?"

오바마는 그의 어머니가 강조한 간단한 이 원칙을 항상 염두에 두고 있다고 합니다.

여당과 야당이, 경영진과 노조가, 부모와 자식이 '공감'이라는 덕목을 갖고 대화할 수 있다면 세상은, 삶은 많이 달라질 겁니다. 여당과 야당이 서로 상대방의 시각에서 정치를 바라볼 수 있다면, 그런 공감 속에서 국정을 이끌어 갈 수 있다면 나라의 미래는 밝을 겁니다. 경영진과 노조가 서로 상대방의 시각에서 현실을 바라볼 수 있다면, 그런 공감 속에서 일에 임할 수 있다면 그 기업의 미래는 밝을 겁니다.

출처 : 버락 오바마, 『담대한 희망』

3. 공감은 어떻게 나타날까?

공감은 상대를 거울처럼 비춘다. 공감을 담당하는 신경세포를 거울신경세포라고 하는데 거울처럼 비추는 공감의 역할이 잘 나타나기 때문이다.

1) 동작으로 나타난다.

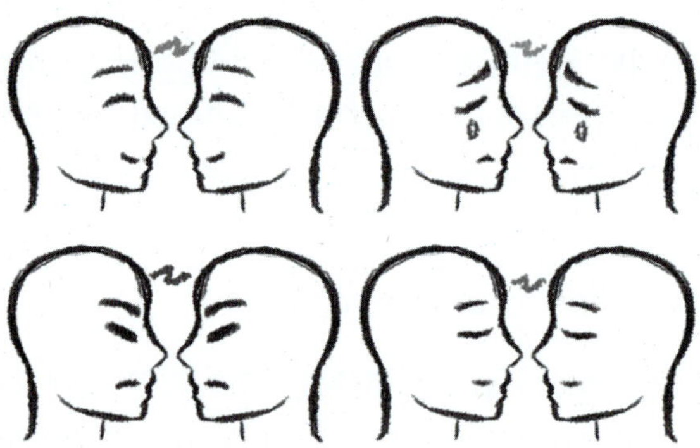

1990년대 초 이탈리아 파르마 대학에서 '거울뉴런(mirror neuron)'이라 이름 붙인 특별한 뇌세포를 발견했고, 이것은 두뇌를 관찰할 뿐 아니라 사회적 상호작용을 이해하는 방식으로 변하였다. 거울 뉴런은 주변 사람들의 행동과 정서를 거울처럼 반영하여 그것이 우리의 일부가 되도록 한다.

예를 들면 스포츠 경기를 보거나 영상을 볼 때 무의식중에 선수의 동작을 따라하거나, 드라마 속 인물에 몰입이 되어 비슷한 행동을 하기도 한다. 특히 사랑하는 사람들 사이에서 동작을 모방하거나 동작이 일치되는 현상과도 비슷하다고 할 수 있다.

또한 우리는 거울처럼 상대방을 따라 하기도 하지만 상대방으로 하여금 따라하도록 하기도 한다. 사진을 찍을 때 표정을 자연스럽게 하기 위해 '김치, 치즈'를 따라 하도록 권하는 것을 예로 들 수 있다.

타인을 마음을 내 마음 들여다보듯 알기는 매우 어려운 일이다. 하지만 거울뉴런은 타인을 이해하는 것을 도울 뿐 아니라 우리와 타인의 연결을 돕는다. 그러므로 거울뉴런이 제대로 기능하지 않으면 '정서 단절'이 생길 수 있다.

2) 느낌으로 나타난다.

우리는 웃는 사람을 보면 저절로 웃음이 나고, 우는 사람을 보면 나도 모르게 눈물을 흘리곤 한다. 우리의 감정이 다른 사람 감정 상태에 민감하게 반응하기 때문이다. 이것을 정서공명, 혹은 정서감염이라고 한다. 정서공명이란 한 사람의 감정이 다른 사람 속에도 똑같은 감정을 일으키는 것이 마치 물리학에서 말하는 공명현상과 닮아 붙여진 이름이다. 정서감염이란, 한 사람의 감정이 다른 사람의 감정으로 전염된다는 뜻이다.

하지만 웃는 사람을 보면서 우울이나 슬픔의 감정을 느끼기도 한다. '주는 것 없이 괜히 미운 사람'이 있는가 하면 '받은 것 없이 괜히 좋은 사람'이 있는데 이런 경우는 내 속에 존재하는 어떤 약점이나 좋지 않는 부분을 자극하기 때문이다. 무의식에 있던 사람을 떠올리게 하거나 싫어하는 내 모습과 많이 닮아 있어 외면하고 싶은 마음이 자리 잡고 있을 수 있다.

3) 이해로 나타난다.

공감은 함께(共) 느낀다(感)는 말이다. 흔히 제3의 귀로 들으라는 말이 있다. 얼굴에 있는 두 귀로 듣는 것도 중요하지만 마음속에 있는 또 하나의 귀로 정성을 다해 들으라는 것이다. 소리로 전달되는 상대방의 메시지 내용에 귀를 기울이기 보다는 그 메시지가 나오기까지의 상대방의 마음에 있었던 본뜻을 헤아리라는 것이다.

상대방의 마음을 잘 헤아리려면 어떻게 해야 할까? 그것은 상대방이 하는 이야기에 집중하는 수밖에 없다. 물론 언어 이외에 표정이나 동작으로 표현되기도 하지만 언어가 핵심적 통로임을 기억해야 한다.

공감적 이해에 도달하기 위해서는 첫째, 상대방이 사용하는 낱말을 이해해야 하고, 둘째로 상대방이 전개하는 논리에 대한 이해가 필요하다. 자신의 방식대로 상대방을 이해하려 한다면 대화는 진전될 수 없다. 사람의 내면에 있는 주관적인 세계는 타인이 쉽게 이해할 수 없으며, 진정한 이해를 위해서는 깊은 이해적 공감이 필요하다.

사 례 **'응답하라 1988'의 진주가 의미한 눈사람은 아이스크림이었다.**

크리스마스가 다가오자 쌍문동에 사는 다섯 가구의 어른들은 진주(김설 분)에게 산타할아버지께 어떤 선문을 받고 싶은지 물었다. 진주는 갖고 싶은 크리스마스 선물이 '눈사람'이라고 말했다. 쌍문동 골목의 어른들은 진주에게 눈사람을 선물해주기 위해 애썼다. 일기예보 상 눈이 오지 않자 얼음을 깎아 눈사람을 직접 만들었으나, 다음날 비가 내려 모두 녹아버렸다.

난감해하는 어른들에게 선우(고경표 분)는 "눈사람 사올까요?"라고 물어 어리둥절하게 했다. 고경표는 "진주가 아이스크림을 보고 눈사람이라고 한다. 몇 개 사오겠다"고 했다. 고경표와 김설은 나란히 앉아 아이스크림을 먹었고, 어른들은 이를 지켜보며 흐뭇해했다.

출처 : tvN 드라마 '응답하라 1988'

사 례 **달과 공주 1**

옛날 어느 나라에 어린 공주님이 살았다. 공주는 왕과 왕비의 사랑을 듬뿍 받으며 건강하게 크고 있었다. 그러던 어느 날, 하늘에 떠 있는 달을 보고 그것을 갖고 싶다는 생각을 했다. 공주는 왕과 왕비에게 달을 따 달라고 보채기 시작했다. 하늘에 떠 있는 달은 너무 멀리 있고 크기도 커서 따 올수 없다고 설득해 보았지만 막무가내였다.

급기야 공주는 밥을 굶으며 고집을 부리기 시작했다. 이때 공주의 마음을 잘 아는 광대가 공주를 만나 몇 가지 질문을 했다.

광대 : 공주님, 달을 어떻게 생겼나요?

공주 : 달은 동그랗게 생겼지.

광대 : 그러면 달은 얼마나 큰가요?

공주 : 바보, 그것도 몰라? 달은 손톱만하지. 손톱으로 가려지잖아.

광대 : 달은 어떤 색인가요?

공주 : 황금빛이야.

광대 : 그럼 달은 손톱만한 크기의 동그란 황금 구슬과 같겠네요?

공주 : 맞아. 그게 달이야.

4) 행동으로 나타난다.

공감은 상대방을 이해하고 함께 느끼면서 결국 상대방에게 도움을 주는 행동으로 표현되며 완성된다. 예를 들어 너무 피곤해 "밥하기 싫다."는 아내의 말에 고개를 끄덕이며 공감을 하면서도 아무런 행동도 하지 않으면 아내에게 싫은 소리를 들을 것이다. 연인끼리 서로 "사랑한다,"고 하면서 상대방에 대한 배려나 이해 없이 자신이 원하는 행동만 한다면 그것은 진정한 사랑이라고 할 수 없는 것과 마찬가지이다.

사 례 **달과 공주 2**

광대 : 알겠어요. 공주님. 달을 따 올 테니 기다리세요.

광대는 동그란 황금 구슬을 만들어 공주에게 주었다. 기뻐하는 공주를 보고 광대를 한 가지 근심거리가 떠올랐다.

광대 : 공주님, 달을 따 왔는데 오늘 밤 또 달이 뜨면 어떻게 하지요?

공주 : 이런 바보, 이를 빼면 새 이가 또 나오잖아? 달도 하나를 빼오면 또 나오게 돼어 있어. 그리고 달은 얼마든지 있어. 호수에도 있고 바다에도 있고, 옹달샘에도 있어. 온 세상에 있어. 내가 하나쯤 갖는다고 문제될 건 없지.

출처: 박성희, 『공감』

공주가 말한 달이 무엇인지 알게 된 광대는 주저하지 않고 달을 공주에게 갖다 주었다. 달을 받은 공주는 무척 행복해 했을 것이다. 광대의 눈으로 보면 공감적 이해가 행동으로 완성된 것이다.

WORKSHEET 공감연습하기

사람의 표정이나 시선, 몸동작, 자세, 음성 등을 통해서 감정과 대화 내용에 대한 이해를 훈련하는 것이다. 시청각 자료는 공감을 연습하는 아주 좋은 학습도구가 될 수 있다. TV드라마나 영화 등을 녹화해 놓았다가 화면 속에 등장하는 인물들을 보면서 감정이나 정서를 읽는 연습을 해보자.

① 얼굴표정을 통해 감정 맞혀보기

다양한 얼굴 표정이 들어있는 영상, 또는 신문이나 잡지를 보면서 감정 맞히기를 훈련할 수 있다. 행복, 슬픔, 분노, 역겨움, 부끄러움, 공포 등의 감정을 바로 알아차릴 수 있도록 반복하여 연습하는 것이 좋다.

② 시선에 초점을 맞춰 감정 맞혀보기

시선은 우리에게 다양한 말을 한다. 시선에 초점을 맞춰 연습할 때는 시선 접촉(Eye Contact)의 빈도, 시선 접촉 시간, 동공의 확대·축소 등 다양한 시선 처리 등을 보아야 한다. 시선을 잘 관찰하면 그 속에 담고 있는 슬픔, 공포, 놀람, 즐거움, 불안, 초조 등의 감정을 들여다 볼 수 있다.

③ 자세에 초점을 맞춰 감정 맞혀보기

자세에 초점을 맞춰 감정을 들여다 볼 때는 팔과 다리, 몸통, 어깨, 고개 등의 다양한 포즈를 살펴보아야 한다. 팔짱을 끼고 상대방을 노려본다거나 다리를 꼬고 앉아 있는 것과 의자에 다리를 가지런히 놓고 두 손을 무릎위에 올린 모습은 다른 느낌을 주기 때문이다. 고개를 푹 숙이고 있는 모습과 정면을 응시하는 모습도 우리에게 상반된 인상을 줄 수 있다.

④ 몸동작에 초점을 맞춰 감정 맞혀보기

몸동작을 살펴보면서 상대의 감정과 정서를 들여다보는 연습을 한다. 몸을 구성하는 머리, 손, 손가락, 발 등 신체 일부분의 동작을 자세히 관찰해야 한다. 손으로 머리카락을 계속 꼰다거나 다리를 계속 떤다거나, 콧등을 손으로 계속 만지는 행동의 관찰을 통해 타인의 감정을 알아차릴 수 있게 된다.

4. 공감의 5 수준

상대의 마음을 이해한다는 것은 상대의 감정을 알아준다는 뜻이다. 우리는 상대의 말을 들으면 그 사람의 입장을 잘 이해한다고 생각하지만, 실제로는 상대의 감정을 알아주기보다는 나 자신의 의견을 말할 때가 많다. 상대의 마음을 이해하는 수준을 보고, 나 자신은 평소 상대방을 어느 수준까지 이해하는지 점검해 보자.

수준	내용
수준 1	상대가 말과 행동으로 표현한 상대의 감정에 주의를 기울이지 않고 상대의 말이나 행동 그 자체에 대해 자신의 의견이나 감정을 나타내는 수준
수준 2	상대가 말과 행동을 통해 전달하려는 일과 내용은 알았으나 상대의 중요한 감정은 모르는 수준
수준 3	상대가 표현한 내용뿐 아니라 상대의 감정을 알아서 내가 말해 주므로 상대와 마음이 통하는 수준
수준 4	상대가 표현한 것보다 상대의 더 깊은 마음속의 감정을 내가 말해주는 수준, 상대는 나와 함께 이야기하기를 좋아하게 된다.
수준 5	상대방이 느낀 감정의 의미를 정확하게 말해 주는 수준으로 상대가 발전하려고 노력하는 마음, 즉 적극적인 성장 동기(심리적 성장 동기는 사랑과 인정의 욕구, 소속의 욕구, 자아실현의 욕구가 있다.)까지도 이해하며 표현해 주는 수준

1) 기본수준의 공감 연습하기

기본주순의 공감적 표현은 상대방의 말속에 표현된 느낌, 감정, 동기, 행동을 있는 그대로 잘 드러내 주는 말이다. 상대방이 전하는 말을 잘 듣고 이에 응답하는 표현이다. 기본주순의 공감에서는 명령, 지시, 설득, 당부, 충고, 조언, 해결책 제시 등을 할 필요가 없다.

① 엄마, 성적표 나왔어요. 성적이 너무 떨어졌어요.

- 이걸 성적이라고 받아 왔니?
- 그래도 양심은 있나 보네.
- 열심히 했는데 성적이 떨어져 많이 속상하겠구나.

② 엄만 왜 맨 날 나만 혼내세요. 잘못은 동생들이 했는데.

- 이 녀석이 엄마한테 대들고 말대꾸까지 하네.
- 네가 맏이니까 대표로 혼나는 건데. 그게 그렇게 억울하니?
- 동생들이 잘못한 것도 네가 야단을 맞으니 억울하고 분하겠네.

③ 선생님, 저를 혼내시는 건 괜찮은데 부모님 험담은 하지 말아 주세요.

- ______
- ______
- ______

④ 영희야, 왜 항상 내가 먼저 연락해야 하니? 네가 먼저 연락하는 경우는 거의 없는 거 아니?

- ______
- ______
- ______

2) 심화수준의 공감 연습하기

심화수준의 공감 표현은 상대방의 말 속에 감춰진 소망과 바람, 욕구 등을 끄집어내는 말이다. 말로 표현되지는 않았지만 상대방이 간절히 원하는 것을 짚어내는 것이다. 말을 하기 전 원래 마음에 있었을 법한 내용을 드러내는 것이다. 대개 심화수준의 공감은 긍정적인 언어로 표현된다.

① 엄마, 잔소리 좀 그만하세요. 내가 다 알아서 한다니까요.

- 잔소리를 들으니까 기분이 나쁜가 보네?
- 너 하는 거 보면 내가 잔소리를 안 할 수 있겠니?
- 네가 알아서 하도록 믿고 기다려주면 잘 할 수 있다는 말이지?

② 학교 그만두고 검정고시 공부할래요. 학교에서는 배울 필요 없는 것들이 너무 많아요. 시간 낭비예요.

- 학교는 다니고 싶다고 다니고, 다니기 싫다고 안다니는 곳이 아니야.
- 검정고시 공부는 혼자 잘 할 것 같니? 그래도 친구들과 공부하는 것이 더 나아.
- 학교 그만두고 검정고시로 공부하면 효율적이라고 생각하는구나.

③ 선생님. 과제가 너무 많아요. 과제를 조금만 내 주세요.

- ____________________
- ____________________
- ____________________

④ 선생님, 조별활동이 너무 힘들어요. 하는 사람만 하고 안하는 사람은 그냥 얹혀 가잖아요.

- ____________________
- ____________________
- ____________________

제2절
감정이입

1. 감정이입이란?

감정이입(empathy)은 다른 사람의 관점을 재현하는 능력이며, 세상을 다른 사람의 관점으로 경험하는 능력이다. 아마도 다른 사람의 입장을 완벽하게 경험하는 것은 불가능할 것이다. 그러나 충분한 노력이 있다면 우리는 타인이 세상을 어떻게 보는지 이해할 수 있다.

감정이입은 세 개의 차원을 가지고 있는데,

첫째 차원은 조망수용으로, 다른 사람의 관점을 취해보려는 시도이다. 이것은 판단 정지를 요구한다. 그래야 그 순간 자신의 의견을 제쳐두고 다른 사람을 이해하기 위해 노력한다.

둘째 차원은 정서적 차원으로, 공포, 즐거움, 슬픔 등 다른 사람의 감정을 우리가 좀 더 가까이서 경험하도록 도와준다.

세 번째 차원은 다른 사람의 안녕에 대한 진정한 관심이다. 감정이입할 때, 우리는 다른 사람이 하는 것처럼 생각하거나 느끼는 것 그 이상을 한다. 우리는 진심으로 그들의 안녕에 마음을 쏟는다.

2. 감정이입과 공감의 차이점

감정이입은 공감(sympathy)과 혼동하기 쉽지만, 두 개념은 서로 다르다. 공감은 다른 사람의 상황을 우리의 관점으로 보는 것이다. 감정이입은 다른 사람의 상황을 타인의 관점으로 보는 것이다. 미혼모와 노숙자에게 감정이입하거나 공감하는 것 사이에는 차이가 있다.

그들에게 공감을 한다는 것은 그들의 혼란, 기쁨 혹은 고통을 함께 한다는 것이다. 감정이입한다는 것은 누군가에 대하여 마음 아파하거나 기분 좋아하는 것과는 다르다. 감정이입은 상대방과의 의견 일치를 요구하지 않는다. 까다로운 친척이나 무례한 낯선 사람의 행동은 인정하지 않지만 그들을 감정이입할 수는 있다. 궁극적으로 우리는 자신을 다른 사람의 입장에 둠으로써 그들의 세계를 더 잘 이해할 수 있다.

제3절

소통과 공감의 의사소통

1. 소통과 공감의 개념

요즘 시대에 가장 많이 사용되는 단어 중에 하나가 소통이라 할 수 있다. 정치권에서는 국민과의 소통을, 노년층은 젊은 세대와의 소통을 필요로 한다. 소통이라는 단어는 커뮤니케이션(communication)으로 '함께'라는 뜻을 가진 'comm'과 '하나'라는 뜻을 가진 'uni'가 합쳐진 말이다. 함께하고 하나가 되자는 의미라 할 수 있다.

한자어 疏通(소통)은 트일 소(疏) 통할 통(通)자이다. 이것은 탁 트인 마음으로 물이 흐르듯이 서로의 마음이 흐르도록 하자는 뜻이다. 그리고 '뜻이 서로 통하여 오해가 없음'의 의미도 담고 있다. 소통의 반대말은 꽉 막혀서 아무것도 흐르지 않는다는 의미의 不通(불통)이니 소통과 대조를 이룬다.

2. 소통과 공감의 필요성

우리가 처한 곳곳에서 생각과 마음, 감정이 통하는 것이야말로 최고의 행복이 아닐까 하는 소통에 목마른 시대이다. 그만큼 소통을 향한 갈망 또한 간절하다. 사람을 향한 따뜻한 지식, 대안 없는 비판이 아닌 방향성을 제시할 수 있는 사회를 원한다.

소통은 우리가 생존하고 우리의 존재를 확인하기 위하여 세계와 접속하는 것이다. 소통은 어렵지만 우리는 소통을 해야만 한다. 왜? 소통을 하지 않으면 함께하기 어렵기 때문이다. 소통이 잘된다는 것은 두 사람의 공통 영역이 많아서 서로가 서로를 잘 안다는 얘기다. 우리는 소통을 통하여 서로를 이해하고 공감할 수 있다.

3. 소통망(네트워크)

요즘은 SNS(Social Network System)을 소통의 장으로 많이 활용하고 있다. SNS를 하지 않는 사람은 시대에 뒤떨어지거나 소통이 되지 않는 사람으로 간주될 정도로 많이 활용되고 있다. 인터넷 블로그나 카페는 물론 페이스북과 트위터도 중요한 소통 수단이라 할 수 있다. 일대일 소통이든, 공개적 소통이든 우리는 자신의 생각을 표현하고 자신의 상태를 알림으로 세상과 소통을 하는 것이다.

4. 소통과 공감의 신체언어(body language)

WORKSHEET

- 즐겨보는 영화나 드라마 속 등장인물의 특징적인 동작언어를 찾아보고 분석해 보자.

5. 소통과 공감의 장애 요인

- 의사소통 기법의 미숙
- 선입견과 고정관념
- 내적 갈등
- 평가적이고 판단적인 태도
- 다른 직무에의 압박
- 과거의 경험
- 방어적인 태도
- 잠재적 의도
- 자기 노출에 대한 두려움
- '지금 여기'의 의미가 결여됨
- 표현 능력의 부족
- 이해 능력의 부족

읽을거리 상처 실험

미국의 한 대학 연구진은 상처를 주제로 심리 실험을 했다.

그들은 참가자들에게 신체, 특히 얼굴에 큰 상처가 있는 이를 만날 때의 반응을 알아본다고 설명했다. 전문가들은 참가자 왼쪽 얼굴에 끔찍한 상처를 그린 뒤 거울로 확인하게 했다. 그 후 상처가 지워지지 않게 파우더를 바르겠다고 하면서 몰래 지웠다.

그 사실을 알 리 없는 참가자들은 자신의 상처를 본 사람들의 반응을 살피는데 열을 올렸다. 실험을 마친 참가자들은 비슷한 대답을 내놓았다. 사람들이 예전보다 자신에게 무례하고 불친절했으며 모두가 얼굴을 뚫어져라 쳐다본다고 말했다. 얼굴은 예전과 같았지만 참가자들은 자신감을 잃거나 오해했다. 자아에 대한 잘못된 인식이 판단에 영향을 미쳤기 때문이다.

출처 : 월간 『좋은 생각』

학 / 습 / 평 / 가

01. 공감과 관련이 없는 것은 무엇인가?

① 공감은 상대방의 정보를 온전히 들어주는 것이다.
② 공감은 상대의 감정을 알아주는 것이다.
③ 공감은 상대의 감정을 추측하는 것이다.
④ 공감은 상대의 의도와 요구를 알아주는 것이다.

02. 공감의 수준과 내용이 일치하지 않는 것을 고르시오.

① 수준 1 : 상대의 말이나 행동 그 자체에 대한 자신의 의견이나 감정을 나타내는 수준
② 수준 2 : 상대가 전달하려는 일과 내용은 알았으나, 상대의 중요한 감정은 모르는 수준
③ 수준 4 : 상대가 표현한 것보다 상대의 더 깊은 마음속의 감정을 내가 말해주는 수준
④ 수준 5 : 상대가 표현한 내용뿐 아니라 상대의 감정을 알아서 내가 말해 주므로 상대와 마음이 통하는 수준

03. 감정이입의 세 가지 차원이 아닌 것을 고르시오.

① 첫째 차원은 조망 수용으로, 다름 사람의 관점을 취해보려는 시도이다.
② 둘째 차원은 정서적 차원으로 다른 사람의 감정을 가까이에서 경험하도록 도와준다.
③ 셋째 차원은 다른 사람의 안녕에 대한 진정한 관심이다.
④ 넷째 차원은 다른 사람의 의도를 정확하게 파악했다는 확신이다.

04. 소통과 공감의 장애 요인에는 무엇이 있는지 쓰시오.

___

___

___

CHAPTER

07

경청의 이해

일반목표

경청의 개념과 중요성을 확인하고, 업무 수행 상황 및 대상에 따라 실천할 수 있는 능력을 기를 수 있다.

세부목표

1. 경청의 개념과 중요성을 설명할 수 있다.
2. 올바른 경청을 방해하는 요인을 설명할 수 있다.
3. 효과적인 경청 방법을 설명할 수 있다.
4. 경청훈련을 통하여 올바른 경청방법을 실천할 수 있다.

제1절

경청의 개념

생각해 보기

L씨는 팀원 3명과 함께 팀 프로젝트를 수행하고 있다. 하지만 매번 서로 의견이 충돌되는 경우가 많이 발생되고, 서로의 의견을 제시하는데 급급하여 시간만 낭비한 채 이야기를 마치곤 한다. 특히, L씨는 자신의 의견을 전달하는 것만 중요시 하고, 상대방의 의견을 신중하게 들어보려고 하지 않는다. 무엇이 문제인지 생각해보자.

“말을 배우는 데는 2년이 걸리지만, 침묵을 배우는 데는 60년이 걸린다. 경청은 백 마디 말보다 강하다!”라고 S그룹의 이건희 회장은 경청의 중요성을 강조하고 있다. 하지만, 사람들은 의사소통을 하는데 있어서, 자신의 의견을 말하는 것을 우선으로 생각하여 제대로 된 의사소통이 이루어지기 어려운 경우가 많다.

1. 경청이란?

남이 하는 이야기를 건성으로 듣거나 대강 듣거나 적당히 듣는 것은 대화를 잘 하고 있다고 할 수 없다. 똑바로 듣고 정확히 듣고 철저히 들어야만 청자는 제 역할을 다하는 것이다. 정보를 듣고 아이디어를 듣고 지혜를 듣고 지식과 상식을 듣고 뉴스를 듣고 남의 일화를 들음으로써 우리는 더 넓은 지식을 쌓을 수 있다.

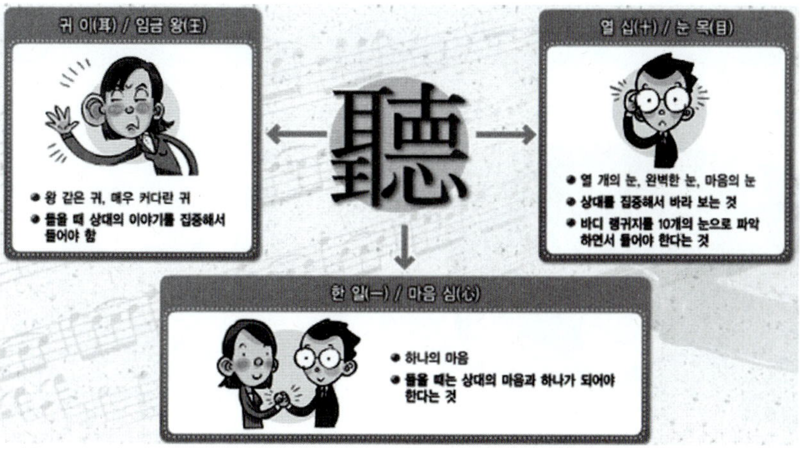

학생은 수업 시간에 선생님 이야기를 잘 들어야 하고, 비즈니스맨은 거래처의 이야기를 귀담아들어야 하며, 외교관은 주재국 당사자들의 이야기를 주의 깊게 경청하여야 한다. 맡은 바 임무를 착실히 수행하려면 무엇보다 우선 현장의 소리를 성실하게 듣고 대책을 강구하는 것이 좋은 방법이라 할 수 있다.

이와 같이 경청이란 다른 사람의 말을 주의 깊게 들으며, 공감하는 능력이다. 경청은 대화의 과정에서 신뢰를 쌓을 수 있는 최고의 방법이다. 우리가 경청하면 상대는 안도감을 느끼고, 무의식적인 믿음을 갖게 된다. 그리고 반대로 당신이 말을 할 때, 상대는 자신도 모르게 더 집중하게 된다. 이런 심리적 효과로 인해 우리의 말과 메시지, 감정은 더욱 효과적으로 상대에게 전달된다. 우리가 경청하는 만큼 상대방은 우리의 말을 경청할 수밖에 없는 것이다. 자기 말을 경청해 주는 사람을 싫어하는 사람은 세상에 존재하지 않기 때문이다.

• **경청에 대해 정의해보고, 우리나라 속담, 격언, 사자 성어에서 경청을 의미하는 말을 찾아보자.**

사 례 **5대그룹 임원이 되려면…**

삼성, 현대차, SK, LG, 롯데 등 5대 그룹의 인사 관련 임원을 취재하면서 공통적으로 질문한 것이 있다. 공통적인 대답은 바로 "경청하고, 경청하라"였다.

SK도 경청의 중요성에 대해 일찍부터 인식하고 임원들이 이를 실행하도록 하고 있다. SK는 파격적인 인사를 통해 이를 실천한다. SK가 여러 가지 새로운 사업을 벌이고 있는 때, 필요한 인력을 선입관 없이 적기에 공급하자면 경청하는 임원이 인사부서에 있어야 함을 뜻한다.

삼성은 지난해 '부하들의 마음을 관리하는 법'이란 사례집을 만들어 돌렸다. 사례집에 따르면 훌륭한 상사는 부하 직원의 생일이나 입사 기념일에 메시지를 보내는 등 1대 1 관리에 능하다고 한다. 심지어 어떤 상사는 외국 출장길에도 생일을 맞은 후배에게 메시지를 보내 감동의 물결을 일으켰다는 것. 또 부하들을 면담할 때 이들로부터 들은 장래희망이나 지금 고민하고 있는 것을 꼼꼼히 적어 생각날 때마다 어떻게 되고 있는지 물어 보기도 한다.

2. 경청의 중요성

성공한 많은 사람들이 경청의 중요성에 대하여 강조하고 있다.

스티븐 코비의 『성공하는 사람의 7가지 습관』과 『성공하는 사람의 8번째 습관』

"성공하는 사람과 그렇지 못한 사람의 대화 습관에는 뚜렷한 차이가 있다. 그 차이점이 무엇인지 단 하나만 꼽으라고 한다면, 나는 주저 없이 "경청하는 습관"을 들 것이다.

우리는 지금껏 말하기, 읽기, 쓰기에만 골몰해 왔다. 하지만 정작 우리의 감성을 지배하는 것은 '귀'다. 경청이 얼마나 주요한 능력인지, 그리고 우리가 어떻게 경청의 힘을 획득할 수 있는지 알아야 한다."

피터 드러커

"내가 만일 경청의 습관을 갖지 못했다면, 나는 그 누구도 설득하지 못했을 것이다."

톰 피터스의 『초우량기업의 조건』과 『미래를 경영하라』

"20세기가 말하는 자의 시대였다면, 21세기는 경청하는 리더의 시대가 될 것이다. 경청의 힘은 신비롭기까지 하다. 말하지 않아도, 아니 말하는 것보다 더 매혹적으로 사람의 마음을 사로잡기 때문이다."

스콧 맥닐리, 선마이크로시스템의 창업자이자 CEO

"선마이크로시스템에서 주는 월급의 40퍼센트는 경청의 대가이다."

조엘 막스, 코비전 미디어 부회장

"커뮤니케이션을 지배하는 진정한 힘은 입이 아니라 귀에서 나온다. 이제 리더라면 누구나 자신의 책상 앞에 이런 문구를 붙여야 할 것이다. "경청하라!"

김제동, 방송인

"여자의 마음을 사로잡기 위한 가장 좋은 방법은 무조건 여자의 뒷말을 따라 하는 것이다."

3. 올바른 경청방법

의사소통은 내가 상대방에게 메시지를 전달하는 과정이 아니라 상대방과의 상호작용을 통해 메시지를 다루는 과정이다. 따라서 성공적인 의사소통을 위해서는 내가 가진 정보를 상대방이 이해하기 쉽게 표현하는 것도 중요하지만, 상대방이 어떻게 받아들일 것인가에 대한 고려가 바탕이 되어야 한다. 즉, 의사소통을 하기 위한 기본적인 자세는 경청하는 일이다.

경청을 함으로써, 상대방을 한 개인으로 존중하게 된다. 이는 상대방을 인간적으로 존중함은 물론 그의 감정, 사고, 행동을 평가하거나 비판 또는 판단하지 않고 있는 그대로 받아들이는 태도이다.

경청을 함으로써, 상대방을 성실한 마음으로 대하게 된다. 이는 상대방과의 관계에서 느낀 감정과 생각 등을 긍정적이든 부정적이든 솔직하고 성실하게 표현하는 태도를 말한다. 이러한 감정의 표현은 상대방과의 솔직한 의사 및 감정의 교류를 가능하도록 도와주기 때문이다.

경청을 함으로써, 상대방의 입장에 공감하며 이해하게 된다. 이는 자신의 생각이나 느낌, 가치, 도덕관 등의 선입견이나 편견을 가지고 상대방을 이해하려 하지 않고, 상대방으로 하여금 자신이 이해받고 있다는 느낌을 갖도록 하는 것이다.

- 혼자서 대화를 독점하지 않는다.
- 상대방의 말을 가로채지 않는다.
- 이야기를 가로막지 않는다.
- 의견이 다르더라도 일단 수용한다.
- 말하는 순서를 지킨다.
- 논쟁에서는 먼저 상대방의 주장을 들어준다.
- 시선(Eye-Contact)을 한다.
- 귀로만 듣지 말고 오감을 동원해 적극적으로 경청한다.

제2절

올바른 경청의 방해요인

직장인들은 매일 수많은 의사소통 과정 속에서 업무를 처리한다. 하지만 종종 자신의 의견을 전달하는 데만 급급하여, 상대방의 의견을 제대로 듣지 않거나, 자신의 말만 하는 등 제대로 경청하는 법을 알지 못한다. 올바른 경청을 방해하는 요인을 알아보자.

사 례 **사오정의 면접 상황**

사업에 실패한 후 다시 백수가 된 사오정은 생존을 위해서 미스터 손과 함께 면접시험을 보러 갔다.

면접관 : "자네는 우리나라 축구 선수 중에서 누가 가장 뛰어나다고 생각하는가?"

미스터 손 : "네! 예전에는 차범근이었는데 지금은 박지성 선수입니다."

면접관 : "이순신 장군은 어느 시대 사람인가"

미스터 손 : "조선 시대입니다."

면접관 : "자네는 이 세상에 유에프오가 있다고 생각하는가"

미스터 손 : "많은 사람들은 그렇다고 하는데, 저는 확실한 근거가 없어서 단정적으로 말할 수 없습니다."

친절하게도 미스터 손은 면접을 마치고 나온 후 자기가 대답한 것을 적어서 사오정에게 주었고, 사오정은 그것을 달달 외웠다.

면접관 : "자네 이름은 뭔가"

사오정 : "네! 예전엔 차범근이었는데, 지금은 박지성입니다."

면접관 : "음, 자네는 언제 태어났나?"

사오정 : "조선 시대입니다."

면접관 : "으음~~ 자네는 자신이 바보라고 생각하지 않나"

사오정 : "남들은 그렇다고 하는데, 저는 확실한 근거가 없어서 단정적으로 말할 수 없습니다."

WORKSHEET 사례 읽고 토론하기

"사오정의 면접상황" 사례에서는 상대방의 이야기를 주의 깊게 듣는 경청의 중요성을 보여주고 있다. 자신의 경청하는 습관을 체크해보고, 구체적인 상황을 작성해보자. 또한 올바른 경청을 하기 위해서 어떠한 노력을 하고 있는지 작성해 보자.

◉ 나는 어려운 이야기는 흘려듣는 경향이 있다.

◉ 나는 반쯤 듣고 지레 짐작하는 경향이 있다.

◉ 나는 이야기하는 사람의 외모에 관심을 갖는 경향이 있다.

◉ 나는 잡음에 신경 쓰는 경향이 있다.

◉ 올바른 경청을 위해 노력할 점

직장생활에서 회의를 하는 도중에 상사와 얼굴을 마주쳤을 때, 상사가 "아무개 씨, 자네 생각은 어떤가?"하고 질문을 던진다. 그러면 당자는 얼굴에 냉수를 끼얹은 것처럼 정신이 번쩍 들어 한눈 판 것을 감추기라도 하듯이, "네, 저도 그 생각에 찬성합니다." 하며 종잡을 수 없는 응답을 한다.

이와 같은 상황처럼 올바른 경청을 하는데 있어서 방해가 되는 것은 무엇인지 열 가지 나쁜 습관을 제시하고자 한다.

1) 짐작하기

상대방의 말을 듣고 받아들이기보다 자신의 생각에 들어맞는 단서들을 찾아 자신의 생각을 확인하는 것을 말한다. 짐작하고 넘겨짚으려 하는 사람들은 상대방의 목소리 톤이나 얼굴 표정, 자세 등을 지나치게 중요하게 생각한다. 이들은 상대방이 하는 말의 내용은 무시하고 자신의 생각이 옳다는 것만 확인하려 한다. 남자친구가 "다른 사람보다 젊어 보여"라고 말하면, 여자친구는 남자친구의 표정이나 말투 등을 자세히 살펴보면서 '속으로는 내가 너무 나이들어 보여서 매력이 없다고 생각하겠지'라고 생각하거나 심한 경우에는 '다른 여자와 사귀는 것은 아닌가?'라고까지 지레 짐작한다.

2) 대답할 말 준비하기

상대방의 말을 듣고 곧 자신이 다음에 할 말을 생각하는데 집중해 상대방이 말하는 것을 잘 듣지 않는 것을 말한다. 결국 자기 생각에 빠져서 상대방의 말에 제대로 반응할 수가 없게 된다.

3) 걸러내기

상대의 말을 듣기는 하지만 상대방의 메시지를 온전하게 듣는 것이 아닌 경우이다. 상대방이 분노나 슬픔, 불안에 대해 말하는 것을 들어도 그러한 감정을 인정하고 싶지 않다거나 회피하고 싶다거나 무시하고 싶을 때 자기도 모르는 사이에 상대방이 아무 문제도 없다고 생각해버린다. 걸러내기는 듣고 싶지 않는 것들을 막아버리는 것을 말한다.

4) 판단하기

상대방에 대한 부정적인 판단 때문에, 또는 상대방을 비판하기 위해 상대방의 말을 듣지 않는 것을 말한다. 당신이 상대방을 어리석다거나 고집이 세다거나 이기적이라고 생각한다면, 당신은 경청하기를 그만두거나 듣는다고 해도 상대방이 이렇다는 증거를 찾기 위해서만 귀를 기울일 것이다.

5) 다른 생각하기

상대방에게 관심을 기울이는 것이 점차 더 힘들어지고 상대방이 말을 할 때 자꾸 다른 생각을 하게 된다면, 이는 이러한 상황을 회피하고 있다는 위험한 신호이다.

예를 들어 남편은 최근 아내가 수강하는 취미클럽 활동에 대해 말할 때마다 다른 생각을 하였다. 사실 그는 아내가 취미 활동을 하는 것에 대해 못마땅하게 생각하고 있었기 때문에 부인이 신나서 이야기할 때마다 다른 생각을 하면서 자신의 감정을 드러내지 않았던 것이다. 그러나 이렇게 표현하지 못하는 부정적인 감정이 밑바닥에 깔려 있어 시도 때도 없이 고개를 내밀기 때문에 상대방은 오해받고 공격받는다는 느낌을 갖게 된다.

6) 조언하기

어떤 사람들은 지나치게 다른 사람의 문제를 본인이 해결해 주고자 한다. 당신이 말끝마다 조언하려고 끼어들면 상대방은 제대로 말을 끝맺을 수 없다. 올바른 해결책을 찾고 모든 것을 제대로 고치려는 당신의 욕구 때문에 마음을 털어놓고 이야기하고 싶은 상대방의 소박한 바람이 좌절되고 만다. 이야기를 들어주기만 해도 상대방은 스스로 자기의 생각을 명료화하고 그 사이에 해결책이 저절로 떠오르게 된다.

"당신은 윗사람 다루는 기술이 필요해요. 당신 성격에도 문제가 있어요. 당신 자신을 개조하기 위해 성격 개선 프로그램을 신청해서 참여해 봐요."라고 지체 없이 퍼붓게 되면 상대방이 진실로 원했던 것, 즉 서로 공감하고 잠시 위로받고 싶었던 욕구가 좌절된다. 이러한 대화가 매번 반복된다면 상대방은 무시당하고 이해받지 못한다고 느끼게 되어 다른 사람에게 마음의 문을 닫아버리게 된다.

7) 언쟁하기

언쟁은 단지 논쟁하기 위해서만 상대방의 말에 귀를 기울이는 것이다. 상대방이 무슨 말을 하든 자신의 입장을 확고히 한 채 방어한다. 언쟁은 상호 문제가 있는 관계에서 드러나는 전형적인 의사소통 패턴이다.

이런 관계에서는 상대방의 생각을 전혀 들을 생각이 없기 때문에 어떤 이야기를 해도 듣지 않게 된다. 상대방이 무슨 주제를 꺼내든지 설명하는 것을 무시하고 상대방의 생각과는 다른 자신의 생각을 장황하게 자기 논리대로 늘어놓는다. 지나치게 논쟁적인 사람은 상대방의 말을 경청할 수 없다.

8) 자존심 세우기

자존심이 강한 사람은 자존심에 관한 것을 전부 막아버리려 하기 때문에 자신의 부족한 점에 대한 상대방의 말을 들을 수 없게 된다. 당신은 자신이 잘못했다는 말을 받아들이지 않기 위해 거짓말을 하고, 고함을 지르고, 주제를 바꾸고, 변명을 하게 된다.

9) 슬쩍 넘어가기

대화가 너무 사적이거나 위협적이면 주제를 바꾸거나 농담으로 넘기려 한다. 문제를 회피하려 하거나 상대방의 부정적 감정을 회피하기 위해서 유머를 사용하거나 초점을 잘못 맞추게 되면 상대방의 진정한 고민을 놓치게 된다.

10) 비위 맞추기

상대방을 위로하기 위해서 혹은 비위를 맞추기 위해서 너무 빨리 동의하는 것을 말한다. 그 의도는 좋지만 상대방이 걱정이나 불안을 말하자마자 "그래요, 당신 말이 맞아", "미안해, 앞으로는 안 할 거야"라고 말하면 지지하고 동의하는데 너무 치중함으로써 상대방에게 자신의 생각이나 감정을 충분히 표현할 시간을 주지 못하게 된다.

제3절

효과적인 경청방법

고객만족센터에서 고객 불만 해소의 일인자로 불리는 M씨는 고객의 불만을 차근차근 들어줄 뿐만 아니라, 고객의 입장에서 공감해주는 능력이 있다. 많은 고객들은 M씨와 대화를 하고 나면 처음에 갖고 있던 불만이 많이 줄어들게 된다. 그렇다면 M씨는 고객과의 대화 시 어떤 면에 중점을 두고 있는 것일까?

직장생활에서 만나게 되는 고객들은 자신의 말에 귀를 기울여주고, 공감해주는 것만으로도 그 직원에 대해 만족감을 느낄 것이다. 직장인들은 직장 내에서 고객만족을 실현하는 것이 최대 목표 중의 하나이며, 궁극적으로 고객만족은 직원들의 성과로 이어질 것이다.

1. 좋은 경청이란?

사 례 **불친절한 말투에 고객의 말 자르기까지**

일단 앵무새처럼 미안하다고 반복한다? 전화 상담원이 할 수 있는 말은 그리 많지 않다. 불만을 처리할 때에는 상담원이 처리할 수 있는 부분에 명확한 한계가 있기 때문이다. 할 말이 없다고 해서 미안하다는 말만 계속하는 것은 고객에게 더욱 무책임하게 들린다.

고객의 말을 자르는 것은 절대 금물이다. 고객의 문제를 파악했다고 해서 중간에 말을 잘라서는 안 된다. 특히 말을 자르고 앞질러 해결책을 제시했는데, 엉뚱한 방안일 수가 있다.

예를 들어, 단순 문의를 하려고 전화한 고객에게 '불만 있으면 처리해주겠다'는 식으로 응대해서 일을 그르치는 사례가 종종 발생한다.

이 상황에서는 '공감적 경청'이 가장 중요하다. "아, 그러셨군요. 불편하셨겠네요."의 고객의 감정에 동의하는 말 등을 가끔씩 덧붙여 주어야 전화를 하는 고객이 안심할 수 있다는 것이다. 또 불만사항은 미안하다고 한 후에, 정책에 반영하여 시정할 수 있도록 하겠다는 식의 처방을 제시하는 것이 좋다. 보이지 않는고객에게도 최대한 호응하는 태도를 보이고, 말로만이 아니라 그 의견을 진심으로 반영하겠다는 신뢰를 보여주는 것이 무엇보다 중요하다.

출처: http://blog.naver.com/eob

WORKSHEET 느낌 작성하기

대화를 할 때 나의 의견에 대해 상대방이 다음과 같은 반응을 보일 때 어떠한 느낌이 드는지 작성해보자.

상황	예	느낌 작성
• 상대방의 흠을 잡는 단어를 쓴다.	"순전히 노력 부족이야, 어린애 같은 유치한 행동이야. 전혀 도움이 되지 않아. 도대체가 생각이 없어. 머리를 써라. 도대체 제대로 하는 게 없어" 등	
• 상대방의 행동 자체가 아니라 인간성에 초점을 맞춘다.	"어리석다. 미쳤다. 이기적이다. 게으르다. 쓸모없다. 너는 구제 불능이야. 돌대가리. 병신. 바보. 멍청이" 등	
• 비난하고 판단하는 식으로 말한다.	"당신은 꼭 늦게 들어와 저녁 시간을 망치는 군요"	
• 과거의 일을 들춘다.	"예전에 그 때도 지금처럼 너 혼자만을 생각했잖아. 항상 그래"	
• 부정적인 비교를 한다.	"너는 누구를 닮았나? 피는 못 속여" 등	
• 위협을 한다.	"당신이 잘못했으니까 내가 당신을 처벌할거야."	
• 감정으로 공격 한다.	목소리가 커지고 비꼬기도 하고 차갑게 적대적인 억양으로 "그럼 그렇지"	
• 폐쇄적이고 배타적인 신체 언어를 사용한다.	눈도 쳐다보지 않고, 듣는 동안 한눈 팔며, 팔짱을 끼고 있고, 뒤에 물러서 있다.	
• 의사를 표현할 때, 전체적으로 전달하지 않고, 일부만 이야기 한다.	"당신은 일하는데 너무 많은 시간을 보내는 것 같아요" 라고 말할 때 아내는 남편의 건강을 염려하는 것인데, 남편은 아내가 함께 있어주지 않는 것에 대한 불만을 표시 하는 것이라 오해하여 아내가 자신의 입장을 이해 못한다고 짜증을 부리게 된다.	
• 분명하게 말 하지 않는다.	"당신은 언제나 그렇듯이 말이 없군요." 하는 대신 "당신 오늘도 말이 별로 없군요. 나한테 관심이 없나보다 생각이 돼서 속상해요. 당신이 무슨 생각을 하고 있는지 말을 해주었으면 좋겠어요." "왜 나를 그런 식으로 쳐다봐?" 이것은 실제로 그 이유가 궁금하다는 것이 아니라 그런 식으로 쳐다보는게 기분 나쁘다는 뜻이다. "당신이 나를 그렇게 쳐다보니까 내가 무엇을 잘못하지는 않았나 하는 불안한 느낌이 들어요." 라고 해야한다.	

대다수의 사람들이 말하고, 읽고, 쓰는 것보다 듣는 데 더 많은 시간을 보내고 있다. 하루 24시간 가운데 45%는 듣는 것에, 30%는 말하는 것에, 16%는 읽는 것에, 9%는 쓰는 것에 사용한다. 또한 대다수의 사람들은 20~25%의 효율성을 가지고 들으며 듣는 내용의 50%는 즉시 잊힌다. 경청에는 '듣다, 관찰하다, 초점을 맞추다. 집중하다, 주의하다. 귀를 기울이다'와 같은 단어들이 포함된다. 즉 경청을 잘한다는 것은 단순히 잘 듣는(hearing) 것만이 아닌 말하는 사람의 생각을 듣는 사람이 잘 이해하고 있다는 의미이다.

사람들은 읽기를 할 때 읽은 내용을 이해하기 위해서 필요한 만큼 몇 번이고 단어들을 반복하게 된다. 그러나 듣기를 할 때는 들은 내용을 이해하기 위해 다시 들을 수 없다. 그러므로 효율적으로 들어야 하는데 이것은 적극적인 수행을 요구한다.

경청을 하는 사람은 화자에게 듣기를 원해야 하고, 화자가 발표하는 내용은 경청자에게 중요한 지식이라고 믿어야 한다. 즉, 경청자는 화자가 발표하는 것에 항상 동의하는 것은 아니지만 충분히 이해하도록 하기 위해 항상 마음을 열어두고 있어야 한다. 좋은 경청은 화자와 상호작용하고, 말한 내용에 관해 생각하고, 무엇을 말할지 기대하는 것을 의미하기 때문에 경청자는 자신이 들은 내용을 정신적으로 요약해야 한다. 그러므로 좋은 경청자가 되기를 원한다면 화자에게 집중할 수 있는 자기 트레이닝이 필요하다.

2. 효과적인 경청방법

듣는 방법에는 '귀로 듣다'와 '귀를 기울이다'가 있지만, 경청은 '귀를 기울이다'의 의미로써 관심을 가지고 상대방의 말을 듣는 것이고, 상대방의 생각과 감정을 상대방의 입장에 서서 이해하는 것을 말한다. 단어에서 뜻하는 것처럼 진실한 감정과 태도를 전하는 것은 어렵다. 그러나 경청함으로써 상대방의 심정과 감정, 태도를 전달받는 것이 가능하고, 그 과정에서 자신의 생각과 느낌도 상대방이 이해하려고 노력하게 된다.

적극적 경청의 태도에는 상대가 무엇을 느끼고 있는가를 상대의 입장에서 받아들이는 공감적 이해가 중요하고, 자신이 가지고 있는 고정관념을 버리고 상대의 태도를 받아들이는 수용의 정신, 자신의 감정을 솔직하게 전하고 상대를 속이지 않는 성실한 태도가 필수적이다.

적극적 경청을 위해서는

- 비판적·충고적인 태도를 버리고,
- 상대방이 말하는 의미를 이해하고,
- 단어 이외의 보여 지는 표현에도 신경을 쓰며,
- 상대방이 말하는 동안 경청하고 있다는 것을 표현하며,
- 대화 시 흥분하지 않는다.

적극적 경청은 의사소통에 있어 기본이 되는 태도이므로 관리·감독자를 대상으로 대인 능력 향상 프로그램으로 채택되는 일이 많다.

3. 경청의 올바른 자세

상대방과 의사소통을 하거나 많은 사람 앞에서 프레젠테이션을 할 때 이용하도록 정보를 갖추기 위해서 많은 내용을 듣고 이해하는 것은 중요한 것이다. 다음에 소개하는 기법은 적극적인 경청자가 되기 위해서 필요한 것들이다.

- **준비한다** : 수업시간이나 강연에 참가하면 수업계획서나 강의계획서를 나누어준다. 이 때 올바른 경청을 하려면 강의의 주제나 강의에 등장하는 용어에 친숙하도록 하기 위해 미리 읽어 두어야 한다.
- **주의 집중한다** : 말하는 사람의 모든 것에 집중해서 적극적으로 들어야 한다. 말하는 사람의 속도와 말을 이해하는 속도 사이에 발생하는 간격을 메우는 방법을 학습해야 한다.
- **예측한다** : 대화를 하는 동안 시간 간격이 있으면, 다음에 무엇을 말할 것인가를 추측하려고 노력한다. 이러한 추측은 주의를 집중하여 듣는데 도움이 된다.
- **나와 관련짓는다** : 상대방이 전달하려는 메시지가 무엇인가를 생각해보고 자신의 삶, 목적, 경험과 관련시켜 본다. 자신의 관심이라는 측면에서 메시지를 이해하면 주의를 집중하는데 도움이 될 것이다.
- **질문한다** : 질문에 대한 답이 즉각적으로 이루어질 수 없다고 하더라도 질문을 하려고 하면 경청하는데 적극적이 되고 집중력이 높아진다.

- **요약한다** : 대화 도중에 주기적으로 대화의 내용을 요약하면 상대방이 전달하려는 메시지를 이해하고, 사상과 정보를 예측하는데 도움이 된다.
- **반응한다** : 피드백은 상대방이 말한 것에 대해 당신이 이야기하고, 질문을 던져 이해를 명료화하고 난 다음에 하는 것이다. 피드백은 상대방에 대한 당신의 지각이 옳았는지 확인할 수 있는 기회로서 오해가 있었다면 고칠 수 있도록 해준다. 또한 당신이 하는 피드백은 상대방에게 자신이 정확하게 의사소통을 하였는가에 대한 정보를 제공할 뿐만 아니라,상대방이 당신의 관점을 받아들일 수 있도록 해준다.

제4절

경청훈련

자신이 이야기를 진지하게 들어주는 사람이 있다는 것은 고맙고 기쁜 일인 만큼 상대방에게 호감을 얻기 위한 첫째 조건으로 좋은 청자가 되는 것을 들 수 있다. 그리고 좋은 청자가 되기 위해서는 마음이 편안한 상태로 듣는다거나 듣고 있다는 것을 맞장구로 표현하여 상대가 알도록 한다거나 질문을 활용하는 등으로 평소에 경청훈련을 해 두어야 한다.

대화법을 통한 경청 훈련을 통해서 습득한 대화법은 부부관계에서뿐만 아니라 부모-자녀 관계, 직장 동료와의 대화 등 모든 인간관계에서 그대로 적용될 수 있다.

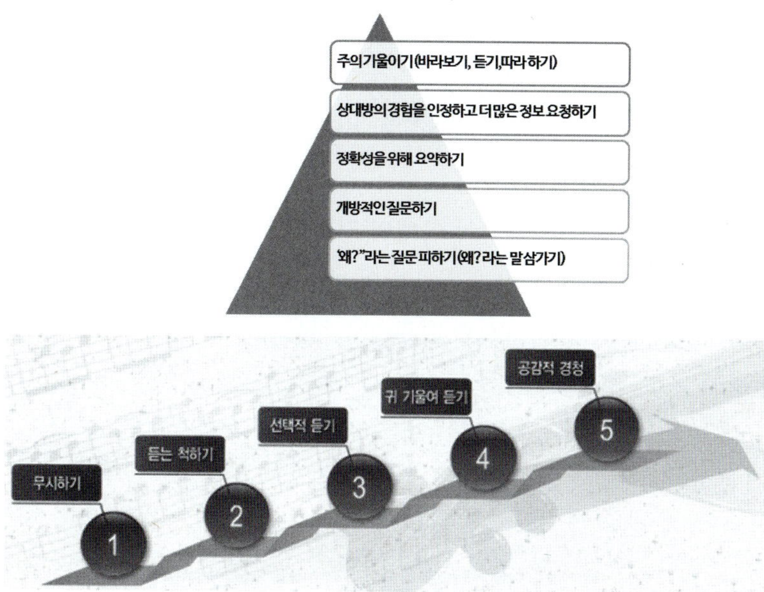

[그림 7-1] 스티븐 코비의 경청훈련 방법

1. 주의 기울이기(바라보기, 듣기, 따라 하기)

상대방의 이야기에 주의를 기울일 때는 몸과 마음을 다하여 들을 수 있어야만 자신의 관심을 상대방에게 충분히 보여주는 것이 된다. 따라서 산만한 행동은 중단하고 비언어적인 것, 즉 상대방의 얼굴과 몸의 움직임뿐만 아니라 호흡하는 자세까지도 주의하여 관찰해야 한다. 또한 상대방이 하는 말의 어조와 억양, 소리의 크기까지도 귀를 기울인다.

2. 상대방의 경험을 인정하고 더 많은 정보 요청하기

다른 사람의 메시지를 인정하는 것은 당신이 그와 함께 하며 그가 인도하는 방향으로 따라가고 있다는 것을 언어적·비언어적인 표현을 통하여 상대방에게 알려주는 반응이다.

아울러 상대방이 말하고 있는 것에 대해 관심과 존경을 보이게 되면, 비록 상대방의 말에 완전히 동의하지 않더라도 상대방의 경험이 무엇인지 알게 된다. 또한 '요청하기'는 부드러운 지시나 진술, 질문의 형태를 취함으로써 상대방이 무엇이든지 당신에게 더 많은 것을 말할 수 있도록 하는 수단이 된다.

3. 정확성을 위해 요약하기

요약하는 기술은 상대방에 대한 자신의 이해의 정확성을 확인하는데 도움이 될 뿐만 아니라, 자신과 상대방을 서로 알게 하며 자신과 상대방의 메시지를 공유할 수 있도록 한다. 예를 들어 상대방의 요점에 대해서 들은 것을 자신의 말로 반복하는 표현과 자신의 요약을 확인 또는 명료화하기 위해 질문하는 표현을 보자.

"당신은 어제 친구와 돈 문제로 언쟁이 있었군요. 그래서 기분이 몹시 상했군요."

"당신은 지금 가사 분담을 제의하였지요? 방법은 아직 결정하지 않았군요. 같이 의논하자는 것인가요?"

4. 개방적인 질문하기

개방적인 질문은 보통 "누가, 무엇을 어디에서, 언제 또는 어떻게"라는 어휘로 시작된다. 이는 단답형의 대답이나 반응보다 상대방의 보다 다양한 생각을 이해하고, 상대방으로부터 보다 많은 정보를 얻기 위한 방법으로서 이로 인하여 서로에 대한 이해의 정도를 높이기 위해서다.

예를 들어 다음과 같은 표현을 사용할 수 있다.

"이번 주말 여행 계획에 대해 말해주겠어요?"
"직장을 옮기는 것에 대해 어떤 생각을 하고 있어요?"

명확하지 않은 정보와 혼돈된 정보를 명확하게 하기 위해서, 인정 또는 사과의 정확성을 검토하기 위해서는 다음과 같은 표현을 사용한다.

"당신, 기운이 없어 보이는군요. 무슨 일이 있어요?"
"당신은 나 때문에 정말 화난 것 같군요. 어떠세요?"

5. '왜?'라는 질문 피하기('왜?'라는 말 삼가기)

'왜'라는 질문은 보통 진술을 가장한 부정적·추궁적·강압적인 표현이므로 사용하지 않는 것이 좋다.

"왜?"
"왜 전화 했어요?"
"당신은 왜 내가 하라는 대로 하지 않지요?"

경청 능력을 높이는 적절한 맞장구

듣기를 잘하는 사람은 맞장구를 잘 치는 사람이다. 적절하게 맞장구를 치면 말하는 사람의 의욕이 북돋아져 이야기에 더욱 열의가 생기게 된다.

구분	표현
치켜 올리듯 가볍게 하는 맞장구	저런! 그렇습니까? 아닙니다. 잘됐습니다. 그렇게 하십시오.
동의하는 맞장구	과연! 정말 그렇겠군요. 알겠습니다.
정리하는 맞장구	말하자면 이런 것입니까? 아 ~, ~ 와 ~ 라는 것이지요?
재촉하는 맞장구	그래서 어떻게 되었습니까?

WORKSHEET 경청연습

맨 앞에 있는 사람은 어제 있었던 일을 1분간 말할 수 있는 내용으로 작성하고 뒷사람에게 전달한다.

↓

순서대로 뒷사람에게 전달한다.

↓

맨 마지막 사람은 들은 내용을 말한다.

↓

맨앞사람의 말과 비교해본다.

- 경청연습을 하고 난 후 나의 생각을 이야기해보자.

- 경청을 더 잘 할 수 있는 방법에 대해 이야기해보자.

WORKSHEET 경청 학습하기

다음은 '잘 듣기'를 배우고 연습하는 프로그램으로써 일명 '앵무새 놀이'라는 것이다. 이제부터 다음의 지시를 충실히 따라 연습해보자.

- 두 사람이 가까이 마주 앉아 한 사람은 부하직원, 한 사람은 상사의 역을 맡는다.
- 먼저 부하 직원의 역할을 맡은 사람이 부하 직원들이 자주 겪을만한 소재로 이야기를 한다.

> "어제 밤에 아이가 아파서 우는 바람에 밤새 잠을 설쳤습니다."
> "그러다 보니 오늘 오후에 너무 피곤해서 잠깐 졸았습니다."
> "그러다가 운 나쁘게 과장님께 걸려서 야단을 맞았어요."
> "자식을 키우다보면 그럴 수도 있는 일인데 이유도 안 물어보고 야단만 치시는 과장님이 원망스러웠습니다."

- 상사 역할을 맡은 사람은 부하 직원 역할을 맡은 사람이 한 말을 듣고 그대로 반복한다.

> "어제 밤에 아이가 아파서 우는 바람에 밤새 잠을 설쳤다고요?"
> "오후에 피곤해서 잠깐 졸았던 모양이군요."
> "그러다가 운 나쁘게 과장님께 걸려서 야단을 맞았단 말이지요?"
> "자식을 키우다보면 누구나 그럴 수 있는 일인데 이유도 안 물어보고 야단만 치시는 과장님이 원망스러웠겠군요."

- 5분간 계속한 후 이번에는 서로 역할을 바꾸어서 연습한다.
- 두 사람이 번갈아가며 '상대방의 말 그대로 반복하기'를 충분히 연습했으면, 이번에는 한 마디 말하고 한 마디 따라 하기가 아니라 마디 수를 늘려서 말하는 사람이 2~5마디를 한 번에 이야기하고, 듣는 사람은 상대방의 이야기를 들은 후 그 말을 약간 요약하여 조금 다른 말로 되돌려 준다.

상대방이 한 말과 내용은 같되 표현만 조금 다르게 하여 대화를 좀 더 자연스럽게 하는 것이다. 그러나 여기에도 듣는 사람의 주관적인 평가나 판단이 개입되게 해서는 결코 안 된다. 이것도 역시 5분간 역할을 서로 번갈아하며 연습한다.

> "어제 밤에 아이가 아파 밤새도록 우는 바람에 잠을 설쳐서 오늘 오후에 좀 졸았던 모양이군요"
> "아이고, 그러다가 운이 나빠서 과장님께 걸렸군요. 아이가 아픈 것도 걱정인데, 이유도 묻지 않고 다짜고짜 야단만 치시는 과장님이 꽤나 원망스러웠겠어요."

- 5분간 계속한 후 이번에는 서로 역할을 바꾸어 연습한다.

- 모둠 별로 우리가 연습한 상황 (앵무새 놀이)과 비슷한 내용을 만들어 연습한다.

출처 : 한국산업인력공단,『의사소통능력 학습자 매뉴얼』

학/습/평/가

01. 다음은 경청에 대한 설명이다. 잘못된 설명은 무엇인지 고르시오.

① 경청이란 다른 사람의 말을 주의 깊게 들으며, 공감하는 능력이다. 경청은 대화의 과정에서 당신에 대한 신뢰를 쌓을 수 있는 최고의 방법이다.

② 우리가 경청하면 상대는 본능적으로 안도감을 느끼고, 경청하는 우리에게 무의식적인 믿음을 갖게 된다.

③ 자기 말을 경청해주는 사람을 좋아하기도 하고, 싫어하기도 한다.

④ 경청을 하면 상대방은 매우 편안해져서, 말과 메시지, 감정은 아주 효과적으로 전달하게 된다.

02. 다음은 경청의 중요성에 대한 설명이다. (A), (B), (C)에 들어갈 적당한 말을 적으시오.

경청을 함으로써, 상대방을 한 개인으로 (A)하게 된다. 경청을 함으로써, 상대방을 (B) 마음으로 대하게 된다. 경청을 함으로써, 상대방의 입장에 (C)하며 이해하게 된다.

(A) = (　　　　　)　　(B) = (　　　　　)　　(C) = (　　　　　)

03. 다음과 같은 상황은 올바른 경청을 하는데 있어서, 방해요인이 작용한 것이다. 어떠한 방해요인이 작용한 것인지 작성해보자.

> 남편이 아내에게 직장에 대한 좌절과 낙담을 털어놓자 "당신은 윗사람 다루는 기술이 필요해요. 당신 성격에도 문제가 있어요. 당신 자신을 개조하기 위해 성격 개선 프로그램을 신청해서 참여해 봐요."라고 지체 없이 퍼붓게 되면 남편이 진실로 원했던 것, 즉 서로 공감하고 잠시 위로받고 싶었던 욕구가 좌절된다. 이러한 대화가 매번 반복된다면 상대방은 무시당하고 이해받지 못한다고 느끼게 되어 다른 사람에게 마음의 문을 닫아버리게 된다.

____

____

04. 경청을 하는데 있어서 올바른 자세가 아닌 것을 고르시오.

① 상대를 정면으로 쳐다보면 상대방이 민망할 수도 있으니까, 눈을 마주치지 않는다.
② 손이나 다리를 꼬지 않는 소위 개방적 자세를 취한다.
③ 상대방을 향하여 상체를 기울여 다가앉는다.
④ 우호적인 눈의 접촉을 통해 자신이 관심을 가지고 있다는 사실을 알린다.

05. 다음 경청에 관한 설명 중 맞으면 ○, 틀리면 ×를 하시오.

- 경청능력은 연습하여 개발할 수 있다. ( )
- 대화법을 통한 경청훈련은 모든 인간관계에서 적용할 수 없다. ( )
- 적절한 맞장구는 대화하는데 방해가 된다. ( )

CHAPTER 08

실용 의사소통

일반목표

직장에서의 의사소통 방법과 활용할 수 있는 실용 의사소통 도구들을 이해하고 활용 가능한 능력을 배양할 수 있다.

세부목표

1. 토론 및 토의의 개념 및 중요성을 설명할 수 있다.
2. 워크숍, 세미나, 컨퍼런스, 심포지움의 개념 및 중요성을 설명할 수 있다.
3. 면접에 대한 이해와 실제 활용 가능한 능력을 가질 수 있다.
4. 프레젠테이션에 대한 이해와 실제 활용 가능한 능력을 가질 수 있다.

제1절
토론과 토의

[그림 9-1] 미국 대선토론 장면과 대한민국 대통령 후보 초청 토론회

1. 토론과 토의

토론(討論)은 어떤 문제에 대하여 찬반의 의견이 분명한 사람들이 각자 자신의 주장을 논리적으로 내세워, 그것이 옳음을 입증하는 말하기다. 토의(討議)가 참가자들이 어떤 문제에 대한 협력적인 사고를 통해 최선의 해결책을 찾는 말하기라면, 토론은 참가자들이 대립하는 주장을 통해 문제의 해결 방안을 모색하는 말하기 방식이다.

2. 토론

토론은 서로 대립되는 주장을 가진 사람들이 각각 자신의 주장이 옳음을 입증하는 말하기이므로, 자칫하면 문제의 해결보다는 감정에 치우쳐 상대방의 마음을 상하게 하기 쉽다.

따라서 토론은 다음과 같은 조건을 갖추어야 한다.

- 긍정이나 부정의 형식을 갖출 수 있는 명확한 토론 주제
- 토론을 공정하고 효율적으로 진행할 사회자
- 찬반 주장이 분명한 의견을 가진 토론자
- 발언시간이나 순서 등을 공평하게 정한 토론 규칙
- 심판을 포함한 청중

토론 참가자들은 문제의 성질을 올바로 이해하고, 주제와 관련된 지식이나 정보를 조사, 연구하는 등 사전준비를 철저히 해야 한다. 그리고 토론에 임해서는 인신공격을 하거나 감정적으로 비판하지 않도록 유의해야 한다.

3. 토의

토의란 공동의 관심사가 되는 어떤 문제에 대하여 가장 바람직한 해결 방안을 찾기 위하여 집단 성원이 협동적으로 의견을 나누는 과정이다. 토의는 아주 일상적인 일에서부터 국가의 정책을 결정하는 일에 이르기 까지 광범위하게 이루어진다.

토의 참가자들은 일정한 절차와 격식에 따라 주어진 문제에 대하여 지식이나 정보, 의견 등을 서로 교환하게 된다. 이 과정에서 문제를 여러 측면에서 이해하게 되고, 다양하게 제시된 해결안 중에서 최선의 방안을 결정할 수 있다.

토의는 보통 다음과 같은 절차로 이루어진다.

- **문제의 확정** : 문제의 필요성, 중요성 등을 고려하여 토의할 문제를 확정한다.

- **문제의 이해** : 문제의 원인과 실태, 앞으로의 전망 등에 대한 정보와 지식, 의견 등을 서로 교환한다.
- **해결안의 모색** : 문제를 해결할 수 있는 방안에는 어떤 것들이 있는지 여러 가지 측면에서 찾아본다.
- **해결안의 결정** : 여러 해결안을 검토, 평가해 보고, 가장 바람직한 해결안을 결정한다.

4. 토론과 토의의 차이점

토의는 주어진 문제에 대한 해답을 찾아내는 데 의미가 있고, 토론은 오히려 이미 해답이 나와 있으므로 설득하는데 중점을 둔다. 토의는 의논과 협의를 통해 해결책을 찾아내고자 하는 시도이고 토론은 자신의 해결책을 상대편과 제 삼자에게 납득시키는 시도이다.

토의는 서로 협력해서 의논하면서 생각을 넓혀 나가는 것이다. 토론은 대립을 통해서 자신을 정면으로 넓혀 나가는 것이다. 토의는 일종의 집단사고이다. 토론은 의견 대립이 먼저 존재하고 대립하는 가운데 반전을 꾀하고자 하는 변증법적 사고이다.

토의는 자유롭게 의논하고 발언하는 것으로 아무런 제약 조건이 없다. 그러나 토론은 규칙과 절차 그리고 방법이 정해져 있다. 토론 규칙에 따라 의논을 전개해 나간다.

제2절

워크숍, 세미나, 컨퍼런스, 심포지엄

1. 워크숍(workshop)

연구 발표회. 참가자가 전문가의 조언을 받으면서, 문제 해결을 위하여 하는 협동 연구이다. 즉, 주제는 정해져 있으나 발표자는 정해지지 않거나 발표자가 정해져 있더라도 (대부분 각 파트의 좌장, 또는 부서장 등) 주제는 포괄적인 한가지이지만, 추가적으로 고려하거나 논의되어야 하는 안건들이 나올 수도 있다. 발표 보다는 토론이 중심이며, 발표는 각 토론의 결과를 공유하는 과정일 뿐이다. 주제에 대해 참석자들의 토론을 진행하는 것이 목적이다.

2. 세미나(seminar)

대학 같은 곳에서 교수의 지도 아래 지정된 주제를 가지고 학생들이 공동으로 토론·연구하게 하는 교육 방법이다. 또는 학회 같은 곳에서 지명된 몇 회원이 분담된 소주제(小主題)에 대하여 연구 발표하고, 이를 바탕으로 전 회원의 토론을 통하여 소주제의 연쇄로 된 대주제에 이르도록 하는 연구 활동이다.

미리 정해진 발표자가 주제에 맞춰서 자료를 준비해 오고 청중을 대상으로 강의형식으로 진행 한다. 하나의 주제에 대해 여러 명의 발표자가 있을 수 있으나, 주제가 여러 가지인 경우는 없다. 주제에 대한 전문가가 발표자가 되고, 청중들은 특정 주제에 대한 지식 등을 얻고자 하는 것

이 목적이다

3. 컨퍼런스(conference)

여러 이해관계에 있는 기관이나 당사자 들이 모여서 특정 주제에 대해 토의하거나 결정하고자 하는 회의로 일반적인 미팅보다는 규모가 크다.

- **텔레 컨퍼런스** : 3군데 이상의 떨어진 장소에서 다중통화가 가능한 전화기로 한 전화당 2~3명씩 순서대로 질의 토론하면서 회의를 진행하는 방식
- **비디오 컨퍼런스** : 위와 비슷하지만 동영상으로 진행(화상회의)

4. 심포지엄(symposium)

토의 방법의 하나이다. 어떤 특정한 주제에 대해 3～6명의 전문가가 미리 원고를 준비하여 강연식으로 발표하고, 이를 바탕으로 참석자와 청중이 질의와 응답을 하는 형식이다. 패널이 주제 발표를 한 다음에 패널과 참석자가 의견을 주고받는다.

WORKSHEET 토론 실습하기

- **모의 토론**

주제선정
Role Playing_사회자, 패널 선정
발표자료 준비_발제 및 반론
예상 질문 및 답변 준비
토론

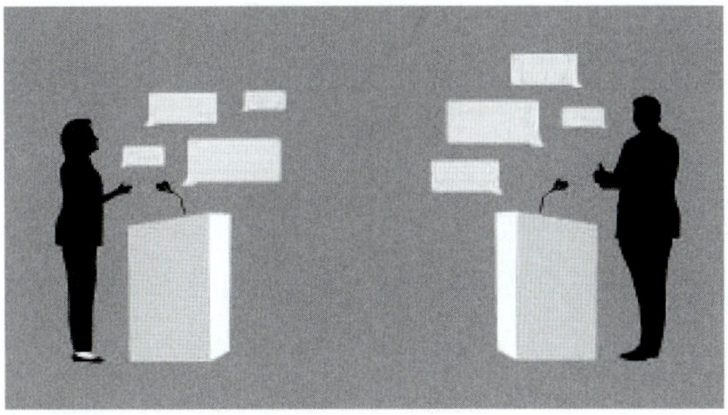

- 각자의 역할에 대해 이야기해 보자.

- 토론 후 느낌을 서로 이야기해 보자.

제3절
면 접

사례읽기

[공채 합격 비밀노트] KT 이소윤 씨 "면접 꼬리 질문 많아, 솔직하게 논리적으로 말하라"

"입사 후 최근까지 신입사원 교육을 받았어요. 업무에 배치 된지는 1달 정도밖에 안됐죠. 저희 팀은 수도권 지역의 도매 대리점을 관리하는 업무를 주로 하고 있어요. 선배들은 '매니저'라고 불리며 대형 대리점이 효율적으로 운영될 수 있게 A부터 Z까지 모든 것을 책임지고 서포트하죠. 대리점을 개설하는 일부터 경영 컨설팅과 민원 관리 등이요."

학과 공부보다 더 열심히 했던 대외활동

대학 시절 국제경영학을 전공한 이소윤 씨는 영업·마케팅 직군에서 근무하고 싶은 꿈이 있었다. 사람 만나는 일을 즐기는 쾌활한 성격과도 꼭 맞는 일이란 생각이 들었다. 흥미에 맞는 대외활동을 골라했는데, 지나고 보니 모두 마케팅과 관련된 일이었던 것도 직무를 정하는데 확신을 줬다.

"대학 1~2학년 때는 다양한 대외활동을 했어요. 여대생이다보니 패션에 관심이 많잖아요. 의류 브랜드, 패션 매거진 등에서 서포터즈로 활동했어요. 다양한 활동을 하면서 가장 재미있던 것은 스스로 무언가를 기획해보는 일이었죠. 그래서 3학년 때는 본격적으로 공모전 활동을 했어요. 제가 생각한 기획과 아이디어가 실효성이 있는지를 검증받고 싶었거든요. 외환카드 공모전, 디큐브시티 아이디어 공모전 등에서 수상도 했죠."

대학 3학년이 끝나갈 무렵 관심 있는 활동을 하나씩 클리어해 나가던 그의 앞에 남은 것은 '교환 학생'과 '해외 봉사활동'이었다. 국제경영학을 전공하는 만큼 대학 시절 한 번쯤 해외 경험을 쌓아보고 싶었다. 하지만 곧 4학년이 되는 그에게 두 가지 활동 모두 섭렵하는 것은 욕심이었다. 고민 끝에 교환 학생을 결정했고, 4학년 1학기에는 미국 유타주에서 대학 생활을 했다.

"처음 만나는 외국 사람들과 커뮤니케이션을 하며 살아본 것은 정말 새로운 경험이 됐어요. 생각의 폭이 넓어진다는 것이 무엇인지 알 수 있었죠. 여행을 좋아해 교환학생이 끝난 뒤 미국 여행도 하고 돌아왔죠. 돌아오니 4학년 2학기더라고요. 정신이 확 들어 부랴부랴 취업 준비를 시작했죠."

KT 스타오디션, 스펙 프리 전형에 눈이 번쩍

아메리카의 상큼한 공기가 코끝에서 잊히기도 전, 그는 취업 준비에 돌입했다. 하지만 친구들이 열심히 스펙을 쌓던 시간, 외국에서 여유로운 생활을 하고 왔으니 이력서에 넣을 변변한 스펙이란 것이 있을리 만무했다. 그런 그에게 한줄기 빛이 되어준 것은 KT의 스타오디션 전형이었다.

"신입사원 전형에 도전하기엔 자신감이 없어 인턴부터 시작해볼까 하는 생각을 하고 있었어요. 여러 기업의 인턴 모집 공고를 보다가 KT의 스타오디션을 알게 됐죠. 스펙을 전혀 보지 않고, 자신의 이야기를 진솔하게 전하기만 하면 되더라고요. '바로 이거다' 싶어 지원했습니다."

KT는 2013년부터 열린채용의 일환으로 스타오디션을 진행하고 있다. 지원자는 5분의 시간 동안 3명의 면접관 앞에서 자유로운 형식으로 자신의 끼와 재능을 어필하면 된다. 어학 점수나 자격증, 학점 등의 스펙은 전혀 필요하지 않다. 스타오디션에서 합격한 지원자는 인적성 검사와 최종면접을 거쳐 인턴으로 채용된다.

딱히 내세울 스펙은 없지만 다양한 경험만은 많다고 자부했던 그는 스타오디션에 당당히 출사표를 던졌다. 그는 '고객들을 밝게 맞이하는 KT의 대문이 되고 싶다'는 포부를 밝힌 뒤 다양한 대외활동과 공모전, 아르바이트 활동 등을 연결해 소개했다.

"창의놀이 멘토를 하고 있었어요. 아이들에게 맞는 창의 활동을 통해 능력을 개발해주는 프로그램이죠. 한 아이는 ADHD(주의력결핍 과잉행동장애)를 겪고 있어 정서 안정에 좋은 활동을 주로 했어요. 다른 아이는 뷰티에 관심이 많아 함께 잡지도 보고, 메이크업 북을 만드는 활동을 했죠. 아이들의 역량을 개발하기 위해서는 무엇보다도 아이들에 대해 잘 알아야하더라고요. 그런 경험을 얘기하면서 소비자를 열심히 연구해 KT의 강점을 소구시키겠다고 말했죠."

꼬리 질문 많은 KT 면접, 진실되고 논리적으로 말하는 게 핵심

인상적인 발표로 심사위원의 눈에 든 그는 스타오디션에 합격했고, 인적성-최종 면접을 거쳐 인턴으로 선발돼 강서지사에서 두 달간 근무했다. 이소윤 씨는 인턴 활동을 하며 KT에 입사하고 싶다는 생각이 더욱 커졌다고 한다. 작은 부분이라도 인턴들이 할 수 있는 업무를 주어주고, 그들의 이야기를 귀담아 듣는 회사의 문화에 감동한 것.

"DM발송 업무를 맡겨주셔서 동기 인턴과 함께 하게 된 적이 있어요. 신년을 앞둔 때였는데, 어떻게 효과적으로 발송할까 고민하다가 연하장 형식으로 보내기로 했죠. 겉봉투에는 손글씨로 받는 분들의 성함과 주소를 적었고요. 단순 홍보물이 아니라 정말 누군가가 나에게 보낸 편지라고 느끼길 바랐거든요. 그 안에 액정보호필름 쿠폰도 넣었는데 코팅도 하고 예쁘게 꾸며서 보냈죠. 그 쿠폰을 매장으로 가져오면 액정보호필름을 바꿔드리는 것이었는데, 실제로 이렇게 하니 쿠폰 회수율이 높아졌다고 하더라고요. 이런 작은 업무도 저희가 원하는 대로 해볼 수 있게 기회를 주고 지원해주시는 부분이 감동적이었죠."

업무를 배우는 틈틈이 개인 과제와 조별 과제도 완수해야했다. 이소윤 씨는 "개인과제는 부서, 업무에 따라 다르고 여러 가지 제시된 것 중 하나를 선택하면 된다"고 설명했다. 그는 영업직무 과제 중 하나인 '기가 인터넷이 속도가 빠르다는 것을 소비자에게 어떻게 보여줄 수 있는가'를 선택했다.

팀 과제는 영상 과제가 주어졌다.

KT가 가지고 있는 장점 중 하나를 선택해 어필하는 영상을 촬영하는 것. 이소윤 씨와 조원들은 당시 유행하던 '보니 하니' 프로그램을 모티브로 삼아 '케니 티니'라는 프로그램을 촬영했고, 조별 과제 1등으로 뽑히는 영광을 누렸다.

주어진 업무도 당차게 해내고, 조별 과제 1등까지 한 덕분인지 이소윤 씨는 우수 인턴으로 선발됐다. 우수인턴은 신입 채용 과정에서 우대를 받아 서류전형, 인적성, 1차 면접이 면제된다. 최종 면접만 본 뒤 합격 여부가 결정되는 것.

"최종면접은 지원자가 논리적인지, 진실한지를 집중적으로 평가하는 듯한 느낌이었죠. 처음 받은 질문부터 굉장히 어려워 진땀을 뺐습니다."

그가 처음 받은 질문은 'KT가 잘하고 있는 점과 그 것을 어떻게 하면 더 잘할 수 있을지, 또 잘하지 못하는 부분은 무엇인지와 그 부분을 잘하게 하려면 어떻게 해야 하는지 설명하시오. 또한 본인이 신입으로서 그러한 부분에 기여할 수 있는 부분도 설명하시오'였다. 그는

"하나의 질문이 이렇게 길어 논리적으로 말하는 것이 매우 어려웠다"며 "버벅 거리기도 했지만 최대한 생각을 정리해 말하려고 노력했다"고 말했다.

KT의 면접은 꼬리 질문이 많아 지원자들의 긴장감이 높은 편이다. 하나의 질문을 던진 뒤 그에 대한 꼬리 질문이 계속해서 이어지는데, '내가 뭘 잘못 말했나'하는 생각이 들 정도로 많은 지원자들이 당황하게 된다고. 이소윤 씨는 "지원자의 말이 진실인지 아닌지를 확인하기 위해 계속해서 질문을 던지는 것 같다"고 설명했다.

40여분의 면접 시간이 어떻게 흘렀는지 모를 정도로 긴장된 상태에서 면접을 진행했지만, 결과는 합격. 그는 "함께 우수 인턴으로 선발된 친구와 최종 면접에 같이 들어갔는데, 둘다 합격해 기분이 정말 좋았다"고 말했다.

"아직은 배우는 입장이라 제가 담당하는 대리점이 없지만 빨리 업무를 배우고 역량을 쌓아 담당 대리점이 생겼으면 좋겠어요. 장기적으로는 KT가 온 국민에게 신뢰받는 기업이 되는데 일조하는 일원이 됐으면 합니다."

▣ 나만의 합격 팁

▶"인턴 중 사내 방송 시청과 인턴 일지 작성은 필수"

인턴으로 근무하는 동안 사내 방송을 하나도 놓치지 않고 시청하며 내용을 모두 필기했다. 또 매일 매일 스스로 인턴일지를 썼다. 업무하며 배운 것들과 느낀 감정들을 모두 기록했다. 입사를 해서 일을 할 때나 면접을 볼 때 그런 부분이 많은 도움이 됐다.

▶"통신사 지원자라면 매장 방문은 많을수록 좋아요"

KT 관련 기사를 보는 것은 기본이고, 관련 행사도 많이 찾아다녔다. 또 KT 대리점도 굉장히 많이 방문했다. 직접 상담을 하면서 요금제도 하나하나 확인해보고, KT의 특징도 파악했다. 뿐만 아니라 다른 통신사 대리점도 많이 갔다. 그런 경험이 나중에 면접에서 KT의 장단점에 대해 답할 때 많은 도움이 됐다.

출처 : 한국경제

사례

"인사담당자가 꼽은 면접 평가 항목 1위는?"

인사담당자들은 신입 채용 시 무엇을 가장 중요하게 평가하고 있을까? 취업포털 '사람인'이 기업 인사담당자를 대상으로 '신입 채용면접에서 가장 중요한 평가 항목'에 대해 조사한 결과, '성실함과 책임감'이 44.1%로 1위를 차지했다. 다음으로 '직무 수행 능력'(30.7%), '조직 적응 및 융화력'(6.6%), '열정 및 도전정신'(5.6%), '가치관과 개인 성향'(4.7%), '강한 입사 의지'(2.8%), '전공지식 수준'(1.5%), '지원동기'(1.3%) 등의 순이었다.

또, 면접에서 반드시 물어보는 질문으로는 절반 이상인 51.4%(복수응답)가 '직무 관련 지식과 강점'을 선택했다. 이어서 '지원동기'(40.5%), '장기근속 가능 여부'(23.9%), '입사 후 포부 및 목표'(21.5%), '가족 등 성장과정'(7.9%), '보유 기술'(6.4%), '성공 및 실패 경험'(6%), '기업 관련 정보'(5.5%) 등을 들었다.

면접에서는 좋은 첫인상을 남기는 것이 매우 중요하다. 인사담당자들은 처음 봤을 때 가장 호감이 가는 지원자의 유형으로 '차분하고 안정감 있는 태도의 지원자'(36.3%)를 첫 번째로 꼽았다. 다음으로 '미소를 띠고 표정이 밝은 지원자'(33.3%), '면접시간보다 일찍 와서 준비하는 지원자'(11.9%), '씩씩하게 인사하는 등 패기있는 지원자'(11.5%), '단정한 복장 등 깔끔한 외모의 지원자'(5.8%) 등의 답변이 있었다.

면접 전형에서 신입 지원자의 첫인상을 판단하는 데 소요되는 시간은 평균 5분으로 집계됐다. '5분'(33.5%), '1분'(20.2%), '3분'(13.7%), '30초미만'(12.2%) 등의 순으로, 5분 이내의 짧은 시간에 결정되는 경우가 대부분인 것으로 나타났다.

지원자의 첫인상을 결정짓는 데 가장 큰 영향을 미치는 요소로는 절반이 넘는 50.3%가 '태도, 자세'를 들었다. 다음으로 '말투, 언어'(20.3%), '표정, 인상'(18.6%), '입사지원서'(4.1%), '외모, 차림새'(3.2%), '자기소개'(2.1%), '첫 인사'(1.1%) 등의 순이었다. 이렇게 파악한 첫

인상은 면접이 끝날 때까지 '절반 정도 유지'(55%)되거나, '거의 유지'(43.1%)되는 편이었다. 반면, '거의 바뀐다.'는 응답은 1.9%에 그쳤다.

또, 스펙이나 업무 능력보다 첫인상이 좋아 채용한 지원자가 있는지를 묻는 질문에는 무려 70.2%가 '있다'라고 답변했다. 반대로 다른 조건은 좋지만 첫인상이 나빠 떨어뜨린 지원자가 있는 경우도 70.4%에 달해 당락에 큰 영향을 미치는 것으로 조사됐다.

출처 : CBS 노컷뉴스. 2016.10.6

1. 면접의 정의

보통 구체적이고 미리 결정된 목적을 위해 사람들 사이에 의사소통이 일어나는 만남이다. 사회복지사와 고객 사이의 면접일 때 가장 전형적인 목적은 어떤 문제를 해결하는 것이다.

넓은 의미로는 조사·진단·시험·취재 등의 목적으로 특정한 개인·집단과 대면하여 필요한 정보를 수집하는 것을 말한다. 특히 면접법은 자발적으로 의견을 말하게 하는 식의 임상적 연구에서 행해지는 비지시적 면접(nondirective interview)과 질문지 등을 이용하여 행하는 지시적 면접(directive interview)으로 구별된다.

2. 면접의 기초

1) 짧고 간결하게 자신을 어필할 것!

면접을 진행하는 동안에는 자신에 대해 어필할 수 있는 자기소개시간이 있기 마련인데 그 시간이 그리 길게 주어지는 경우는 거의 없다. 가장 흔하게 1분 자기소개시간을 많이 떠올릴 수 있는데 1분이란 시간은 사실 많은 시간이라고 할 수 없다. 때문에 간결하고 자신의 장점을 더욱 부각시킬 수 있는 내용으로 채워가되, 쓸데없이 이야기가 길어지거나 이미 제출한 자기소개서의 내용을 다시 반복하는 실수를 하지 않는 것이 중요하다.

이럴 때는 일단 자신의 경력이나 경험 등의 소재를 가지고 입사 후 포부를 밝히는 것도 좋으며, 여의치 않다면 자신의 성격의 장점을 어필해서 마무리하는 것이 좋은 점수를 받을 수 있다.

2) 침착하게 말하는 것이 중요!

평소에는 말을 조리 있게 잘하는 사람이라도 면접을 보고 있는 상황 때문에 당연히 긴장을 할 수밖에 없다. 이 때문에 평소 모습과는 다르게 생각보다 말이 앞서는 경우가 생길 수 있는데 이렇게 되면 내가 전달하고자하는 내용을 잘 전달할 수 없게 되며 당연히 인사담당관의 눈에도 좋지 않은 시선으로 비치게 된다.

급한 마음을 조금은 가라앉히고 약간 느리게 의사전달이 될 수 있겠지만 최대한 또박또박하게 자신을 어필하는 것이 좋다.

3) 자신감을 가져라!

면접을 진행하고 있는 회사내부를 둘러보면 자신과 마찬가지로 면접을 보러오는 사람이 꽤 많다는 걸 알 수 있다. 어찌 보면 경쟁자가 될 수 있다고도 할 수 있는데 중요한건 다른 사람도 마찬가지로 긴장하고 있다는 것이다. 그렇기 때문에 소극적으로 행동할 필요가 없으며 오히려 면접을 볼 때 다른 사람과는 다르게 자신감 있는 모습을 보여준다면 회사입장에서도 높은 점수를 줄 수 밖에 없을 것이다.

3. 자기소개 예문

1) 먼저 첫 번째 자기소개서는 남들보다 일찍 시작한 사회생활 때문에 많은 경험을 했다는 내용을 엿볼 수 있으며 전체적으로 봤을 때 자신의 성장환경을 잘 나타내주는 예문이다.

> **"인생의 위대한 목표는 지식이 아니라 행동이다."**
>
> **- 헉슬리**

다른 사람들보다 이른 나이에 사회생활을 시작하였습니다. 좀 더 빠르게 시작한 사회생활로 인해 제가 어느 분야의 어떤 사람이 될 수 있는지 알 수 있게 되었습니다. 유명한 학자 '헉슬리'는 '**인생의 위대한 목표는 지식이 아니라 행동이다**'라고 했습니다. 아무리 많은 지식을 가지고 있어도 그것을 행하지 않으면 쓸모가 없는 것처럼, 저의 행동력 강한 모습은 남들보다 3배, 5배 이상의 경쟁력이 될 것입니다.

2) 회사에서 원하는 인재상중에는 언제나 긍정적인 모습을 보여주는 사람을 선호한다고 한다. 자신에 대한 믿음과 무한긍정의 태도 그리고 언제나 자신감이 충만한 자신의 생각을 잘 전달해 주는 자기소개서라고 할 수 있다.

> **무한한 가능성을 잉태한 미래에 대한 관심이 미래 그 자체보다도 중요하다.**
>
> **- 베르그송(프랑스 철학자)**

'**무한한 가능성을 잉태한 미래에 대한 관심이 미래 그 자체보다도 중요하다.**'고 베르그송은 말했습니다. 진보하지 않은 미래는 오늘의 연장일 뿐입니다. 새로이 다가올 미래를 어떻게 바라보느냐, 그 관점의 차이가 미래의 차이를 만드는 것이라고 확신합니다. 새로이 다가올 미래를 밝고 긍정적으로 보는 관점, 그 관점을 가지고 일하겠습니다. 그리하여 □□기업의 미래가 오늘의 연장이 아닌, 새 시대의 창이 되길 바랍니다.

3) 다음으로는 역시나 자기 자신을 믿는 태도 그리고 자신감을 잘 나타내주는 자기소개서 예문이라고 할 수 있다. 언제나 무한한 가능성이 열려있는 분위기를 풍기는 게 그대로 사용하기보다는 어느 정도 참고해서 사용하면 좋을 것으로 예상된다.

> **자신을 믿는 것이야 말로 가장 뛰어난 재능이다.**
>
> **- 미상**

아무리 뛰어난 능력을 가졌어도 먼저 자신을 믿지 못하면 재능을 100% 발휘할 수 없을 것입니다. '**자신을 믿는 것이야 말로 가장 뛰어난 재능이다.**' 저는 제가 가진 능력과 역량을 믿습니다. 그것은 제가 가진 감정을 이미 알고 있으며, 그것을 발휘하는 방법도 잘 알기 때문에 가능한 일입니다. 자신을 믿는 가장 뛰어난 인생 ○○○였습니다.

4) 언제나 성실한 모습을 보여주는 사람들은 꼭 회사에서 뿐만이 아니라 인간적으로도 매력을 느끼게 한다. 이러한 성실한 모습을 잘 엿볼 수 있는 예문으로써 동시에 언제나 노력하

는 인재상의 모습도 잘 어필하고 있는 것이 특징이다.

> **승리는 가장 끈기 있게 노력하는 사람에게 간다.**
>
> **– 나폴레옹 1세**

'승리는 가장 끈기 있게 노력하는 사람에게 간다.' 이 말은 항상 제가 마음속으로 지니고 있는 생각입니다. 비록 제가 전공하지 않은 업무라 할지라도 "노력"이라는 단어 앞에서는 결국 "승리"라는 꼬리를 붙일 수 있을 것입니다. 제가 배우지 못한 ○○분야에 지원했지만 불굴의 노력으로 승리를 꼭 보여드리겠습니다.

영어면접 자기소개 팁

일반 면접에서도 가장 중요한 내용이지만 영어면접에서도 가장 중요한 것은 질문의 의도를 정확히 이해하는 것이다. 그리고 그게 맞는 대답을 하는 것이 좋은 영어면접 자기소개이다.

자신의 의견을 논리적으로 발표해야하는데

① 주의 깊게 듣고
② 질문의 요지를 이해해야 한다.

어떤 대답을 원하는지 파악해야 한다. 영어면접 자기소개에서는 질문에서 어떻게 물어봤는지가 중요한데, 5W 1H What, Why, When, Where, Who, How 로 물었을 경우엔 그에 맞는 대답을 해야 한다. 그리고 Do you 나 Are you 로 물어볼 때는 Yes와 No로 먼저 대답한다.

③ 질문에만 대답하기

영어면접 자기소개에서도 당연히 중요한 것이 물어보는 질문에 대한 답변만 하는 것이 좋다. 상관이 없는 이상한 대답을 장황하게 늘어놓는 것 보다는 질문과 관련된 답변만 논리적으로 대답하는 것이 중요 포인트이다

영어면접 시 자기 소개할 때는

유창하게 보이는 것 보다는 자신의 의견이 잘 전달되는 것이 중요하다. 예상문제를 미리 정해두고 답을 생각해 둔다. 무조건 답변만 외우기보다 응용해서 말할 수 있어야 한다. 그리고 꼭 자신감 있게 말해야한다.

영어면접 자기소개를 하는데 자신이 없어도 당당히 밝은 목소리로 적극적으로 의사전달을 해야 한다. 그리고 면접을 갈 때는 지원 회사에 대해 공부해서 가야한다. 회사와 지원직무에 관해 질문을 받을 수가 있기 때문이다.

이제 영어면접 자기소개에서 쓸 수 있는 핵심 문장들만 알려주면,

영어면접 자기소개 시작할 때

I'm honored to introduce myself to you. 제 소개를 하게 되서 영광입니다.

Let me introduce myself to you. 지금부터 제 소개를 하겠습니다.

영어면접 자기소개, 학교 및 전공

I graduated from 학교이름 university and majored in 학과. 저는 ~학교를 졸업했고 ~전공을 했습니다.

졸업을 아직 안했다면

I will graduated from 학교이름 university and majored in 학과.

그 외에 나를 어필 할 수 있는 영어면접 자기소개 예시들은 다음과 같다.

저는 ~ 분야에 경험이 있습니다. I have ~ experience in 분야.

저는 ~할 수 있는 능력을 가지고 있습니다. 그래서 저는 직무와 잘 맞습니다. I have the ability to ~, so the position suits me.

4. 면접 유형별 대처법

1) 인성면접과 대처방법

인성면접은 기업에서 지원자의 타고난 성품, 됨됨이를 알아보기 위해 시행하는 면접전형이다. 성품이란 단순히 착하고 바른 품성만을 뜻하지 않는다. 인성면접에서는 보편적인 윤리의식을 갖춤은 물론 기업의 인재상에 부합하고, 나아가 조직에 기여할 수 있는 지원자를 판별하고자 한다.

최근 지원자들의 스펙에 대한 경쟁이 치열해짐에 따라 오히려 인성면접의 비중이 커지고 있는 추세이다. 인성면접에서 평가하는 항목은 인내심, 끈기, 성실성과 동료를 향한 배려, 협동심, 업무에 임하는 도전정신과 열정 등이 있다.

(1) 나만의 스토리를 만들어라!

인성면접의 질문은 대부분 자기소개서에 기재한 내용들로 이루어진다. 이때 거짓으로 꾸미거나 남의 것을 베낀 내용이 있다면 면접관들의 질문공세로 금방 탄로 나게 된다. 작은 것이라도 지원직무와 관련된 활동을 직접 경험하고, 이를 나만의 스토리로 만들어야 한다.

(2) STAR원칙에 맞춰 대답하라!

면접에서 스토리만큼 중요한 것이 답변 방식이다. 이것은 단순히 말을 유창하게 해야 한다는 뜻이 아니다. 면접관들이 지원자의 이야기에서 알고자 하는 것은 이뤄낸 성과와 그 과정이 아니라 '그 성과가 있기까지 지원자가 기여한 것'이다. STAR원칙의 항목에 맞춰 내가 어떤 상황(situation)에서 어떤 업무(task)를 맡아, 어떻게 행동(action)한 끝에 얼마만큼의 성과(result)를 이루어냈는지 구체적으로 전달하여야 한다.

(3) 비슷한 답변은 피하라!

인성면접의 질문은 전문성을 요하는 것들이 아니므로 자연히 답변내용에는 한계가 있다. 그러나 그 속에서도 새로움을 찾을 수 있는 창의성이 필요하다. 아이디어가 떠오르지 않는다면 표현방식을 달리해야 한다. 장점을 묻는 질문에 "저는 사교적인 성격입니다."라는 말 대신에 "저는 여기 계신 모든 분을 제 친구로 만들 수 있습니다!"처럼 흥미를 끌만한 문구로 다시 구성해야 한다.

2) 토론면접과 대처방법

토론면접이란 주어진 주제에 대해 의견을 나누는 과정에서 능력을 평가받는 면접전형이다. 토론 주제로는 주로 최신 시사상식이 등장하며, 6~8명의 지원자들이 찬반 입장을 나누어 대화를 주고받게 된다. 의견 조율을 통해 결론을 도출하는 과정에서 면접관들은 지원자의 의사소통 능력과 배려, 설득력, 협동심 등을 평가한다. 아울러 주어진 주제에 대한 지원자들의 이해정도와 지적수준 등도 평가된다. 최근 이슈가 되고 있는 주제나 사회 현상 등에 대한 지속적인 관심과 분석이 필요하며, 이에 대한 자신의 생각도 정리해보는 습관을 기르는 것이 좋다.

(1) 공격적인 태도는 금물!

면접 시 나와 함께 면접에 임하는 조원들은 모두 경쟁자가 된다. 그렇다고 토론에서 이기기 위해 공격적인 모습을 보이는 것은 좋지 않다. 토론면접에서 자신이 속한 팀의 승리가 큰 플러스 요인이 되지 않기 때문이다. 자신의 주장을 관철하는 과정에서 보이는 태도가 중요하다. 면접관들의 눈살을 찌푸리게 하는 행동으로 감점이 되지 않도록 한다. 조원들과 함께 살아남는다는 생각으로 상대의 의견을 최대한 존중하여야 한다.

(2) 상대의 의견을 경청하라!

토론면접에서는 지원자의 커뮤니케이션 능력은 중요한 평가항목이다. 대화와 소통의 기본은 경청이다. 나와 상반되는 입장의 지원자라도 그만의 타당한 이유가 있음을 인정하고 적극적인 경청 태도를 보여야 한다. 상대방을 응시하고 간간이 고개를 끄덕이거나 수긍하는 태도를 보여야 한다. 메모를 하면서 듣는 것도 적극적인 경청 방법 중 하나임을 잊지 말자.

(3) 반드시 결론을 내라!

토론면접에서 제한 시간 내에 지원자 간 의견교환과 보충, 조율이 모두 이루어져야 한다. 무엇보다 가장 중요한 것은 결론을 내는 것이다. 대부분의 지원자들이 부가적인 과정에 신경쓰다 정작 토론의 마무리를 짓지 못하는 경우가 많다. 이런 경우 면접관들이 제시한 과제와 의견교환의 과정이 무의미해진다. 진행 중에 시간을 확인하고, 발언시간의 제한 등을 통해 반드시 결론을 도출해야 한다.

(4) 비유와 예시를 통해 논리적으로 의견을 끌어가라!

토론면접에서 의견을 제시할 때는 '가지치기'를 잘 해야 한다. 토론주제와 말하고자 하는 바가 일맥상통하는지 주제와 연관성이 없는 이야기로 흘러가는지 살펴야 한다. 말을 많이 한다고 해서 좋은 점수를 얻는 것은 아니다. 가지가 많으면 논리적이지 못하고 설득력 또한 떨어진다. 간단명료하게 핵심을 말하는 것이 중요하다. 이때 비유와 예시를 통해 의견을 보충하면 전달이 훨씬 수월해진다.

5. 프레젠테이션 면접과 대처방법

프레젠테이션 면접은 사전에 주제를 전달하는 경우와 당일 주제를 제시하는 경우가 있다. 사전에 주제를 전달하는 경우, 지원자들은 서류합격 통보와 함께 발표주제를 받게 된다. 면접 당일까지 충분한 시간이 주어지므로 자연히 지원자 전원의 면접 완성도는 높아진다. 이런 경우 독창적인 자기소개, 개성 있는 소제목 등의 차별화를 위한 전략이 필요하다. 반면 면접 당일 주제를 제시하는 면접에서는 자신에게 유리한 주제를 선택하는 것이 좋다. 짧은 시간에 제시된 문제를 파악, 분석하여 결론과 해결방법을 제시할 수 능력이 필요하다.

1) 제한 시간을 엄수하라!

프레젠테이션 면접은 다른 면접보다 제한시간이 엄격하다. 아무리 발표내용을 충실히 준비했다고 하더라도 정해진 시간을 지키지 못하면 감점요인이 된다. 제시된 시간보다 1, 2분 더 짧은 분량으로 발표를 준비하도록 하자. 부족한 시간은 부가설명으로 채우면 된다. 또한 전달하는 내용의 중요도에 따라 소리의 높낮이, 속도, 강약을 조절하는 것도 중요하다.

2) 사전 PT연습을 해라!

프레젠테이션 면접은 다수의 면접관 앞에서 지원자가 혼자 해야 하는 만큼 부담이 크다. 면접 당일이 걱정된다면, 실전과 비슷한 방식으로 사전연습을 해보는 것이 좋다. 미리 예상되는 질문을 뽑고 자료를 준비해 거울을 보고 연습을 해 보자. 시간도 체크해야 할 항목이다. 피드백을 줄 수 있는 지인들의 도움을 받아 리허설을 해보자.

3) 청중의 입장에서 말하라!

프레젠테이션 면접에서 지원자는 면접관을 설득할 수 있어야 한다, 설득을 위해 가장 중요한 것은 상대의 입장에서 생각해보는 것이다. 발표 시 면접관들이 쉽게 이해할 수 있는 단어를 사용하며 목소리 역시 강약을 잘 조절해야 한다. 더불어 적당한 몸짓으로 전달력을 높여야 한다.

4) 두괄식으로 말하라!

두괄식으로 말하는 습관을 기르는 것이 중요하다. 발표를 하다보면 자신도 모르게 말이 길어지고 초점을 잃는 경우가 있다. 핵심이 된다고 생각하는 내용을 제일 먼저 말하도록 하자. 결론을 말한 후 근거를 설명하면 발표자나 청중 모두 혼란스럽지 않다. 발표가 끝날 때 쯤 다시 한 번 결론을 강조하면 깔끔한 마무리를 할 수 있다.

프레젠테이션 면접 Q & A

1. 기업의 면접전형 현황은 어떻습니까?

최근 대기업을 중심으로 면접전형이 강화되고 있는 추세입니다.

한 조사결과에 따르면, 현재 대기업 가운데 80.4%가 두 차례 이상의 면접전형을 실시하고 있으며, 이 중 16.2%는 세 차례 이상 면접전형을 실시하는 것으로 나타났습니다.

면접전형의 방법도 집단토론면접 및 프레젠테이션 면접, 영어면접 등으로 점차 다양해지고 있습니다. 특히 '프레젠테이션 면접'은 지원자의 발표력이나 전문지식 등을 평가할 수 있기 때문에 많은 기업들이 선호하는 면접으로 자리매김하고 있습니다.

2. 그렇다면 프레젠테이션 면접을 실시하는 기업과 그 형식을 알려주세요.

현재 프레젠테이션 면접을 실시하는 주요 기업으로는 삼성, SK, 범양상선, 농업기반공사, 아남반도체 등이 있습니다. 프레젠테이션 면접은 직무에 따른 전문지식의 평가를 위해 직군별로 실시되는 경우가 많습니다.

지원자는 주어진 몇 가지 주제 중 가장 자신있는 하나를 선택할 수 있으며 발표를 준비할 시간을 갖게 됩니다. 준비가 끝나면 면접관 앞에서 자신의 의견을 약 5~7분정도 개진하면 됩니다. 이 때 면접관은 발표자의 전문 지식 외에도 창의성과 표현 방법, 현실감각, 발표 자세 역시 중요하게 평가하기 때문에 주제를 일단 결정한 후에는 자신감있게 진행하는 것이 좋습니다.

3. 프레젠테이션 면접에도 여러 가지 유형이 있다고 하는데 소개해 주십시오.

주어진 몇 개의 주제 중에서 한 가지를 선택하여 발표하는 '스피치 프레젠테이션'이 가장 일반적인 유형입니다. 실제로 프레젠테이션 면접을 실시하는 기업의 대부분이 이 유형을 사용하고 있습니다.

스피치 프레젠테이션 면접이 행해지는 절차는 다음과 같습니다.

먼저 대기실에서 3~5개의 주제가 제시되면 면접자들은 그 중 가장 자신 있는 한 가지를 선택하여 발표 내용과 자료를 준비합니다. 주제는 대개 지원한 직군이나 직무별 전문 지식, 최신 시사 상식 등이 주를 이루고 있습니다. 이후 면접관들 앞에서 약 5~7분정도 정해진 시간에 맞도록 준비한 내용을 발표하고 발표가 끝나면 면접관의 질문이 이어지게 됩니다.

한편 '신문 브리핑'을 실시하는 기업도 있습니다. 주로 언론사에서 실시하는 방법으로 알려져 있는데 최근에는 이랜드를 비롯한 일부 기업에서도 '신문 브리핑'을 하고 있습니다.

신문 브리핑을 하는 절차는 간단합니다. 일간지나 경제 신문을 나눠받은 후 지원자는 주요 기사를 선택해 브리핑을 하는 것입니다. 이 면접에서는 지원하는 회사나 경쟁사, 해당 산업에 대한 동향이나 이슈를 다룬 기사를 재빨리 찾는 것이 관건입니다.

4. 프레젠테이션 면접에는 어떻게 대비해야 하는지요?

전문가들은 프레젠테이션 면접을 앞둔 구직자들이 면접 2~3개월 전의 신문 톱기사에서부터 최근 1개월 간의 신문기사를 반드시 챙겨볼 것을 추천합니다.

특히 경제면은 프레젠테이션 면접 주제의 단골손님이므로 주의 깊게 살펴볼 필요가 있습니다.

또 기사를 읽는 것에서 그치지 않고 핵심내용을 정리해보거나 느낀 점을 글로 옮겨보는 연습도 많은 도움이 됩니다. 거울을 보고 발표연습을 하거나 친구들과 스터디를 만들어 함께 실전처럼 연습해보는 것도 좋은 방법입니다.

5. 프레젠테이션을 할 때에는 어떤 점에 유의해야 합니까?

프레젠테이션 면접에서는 주제 선택이 매우 중요합니다.

광범위한 주제보다는 구체적인 주제가 발표하기에 수월하고, 지원 회사나 직무와 연관시킬 수 있는 주제가 매우 유리합니다.

발표 내용은 소주제를 만들어 말하는 것이 면접관의 주목을 끌 수 있으며, 일목요연하게 주장을 제시하는 것이 가장 중요합니다.

또한 주제나 내용 못지않게 발표하는 태도에도 신경을 써야 합니다. 시선이나 손동작, 목소리, 자세 등을 미리 연습해 둔다면 실전에서 발생할 수 있는 실수를 줄일 수 있을 것입니다.

6. 기타 프레젠테이션 면접에 대한 조언 부탁드리겠습니다.

프레젠테이션 면접에는 자신의 생각이 담겨 있어야 합니다. 아무리 발표내용과 자세가 좋다고 하더라도 주제에 대한 지원자 본인의 생각과 주장이 충분히 담겨 있지 않으면 성공적인 프레젠테이션이라고 할 수 없습니다.

또한 발표 시 도표나 그래프를 적절히 이용하면 면접관의 시선을 끌 수 있습니다. 이와 같은 시각적인 자료는 자칫 지루할 수 있는 발표의 활력을 가져다줄 뿐만 아니라 설득력 또한 높여주기 때문에 적절하게 활용하시길 추천합니다.

마지막으로 프레젠테이션 면접에서 많은 구직자들이 간과하고 있는 사실은 바로 타 발표자의 발표를 주의깊게 듣지 않는다는 것입니다. 물론 자신의 발표가 가장 중요하지만 다른 지원자의 프레젠테이션을 경청하는 태도 역시 면접관들이 지켜보고 있다는 점을 잊지 마십시오.

마케팅, 영업, 기획 등의 전략적인 업무를 담당하는 부서에서는 타인을 설득하고 대중 앞에서 발표하는 능력이 필요하다. 프레젠테이션 면접은 발표에 익숙하지 않은 구직자에게 상당한 부담이 되는 면접방식이다. 대화형식으로 진행하는 면접이 아닌 여러 사람 앞에서 발표를 하며 진행해야 하다 보니 익숙하지 않은 것이다. 그래서 프레젠테이션 면접이라면 으레 겁을 먹기 마련이다.

그런데 사실 프레젠테이션 면접은 일반 면접보다 훨씬 더 쉽다. 준비만 제대로 한다면 본인이 하고 싶은 말과 자신의 장점을 더욱 부각할 수 있기 때문이다. 대화형식으로 진행되는 면접에서는 면접관이 무엇을 물어볼지 모른다. 또 면접 진행 방식이 면접관의 질문에 끌려가는 형태가 되기 때문에 순발력이 필요하다. 게다가 본인의 장점을 부각시킬 수 있는 질문을 하지 않으면 정작 부각시켜야 하는 장점은 제대로 말할 수 없다는 아쉬움도 있다. 하지만 프레젠테이션 면접은 지정한 주제에 대해 설명하는 방식으로 진행되기 때문에 하고 싶은 말을 다 할 수 있다. 즉 내게 주어진 시간 동안 하고 싶은 말을 정리해서 설명하면 되기 때문에 면접 내용에 대해 스스로 통제하고 설계할 수 있다.

'보기 좋은 떡이 맛도 좋다'라는 말이 있다. 알맹이에 자신이 없다면 보기에 맛있게 만드는 것만으로도 프레젠테이션 면접에서 점수를 딸 수 있다. 물론 가장 중요한 것은 프레젠테이션의 내용이고 발표할 내용을 어떻게 정리했고 발표했느냐 하는 것이다. 하지만 PC를 이용해 진행하는 디지털 프레젠테이션에서는 이것만으로는 부족하다. 파워포인트의 여러 기능을 이용하여 프레젠테이션에 효과를 줌으로써 재미있는 프레젠테이션을 만들 수 있고 이것이 곧 프레젠테이션 진행에 자신감을 부여함으로써 성공적인 프레젠테이션을 가능하게 해준다.

프레젠테이션에 익숙하지 않은 초보가 처음부터 프레젠테이션을 잘 할 수는 없다. 자신감을 가지고 자신의 생각을 발표하고 지루하지 않은 프레젠테이션을 하는 것만으로 프레젠테이션 면접은 절반의 성공이 보장되는 셈이다. 이렇게 지루하지 않고 기억에 남는 프레젠테이션을 하려면 파워포인트를 제대로 활용해서 다양한 시각효과와 음향효과를 이용하는 것이 좋다. 또 긴장되어 프레젠테이션이 부담스럽다면 파워포인트의 녹음 기능을 이용하는 것도 훌륭한 방법이다. 사전에 파워포인트의 녹음 기능을 이용해 가상으로 프레젠테이션을 해보면서 문제점을 진단해보자. 이러한 몇 번의 테스트만으로도 훌륭한 프레젠테이션 면접을 수행할 수 있다.

WORKSHEET 면접 실습하기

- 모의 면접

Role Playing_면접관, 면접자 선정

발표자료 준비_자기소개

예상 질문 및 답변 준비

면접

- 각자의 역할에 대해 이야기해 보자.

- 면접 후 느낌을 서로 이야기해 보자.

제4절
프레젠테이션

1. 프레젠테이션의 개념

프레젠테이션이란 '설득을 위한 의도된 행위'이다. 상대방의 태도와 행동을 변화시켜 목표한 성과를 얻기 위한 일련의 설득 커뮤니케이션 행위이다. 설득을 위한 단계는 상대방의 태도변화를 유도하는 일이다

자료

태도는 학습된 선유 경향(learned predisposition)이다. 태도는 인지적(cognitive), 감성적(affective), 행동적(behavioral)이다.

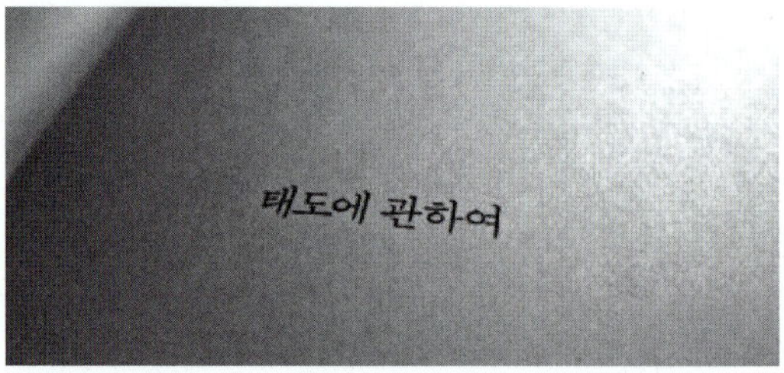

- 태도는 지속적이다.
- 태도는 선천적인 것이 아니다.
- 태도는 방향성과 강도에 따라 다르다.
- 태도는 직접 관찰할 수 없다.
- 태도는 특정 상황 하에서 일어난다.
- 태도변화는 설득(persuasion)을 통해서 일어난다.

2. 프레젠테이션의 분류

- **형태에 따라** : 광고프레젠테이션, 사업설명회, 신제품 런칭, 세미나, 강의 교육 등
- **성격에 따라** : 공식적인, 비공식적인
- **규모에 따라** : 1:1, 미니 프레젠테이션, 소그룹 프레젠테이션, 대그룹 프레젠테이션 등
- **목적에 따라** : 동기 부여, 정보 제공, 설득, 행동화, 오락 등

3. 프레젠테이션의 특징

프레젠테이션은 구조화된 커뮤니케이션 행위이다. 즉 프레젠터와 청중의 관계가 사전에 설정된 상태에서, 프레젠터가 청중에게 정보전달이나 설득을 하기 위한 구체적인 목표를 갖고 행하는 커뮤니케이션 행위이다.

- **상호작용** : 프레젠터와 청중간의 상호작용을 바탕으로 한 쌍방향 커뮤니케이션이다.
- **주관적 평가** : 평가자의 주관적 평가로 결정된다.
- **이성 소구+감성 소구** : 이성적인 설득뿐만 아니라 감성적인 공감을 이끌어 낼 수 있도록 준비한다.
- **다양한 시청각매체 활용** : 언어보다 시각과 청각에 중점을 둔다.

4. 프레젠테이션 과정

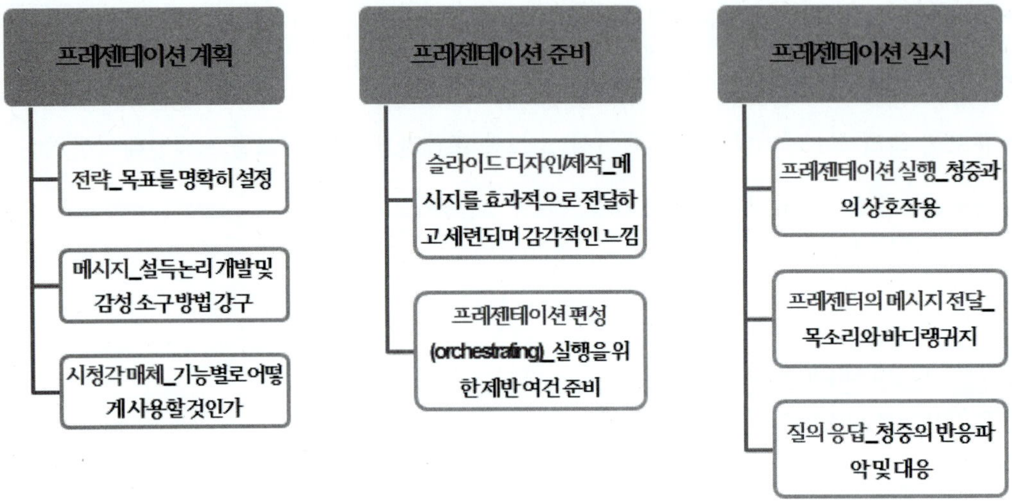

5. 성공하는 프레젠터가 알아야 할 여섯가지 원칙

1) **정보우선의 원칙** : 전달된 정보를 기억시키기 위한 '특별한 의미'

2) **짧은 기억의 원칙** : 기억하는 메시지는 그다지 많지 않다.

3) **설득의 원칙** : 상대방의 인지적, 감성적, 행동적 태도변화 유도

4) **청중에 대한 이해의 원칙** : 청중은 누구이며, 기대하는 바가 무엇인지 이해

5) **내용구성의 원칙** : 주의 집중을 유도할 수 있도록 의미있는 내용

6) **다른 형식의 원칙** : 설득지향의 행위이며, 대중연설과는 다르다

세일즈 프레젠테이션	대중연설
• 내가 무엇을 판매할 것인지 알아야 한다. • 경쟁사가 무엇을 판매할 것인지 알아야 한다. • 나의 제품을 구매하는 소비자에 대해서 알아야 한다.	• 내가 무엇에 대해 말하려는지 알아야 한다. • 내가 말하려는 주제를 다른 연사라면 어떻게 생각하는지 알아야 한다. • 무슨 내용을 알릴 것인지 알아야 한다.
• 어떻게 판매할 것인지 알아야 한다.	• 대중에게 어떻게 알릴 것인지 알아야 한다.
• 자사의 제품에 대해 알아야 한다. • 경쟁사의 제품에 대해 알아야 한다. • 소비자에 대해 알아야 한다.	• 말할 내용에 대해 알아야 한다. • 다른 연사들의 주제에 대해 알아야 한다. • 청중을 알아야 한다.

6. 프레젠테이션의 공포를 극복하는 방법

Talk About_

불안감(stage fright)의 실체를 알아야 한다.

Talk About_

심리적 불안 해소법: 긍정적 사고가 성공을 약속한다.

Talk About_

신체적 불안 해소법: 몸이 편하면 자신감이 생긴다.

Talk About_

적극적 불안 해소법: 불안감을 긍정적인 에너지로 바꾸는 방법

눈을 활용하라.
손을 활용하라.
목소리를 활용하라.
몸을 활용하라.

WORKSHEET 프레젠테이션 실습하기

- **모의 프레젠테이션**

Role Playing_고객 평가단, 프레젠터 선정

발표자료 준비

예상 질문 및 답변 준비

프레젠테이션 및 Q & A

- **각자의 역할에 대해 이야기해 보자.**

- **프레젠테이션 후 느낌을 서로 이야기해 보자.**

스티브 잡스의 프레젠테이션 스킬 10계명

1. Set the theme(주제를 정하라)

Jobs started saying…,

“There is something in the airtoday.”

… The ultrathin MacBook_AirLaptop

명확한 주제를 제시하는 것은 청중의 집중력을 돕는다. 아울러 발표자 역시 산만해지거나 곁가지로 빠질 우려를 피할 수 있다. 따라서 발표자는 설명이 길어지려는 순간 주제를 떠올려야 한다. 청중들이 이미 주제를 알고 왔겠으나, 내용이 방대하면 자칫 초점을 놓칠 수 있다.

2. Demonstrate enthusiasm(내용에 대한 열정을 나타내라)

Jobs used words…,

‘Extraordinary’(비범하고)

‘Amazing’(놀랍고)

‘Cool’(쿨한)

… 청중이 빠져들게

아무리 훌륭한 프레젠테이션 내용도 발표자가 책을 읽듯이 지루하면 안된다. 목소리가 너무 작거나, 음의 높낮이가 일정하면 청중의 분위기가 가라앉는다. 연극의 주인공처럼 열정적인 연기를 하다가...때론 독백을 하듯이 차분하게 프레젠테이션을 연출한다면 이상적이다. 다소 실수가 있더라도 열정적인 프레젠테이션은 언제나 청중을 사로잡는다.

3. Provide an outline(전체의 틀을 제시하라)

Jobs said…,

“There are 4things I want to talk about today. So…”

(오늘 내가 이야기 하려고 하는 것은 4가지입니다...)

발표 서두에 프레젠테이션의 진행 흐름에 큰 맥을 집어두는 것이 좋다. 또한 단계별로 넘어 갈 경우에..."지금까지 1단계...의 설명이었으며, 다음으로는 2단계...에 대한 설명을 드리겠습니다."와 같이 진행하면 흐름이 매끄럽고 청중의 이해도 도울 수 있다. 발표자는 이런 단계설명을 하며 스스로 다음 단계를 준비할 여유를 가질 수 있다.

4. Make numbers meaningful(숫자에 의미를 부여하라)

Jobs said…,

"i-phone의 판매량 400만개…하루 평균 2만개꼴…"

… i-phone의 파급력 강조

프레젠테이션이 끝나고 청중들은 내용을 모두 기억하지 못한다. 때문에 인과관계에 있어서 명확성이 중요하다. 특정 시장의 숫자를 근거로 결론에 도달 한다면 청중은 더욱 선명하게 기억한다.

5. Try for an unforgettable moment(잊지 못할 순간을 연출하라)

Jobs, 서류 봉투에서 MacBookAir를…

…세상에서 가장 얇은 노트북

…연출된 퍼포먼스

이는 소개하려는 제품이 있는 경우(런칭쇼와 같은) 이상적으로 활용할 수 있겠으나, 프레젠테이션 대부분은 제품이 아직 나오기 전에 하는 경우가 많다.

때문에 개인적으로 발표시...

복장 ; 정장(회사 내부에서의 발표는 정장입니다)보다는 캐주얼 정장으로,

도구 ; 트랜디한 노트북/PDA/핸드폰/볼펜/무선마우스 등등은 신뢰를 준다.

기타 ; 발표 중 산만하게 할 반짝이는 악세서리나 시계, 반지 등은 착용을 않는다.

6. Create visual slides(슬라이드는 눈에 띄게 만들라)

Text의 극소화…

Data, Chart, Image 제시

… 이해하기 쉽게

프레젠테이션을 하는 이유는 내용을 같이 읽기 위해서가 아니다. 때문에 PPT 자료를 만들 때에는 텍스트를 이미지와 동영상 그리고 도표로 대처해야 한다. 텍스트 부분은 발표자가 구두로 설명해야 청중의 귀를 기울이게 할 수 있다. 눈은 스크린에 귀는 발표자에게 집중시켜야 성공적인 프레젠테이션이 가능하다.

7. Give them a show(쇼를 보여줘라)

Show를 보고 있는 듯…

… multimedia 사용

제품의 직접 소개…

제품이 있는 경우에는 제품을 능숙하게 사용해 보이면 된다. 하지만 위에서 말한 것처럼 제품이 없는 경우가 더욱 많으니 이런 경우에는 제품을 시뮬레이션 해서 동영상이나 사진 등으로 실감나게 소개 하는 것이 중요하다.

8. Do not sweat the small stuff(작은 실수에 당황하지 말라)

실수를 지혜롭게…

… 웃음과 농담으로 즐거움을 선사

자칫 딱딱한 분위기이기 쉬운 프레젠테이션에서 신선한 웃음은 신뢰를 쌓는다. 무엇보다 청중을 설득해야 하는 경우에는 더욱 중요할 것이다. 아무리 옳고, 정당한 주장도 지나치게 공격적이거나 배려가 없다면 설득도 없다.

따라서 꼭 실수 때문만이 아니더라도 프레젠테이션 시나리오를 만들 때 청중의 특성을 활용한 자연스러운 웃음을 주는 막간이 필요하다. 지속적으로 긴장만 유발시키면 영화도 보기 힘들다. 긴장감 유발과 이완을 리드미컬하게 운영한다면 훌륭한 프레젠테이션이 된다. 통상 제 경험으로는 PPT 1쪽에 평균 1분 내외가 걸리니, 10쪽 내에 한번쯤이 좋다.

9. Sell the benefit(이득을 강조하고 팔아라)

Feature(제품의) 보다 Benefit(구매자의 이익)를 강조…

… 구매심리 = 투자심리

이는 투자제안이나 전략 등의 기획안을 관철시키려고 할 때 중요하다. 제안의 성과가 단기/중기/장기적으로 어떻게 이익이 되는지를 정확히 인식시켜 한다. 궁극적으로 앞의 모든 행위는 이를 증명하기 위한 과정이었으며, 이를 위한 신뢰의 시간이었다고 봐야 한다.

10. Rehearse, Rehearse,..., Rehearse(**수많은 반복 예행연습을 하라**)

이는 자칫 프레젠테이션 진행을 모두 외우는 것으로 착각하기 쉽다. 초보자들은 발표시 스스로 긴장해서 내용을 잊을까 계속해서 외우는 것을 본다. 열번째는 바로 이것을 바로잡기 위함이다.

만일 발표자가 외우려고 노력하면 발표자의 긴장감은 대단히 높아지고, 내용을 잊기라도 하면 발표 중에 흥분상태가 되고 만다. 발표자가 흥분하면 프레젠테이션은 끝장이 난다고 보면 된다.

중요한 내용은 이미 스크린에 또는 손에 들고 있는 자료에 있다. 이를 보며 천천히 설명하기 때문에 반복된 연습을 통해 해당 쪽을 이해하면 된다. 또한 연습은 암기가 아닌 각 쪽과 단락의 흐름을 자연스럽게 이어가는 것이다. 어차피 발표자가 누구보다 발표 내용을 가장 많이 알고 있다.

자신감을 갖기 위한 반복 예행연습을 하되
첫째, 스스로 내용을 충분히 이해하고,
둘째, 각 쪽에 숨겨진 텍스트를 독해하며,
셋째, 이를 자연스럽게 이어나가면 된다.
다시 말하면 외우는 것이 아니라 읽고 전달하는 것이다.

마지막으로 여기에는 없는 한가지를 더해 보면, 어떠한 경우에도 프레젠테이션과 같은 다수를 설득하는 작업을 할 때에는 무엇보다 자신이 설득되지 않으면 절대로 시작하면 안된다. 스스로를 설득하지 못하는 내용과 자료는 하지 않는 것만 못하기 때문이다.

학 / 습 / 평 / 가

01. **다음은 토론과 토의에 대한 특징이다. 왼쪽에 있는 것과 오른쪽에 있는 것을 서로 관련된 것끼리 연결하여 보시오.**

토론 •	• 주어진 문제에 대한 해답을 찾아내는 데 의미가 있다.
	• 이미 해답이 있으므로 설득하는데 중점을 둔다.
	• 서로 협력해서 의논하면서 생각을 넓혀 나가는 것이다.
토의 •	• 일종의 집단사고이다.
	• 규칙과 절차, 방법이 정해져 있다.
	• 자유롭게 의논하고 발언하는 것으로 제약 조건이 없다.

02. **다음은 토의의 진행 절차이다. 순서대로 배열하시오.**

- 문제의 확정 : 문제의 필요성, 중요성 등을 고려하여 토의할 문제를 확정한다.
- 해결안의 모색 : 문제를 해결할 수 있는 방안에는 어떤 것들이 있는지 여러 가지 측면에서 찾아본다.
- 해결안의 결정 : 여러 해결안을 검토, 평가해 보고, 가장 바람직한 해결안을 결정한다.
- 문제의 이해 : 문제의 원인과 실태, 앞으로의 전망 등에 대한 정보와 지식, 의견 등을 서로 교환한다.

__________ __________ __________ __________

03. **다음 중 '세미나'의 성격에 해당하는 것은 무엇인가?**

① 발표 보다는 토론이 중심이며, 발표는 각 토론의 결과를 공유하는 과정이다.

② 주제에 대한 전문가가 발표자가 되고, 청중들은 특정 주제에 대한 지식 등을 얻는 것이 목적이다.

③ 이해관계에 있는 기관이나 당사자가 모여 특정 주제에 대해 토의, 결정하는 회의로 일반적인 미팅보다는 규모가 크다.

④ 패널이 주제발표를 한 다음에 패널과 참석자가 토론을 주고받는다.

04. **다음은 프레젠테이션에 대한 설명이다. (A), (B)에 각각 들어갈 적절한 용어를 적어보시오.**

> 프레젠테이션이란 "(A)을 위한 의도된 행위"이다. 상대방의 태도와 행동을 변화시켜 목표한 성과를 얻기 위한 일련의 (A) 커뮤니케이션 행위이다. (A)을 위한 단계는 상대방의 (B)를 유도하는 일이다.

(A) = ____________________ (B) = ____________________

05. **다음 중 프레젠테이션의 특징에 해당하지 않는 것은 무엇인가?**

① 프레젠터와 청중간의 상호작용을 바탕으로 한 쌍방향 커뮤니케이션이다.

② 평가자의 주관적 평가로 결정된다.

③ 이성적인 설득뿐만 아니라 감성적인 공감을 이끌어 낼 수 있도록 준비한다.

④ 시각과 청각을 지양하고 언어와 문서의 형식에 보다 중점을 둔다.

CHAPTER 09

문서의 이해

일반목표

직장생활에서 필요한 문서를 확인하고, 읽고, 내용을 이해하여 업무 수행에 필요한 요점을 파악하는 능력을 기를 수 있다.

세부목표

1. 문서이해능력의 의미와 중요성을 설명할 수 있다.
2. 다양한 문서의 종류와 양식을 설명할 수 있다.
3. 문서이해의 구체적인 절차를 말할 수 있다.

제1절

문서이해의 개념

문서란 제안서, 보고서, 기획서, 편지, 이메일, 팩스, 메모, 공지 사항 등 문자로 구성된 것을 말한다. 사람들은 일상생활에서는 물론 다양한 직업현장에서 다양한 문서를 자주 사용한다. 그리고 이런 문서를 통하여 상대방에게 효율적으로 의사를 전달함으로써 자신의 의사를 상대에게 설득하고자 한다. 따라서 우리는 다양하게 주어지는 문서를 보다 정확하게 읽고, 이해하여 전달하고자 하는 내용을 명확하게 인식하여야 한다.

1. 문서이해능력이란

문서이해능력이란 직업현장에서 자신의 업무와 관련된 인쇄물이나 기호화된 정보 등 필요한 문서를 확인하여 내용을 이해하고 요점을 파악하는 능력이다. 문서에서 주어진 문장이나 정보를 읽고 이해하여, 자신에게 필요한 행동이 무엇인지 추론할 수 있어야 하며, 도표, 수, 기호 등도 이해하고 표현할 수 있는 능력을 의미한다.

직장 내에서 많은 문서를 읽고, 작성하는데 수많은 정보 중에 핵심내용을 이해하고 찾아내는 문서이해능력은 직장생활의 업무특성 상 직장인에게 요구되는 매우 중요한 능력이다.

사 례　한국인 문서 독해능력 OECD 꼴찌... '눈 뜬 장님' 수준

한국교육개발원이 발간한 '2004년 한국 교육인적자원 지표'를 보면, 한국에서는 '반상회 공고문'을보고 반상회가 누구 집에서 열리는지 파악하는 수준의 생활정보 문서 해독에 취약한 사람(1단계)이 전체의 38%나 되었고, 자신이 이미 아는 것이 아닌 새 직업이나 기술에 필요한 정보를 책을 통해 이해할 수 없는 사람(2단계)도 전체 국민 중 37.8%나 되었다. 심지어 대학을 졸업한 고학력자의 문서독해 능력 역시 조사대상인 경제협력개발기구(OECD) 22개국 중 꼴찌였다.

출처 : 한국일보

우리는 매일 다양한 매체를 통해 많은 문서를 접하고 있다. 하지만 정작 우리는 우리의 문서 이해능력이 어느 정도 되는지 진지하게 생각해 보지 않은 채 문서의 내용만 탓하고 있었다. 글의 내용이 잘 이해가 되지 않으면 어렵게 쓰인 탓이라 여기고 핑계를 댔다. 문서 이해능력은 마음먹은 대로 하루아침에 이루어지는 것이 아니라 지속적인 노력이 필요한 과정이다.

2. 직장에서 요구되는 문서이해능력

직장에서 요구되는 문서이해 능력이란 직장에서 사용되는 각종 문서나 자료에 수록된 정보를 확인하여, 필요에 알맞은 정보를 구별하고 비교하여 통합할 수 있는 능력이다. 또한 문서를 읽고 이해하는 능력이며, 문서에 나타난 타인의 의견을 이해하여 요약하고 정리할 수 있는 능력이다.

우리는 직장생활을 하며 자신의 업무와 관련된 수많은 문서를 접하게 되며, 이를 적절하게 처리해야 한다. 이 때 문서를 제대로 이해하지 못한다면 자신에게 주어진 임무가 무엇인지, 자신에게 요구된 행동이 무엇인지 파악하지 못해 원만한 직장생활을 하기가 어렵다.

주위를 둘러보면 수많은 직업이 있고, 그에 따라 잘 이해해야 하는 문서의 종류도 다양하다. 다양한 문서를 얼마나 빨리 이해하고 능숙하게 업무를 처리하느냐가 업무의 성과에 상당한 영향을 미치며, 문서 이해가 빠른 사람은 그렇지 못한 사람에 비해 업무처리속도가 현저히 높은 것이 사실이다. 다양한 문서의 종류와 그에 따른 문서이해방법을 잘 알아야하는 중요성을 잊지 말아야 한다.

3. 문서의 종류와 용도

[그림 10-2] 문서의 종류

우리는 생활하면서 다양한 문서를 접하게 된다. 직장에서 접하게 되는 문서를 중심으로 알아보고자 한다.

1) 공문서

공공기관이나 단체, 기업체에서 대내외적으로 업무를 집행하기 위하여 공식적으로 작성한 문서로 일정한 규격과 양식에 따라 작성되며, 최종 결재권자의 결재가 있어야 문서로써의 효능이 인정된다.

2) 기획서

기업에서 일어날 수 있는 다양한 일들에 대해 구체적으로 계획을 수립하여 제출하는 문서로 상대방에게 기획의 내용을 전달하고 설득한다. 적극적으로 아이디어를 내고 기획해 하나의 프로젝트를 문서형태로 만든다.

3) 기안서

기업 활동 중 어떤 사항의 문제해결을 위한 방안을 작성하여 결재권자에게 의사결정을 요청하는 문서로 예산의 지출을 동반하는 안건의 승인을 구하는 품의서, 새로운 방향이나 안건을 제시하는 제안서 등이 있다. 흔히 사내 공문서로 불린다.

4) 보고서

일에 관한 현황이나 그 진행 상황 또는 연구·검토 결과 등을 보고하고자 할 때 작성하는 문서이다. 보고서의 종류로는 다음과 같은 것들이 있다.

- **영업보고서** : 재무제표와 달리 영업상황을 문장 형식으로 기재해 보고하는 문서
- **결산보고서** : 진행됐던 사안의 수입과 지출 결과를 보고하는 문서
- **일일업무보고서** : 매일의 업무를 보고하는 문서
- **주간업무보고서** : 한 주간에 진행된 업무를 보고하는 문서
- **출장보고서** : 회사 업무로 출장을 다녀와 외부 업무나 그 결과를 보고하는 문서
- **회의보고서** : 회의 결과를 정리해 보고하는 문서

5) 설명서

대개 상품의 특성이나 사물의 성질과 가치, 작동 방법이나 과정을 소비자에게 설명하는 것을 목적으로 작성한 문서이다. 설명서는 다음의 종류로 나눌 수 있다.

- **상품소개서** : 일반인들이 친근하게 읽고 내용을 쉽게 이해하도록 하는 문서, 소비자에게 상품의 특징을 잘 전달해 상품을 구입하도록 유도하는 것이 목적이다.
- **제품설명서** : 제품의 특징과 활용도에 대해 세부적으로 언급하는 문서, 제품 구입도 유도하지만 제품의 사용법에 대해 자세히 알려주는 것이 목적이다.

6) 보도 자료

정부 기관이나 기업체, 각종 단체 등이 언론을 상대로 자신들의 정보가 기사로 보도되도록 하기 위해 보내는 자료이다.

7) 비즈니스 레터

사업상의 이유로 고객이나 단체에 편지를 쓰는 것이며, 직장 업무나 개인 간의 연락, 직접 방문하기 어려운 고객관리 등을 위해 사용되는 비공식적 문서이나, 제안서나 보고서 등 공식적인 문서를 전달하는데도 사용된다.

사 례 **글로벌기업 사칭 이메일에 국내 대기업 240억 날렸다**

LG화학 해킹된 이메일 받고 제3자 계좌에 거래대금 보내

검찰에 수사의뢰…타 기업 피해 발생 가능성도 있어

국내 대기업이 글로벌 기업을 사칭한 이메일로 인해 거래대금 수백억원을 날리는 사건이 발생했다. 28일 관련 업계에 따르면 LG화학은 최근 서울중앙지검에 국제 이메일 해킹 사기 사건을 수사 의뢰했다.

해당 사건은 국제범죄를 전담하는 외사부에 배당된 것으로 알려졌다.

LG화학은 평소 사우디아라비아에 위치한 아람코프로덕트트레이딩과 거래관계를 유지해 왔다. 아람코프로덕트트레이딩으로부터 납사(나프타)를 사들여 수입한 뒤 이를 토대로 석유화학 제품을 만들어왔다. 아람코프로덕트트레이닝은 연간 34억 배럴의 원유를 생산하는 사우디 국영 석유회사인 아람코의 자회사다. 아람코는 세계 최대 석유회사로 국내 정유업체인 에스오일의 최대주주이기도 하다.

LG화학은 지난달 아람코측 거래 상대방 명의로 납품대금 계좌가 변경됐다는 이메일을 받았다. LG화학 관계자는 이메일과 계좌 명의까지 확인한 뒤 아무런 의심없이 거래대금 240억원 가량을 송금했다.

그러나 해당 계좌는 아람코프로덕트트레이딩과 관계없는 제3자의 계좌로 LG화학은 결국 해당금액만큼 피해를 입었다. 검찰과 LG화학은 이번 사건이 이메일 해킹을 통한 무역대금 사기인 것으로 보고 있다. 해커가 기업 간 거래에 사용된 이메일을 해킹, 거래 내용과 대금 규모 등 상세 내용을 파악한 뒤 사칭 이메일을 보낸 것으로 추정된다.

출처 : SBS뉴스

8) 비즈니스 메모

업무상 필요한 중요한 일이나 앞으로 체크해야 할 일이 있을 때 필요한 내용을 메모 형식으로 작성하여 전달하는 글이다. 비즈니스 메모의 종류에는 전화 메모, 회의 메모, 업무 메모 등이 있다.

9) 이력서, 자기소개서

개인의 가정환경과 성장 과정, 입사 동기와 근무자세 등을 구체적으로 기술하여 자신을 소개하는 문서이다.

사 례 **"자소서 쓸 때 '지원동기와 입사 후 포부'가 가장 어려워"**

취업준비생들이 자기소개서(자소서)를 작성할 때 가장 어렵다고 느끼는 항목은 '지원 동기와 입사 후 포부'인 것으로 조사됐다. 취업포털 인크루트는 회원 722명을 상대로 자소서 작성 때 어려운 점을 물어본 결과 가장 까다롭게 느낀 항목 1위로 지원 동기와 입사 후 10년 뒤 모습(40%)이 꼽혔다고 12일 밝혔다.

이어 '시키는 일의 범위를 넘어 자발적으로 도전한 경험'(10%), '본인의 가치관을 형성하는 데 가장 큰 영향을 끼친 경험'(9%), '지원한 직무 분야에서 노력해온 점'(9%), '본인의 장단점과 입사 후 이런 장단점이 어떻게 활용될지'(8%), '주어졌던 일 중 가장 어려웠던 경험'(8%) 등이 뒤를 이었다.

응답자들은 이런 항목에 답하기 어려웠던 이유로 '쓸 만한 소재가 없어서'(51%), '문항을 통해 파악하려는 요인이 무엇인지를 몰라서'(16%), '익숙하지 않은 문제 유형이라서'(14%) 등을 꼽았다. 자소서 작성 때 활용하는 소재는 '인턴 활동을 포함한 실무경력'(13%), '아르바이트 경험'(11%), '성장 환경'(10%) 등이 지목됐다. 작성하기 좋은 자소서 분량은 '450자 이상~500자 미만'을 가장 많이(23%) 꼽았고, 이어 '500자 이상~700자 미만'(22%), '200자 이상~450자 미만'(16%) 등이었다.

이광석 인크루트 대표는 "지원 동기와 입사 후 포부는 지원자의 성장 계획을 묻는 것이므로 지원 기업에 입사 후 구체적인 목표를 제시하고 의지를 강하게 어필하는 것이 좋은 작성법"이라고 말했다.

출처 : SBS 뉴스

WORKSHEET 이력서 작성 실습하기

WORKSHEET 자기소개서 작성 실습하기

제2절
문서이해의 절차

우리는 일상생활이나 직장생활에서 다양한 활동을 하면서 수많은 문서를 읽어야 한다. 하지만 주어진 문서를 빠르고 정확하게 이해하기 위해서는 문서를 이해하는 구체적인 절차를 알고 다양한 문서를 접하면서 연습해야 한다.

1. 문서이해를 위한 구체적인 절차

1. 문서의 목적 이해하기
2. 문서를 작성하게 된 배경과 주제 파악하기
3. 문서의 정보를 밝혀내고, 문서가 제시하고 있는 현안문제 파악하기
4. 상대방의 의도 및 나에게 요구되는 행동에 관한 내용 분석하기
5. 문서에서 이해한 목적달성을 위해 취해야 할 행동을 생각하고 결정하기
6. 상대방의 의도를 도표, 그림 등으로 메모하여 요약, 정리해보기

[그림 10-3] 문서이해 절차

2. 문서이해를 위해 필요한 사항

직장에서는 많은 문서들이 오고 간다. 그 많은 문서들을 모두 다 이해하는 것은 정말 힘든 일이다. 주어진 모든 문서를 이해했다고 하더라도 그 내용을 모두 기억하기란 불가능하다. 따라서 문서에서 꼭 알아야 하는 중요한 내용만을 골라 필요한 정보를 획득하고, 종합하는 능력이 절실하지만, 이러한 능력 또한 쉽게 얻어지는 것이 아니기 때문에 다양한 종류의 문서를 읽고, 구체적인 절차에 따라 이해하는 '문서이해능력'과 더불어 핵심적인 내용만 정리하는 '내용종합능력'을 키워 나가도록 해야 한다.

WORKSHEET 문서 요약하기

다음에 주어진 글을 유의하여 읽고, 꼭 알아야 할 중요한 내용을 찾아 요약하여 정리해 보시오.

핀란드·프랑스 등 노동개혁 올인
고용 숫자보다 질적 개선이 중요
고통분담으로 민간혁신경제 구축
구조개혁 통해 시장역동성 살려야

[서울경제] 핀란드는 한때 '유럽의 병자'로 조롱받을 만큼 심각한 경제위기에 시달렸다. 휴대폰업체 노키아의 몰락과 제지산업의 침체가 맞물리면서 성장률이 마이너스로 떨어지고 실업률도 천정부지로 치솟았다. 노키아만 해도 1만여명의 직원을 2,000명으로 줄여야 하는 아픔을 겪어야 했다. 그랬던 핀란드 경제가 최근에는 조금씩 회복되고 있다. 세계 최고수준인 노동비용을 줄이고 산업 구조조정을 추진하면서 수출 경쟁력이 되살아나고 있기 때문이다. 노키아 출신의 기술자들이 벤처창업으로 몰리면서 스타트업 열기도 뜨겁다고 한다. 하지만 벤처가 많이 생겨도 규모가 작다 보니 고용창출 효과가 기대에 못 미친다는 사실은 여전히 숙제로 남아 있다.

세계 경기가 회복세를 보이는 가운데 각국마다 구조개혁의 바람이 거세게 일고 있다. 구조개혁이 정권의 성향을 떠나 세계 경제의 공통과제로 인식될 정도다. 미국이나 독일 등 주요 선진국의 실업률이 10여년 만에 최저수준을 기록하는 등 완전고용상태를 보이는 것도 일찍부터 경제체질 개선에 나선 덕택이다. 최근 정권이 바뀐 프랑스도 에마뉘엘 마크롱 대통령이 노동시장 대수술을 최대 국정과제로 삼아 노조 대표들과 릴레이 회동을 갖고 있다. 엘리제궁에서 마라톤 면담을 통해 실업난과 경기침체를 해결하자면 노동시장부터 바로잡아야 한다고 설득하기도 했다. 취임 이후 지지율이 62%까지 치솟은 정권 초기의 강점을 십분 활용하겠다는 전략일 것이다.

문재인 정부도 출범하자마자 일자리 대통령을 천명하며 고용창출에 전력하고 있다. 대기업 중심의 경제 패러다임에서 벗어나 사람 중심, 중소기업 중심으로 경제정책을 변화시키겠다는 것이다. 재벌개혁을 구조개혁의 핵심으로 여기는 분위기도 감지된다. 우리 사회의 경제 양극화나 빈부 격차 문제가 심각하다는 점에서 과거와 다른 획기적인 정책이 필요한 것도 사실이다. 하지만 핀란드의 사례에서 보듯이 대기업을 규제하고 벤처창업 열풍이 분다고 해서 좋은 일자리가 충분히 만들어질 것인지는 의문이 든다. 글로벌 개방경제 시대에서 일방적인 지배구조 개편을 강요한다면 투자심리 위축으로 이어질뿐더러 법인세 인상 같은 증세정책까지 맞물린다면 자칫 되살아나는 경제에 찬물을 끼얹을 가능성도 크다.

과거 노무현 전 대통령의 탄핵 이후 열린우리당이 돌풍을 불러일으킨 적이 있다. 당시 여권은 4대 개혁을 무리하게 밀어붙이다 결국 동력을 상실하는 우를 범하고 말았다. 국민 정서를 충분히 고려하지 않은 과욕이 빚은 혼란이었다. 새 정부 역시 적폐청산 같은 눈앞의 성과에만 국정역량을 쏟아붓다가는 구조적이고 본질적인 과제에 소홀할 수 있다. 잘못된 경제 관행은 과감히 뜯어고치되 무엇보다 시장의 역동성이 살아나도록 하는 데 초점을 맞춰야 한다. 아울러 철저한 구조조정 등 고통분담의 과정을 통해 민간 혁신경제 체제를 구축하는 것도 중요하다. 이 과정에서 정부가 말 그대로 마중물에 머무르지 않고 과도한 개입을 일삼는다면 시장을 죽이고 투자의욕마저 꺾어버리는 역효과를 빚게 된다. 기업들이 정부의 눈치를 보며 일자리 숫자에만 매달리느라 미래 성장의 밑그림은 엄두도 내지 못하는 현실은 누가 봐도 정상이 아니다.

마침 세계 경제가 회복세를 보이는 지금이야말로 구조개혁의 적기다. 정권 초반에 높은 국정 지지율을 바탕으로 구조개혁에 매진해야만 성과를 거둘 수 있을 것이다. 구조개혁의 핵심은 노동시장의 유연성을 갖추는 일이다. 창의력과 혁신이 화두로 떠오르고 있는 4차 산업혁명의 시대에서야 두말할 나위도 없다. 새 정부는 일자리 수를 늘리는 것도 중요하지만 일자리의 질을 개선하는 데 역점을 둬야 한다. 구조개혁이 선행하지 않는 한 일자리 만들기는 지속 가능하지도 않을뿐더러 질적 개선은 더욱 어렵다. 누구나 원하는 좋은 일자리란 항상 모두의 고통분담과 짝을 이뤄야 가능한 법이다. 몇 해 전 방한한 게르하르트 슈뢰더 전 독일 총리는 “정권을 잃더라도 국익을 위해 해야 할 일을 하는 것이 중요하다”고 조언했다. 좋은 일자리를 만들겠다는 새 정부가 두고두고 곱씹어봐야 할 대목일 것이다.

- 중요한 내용 요약하기

제목 :

내용 : (10줄로 요약)

WORKSHEET 포토뉴스 작성 실습하기

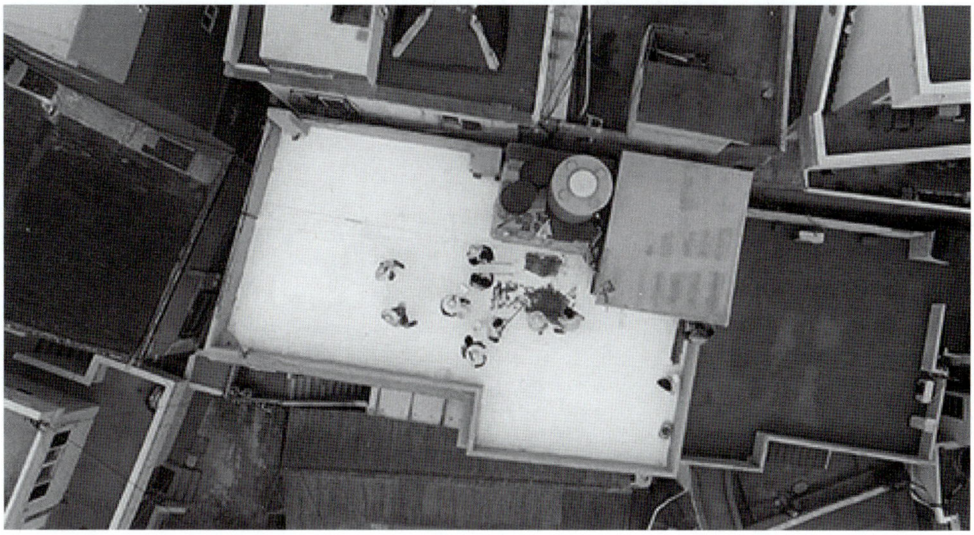

제목 :

내용 :

WORKSHEET 글쓰기의 차이점 이해하기

"설탕은 치아 건강과 허리둘레뿐만 아니라 정신 건강에도 악영향을 끼칠 수 있다는 연구 결과가 나왔다."

- 구체적으로 글쓰기

- 창의적으로 글쓰기

제3절

정보의 수집과 정리

현대사회에서 정보는 언제 어디서나 쉽게 찾을 수 있고 구할 수 있다. 예를 들어 검색 사이트에서 검색만 해도 수많은 정보를 얻을 수 있다. 하지만 유용한 정보라고 하더라도 그것의 가치를 알지 못하면 아무런 소용이 없다.

따라서 정보의 홍수 속에서 가치 있는 정보를 수집하여 이를 적절히 활용할 수 있는 안목이 있어야 한다. 정보를 어떻게 수집하고, 수집된 정보를 어떻게 요약 정리하여 활용할 수 있는지 알아보자.

1. 정보의 수집

우리는 어떤 과제를 부여받았다고 생각해 보자. 먼저 할 일은 과제에 대해 한 번 더 생각해 보고, 어떻게 과제를 해결해 나갈 것인지 계획을 세우는 일일 것이다. 그런 다음 관련 내용을 인터넷이나 도서관에서 찾아볼 것이다.

인터넷으로 검색하기 위해 컴퓨터 앞에 앉아서 뭘 해야 할지 고민했던 경험이 한두 번쯤 있었을 것이다. 정확한 키워드를 알지 못해 검색어를 어떻게 입력해야 할지, 어떤 내용이 중요한지, 어떤 내용이 정확한지 여러 생각이 들었을 것이다.

예를 들어 경험이 많은 의사들은 환자가 방문하면, 초기 문진으로 병의 원인을 파악하고 가설을 세운다. 그 이후 혈액검사, MRI 촬영 등 검사를 통해 가설을 검증하고, 검사 결과를 토대로 환자를 이해시킨다. 그리고 적절한 치료법을 선택하여 질병을 치료하는 과정을 거친다.

반면 경험이 적은 의사들은 초기 문진을 통해 가설을 세우지 못한 채 여러 검사를 함으로써 많은 비용과 시간을 지출하게 만들고, 병의 원인을 제대로 찾지 못해 환자의 불신을 키우기도 한다.

정보는 무작정 수집하는 것이 아니다. 경험이 많은 의사처럼 가설을 먼저 세우고, 가설에 맞는 정보를 수집하여 가설을 검증한다. 정보는 가설이 맞는지 틀리는지 검증하는 수단이다. 정보를 수집하여 검색한 결과, 가설이 틀렸다는 것이 밝혀지면, 또 다른 가설을 세우고 그에 해당하는 정보를 다시 수집하면 된다.

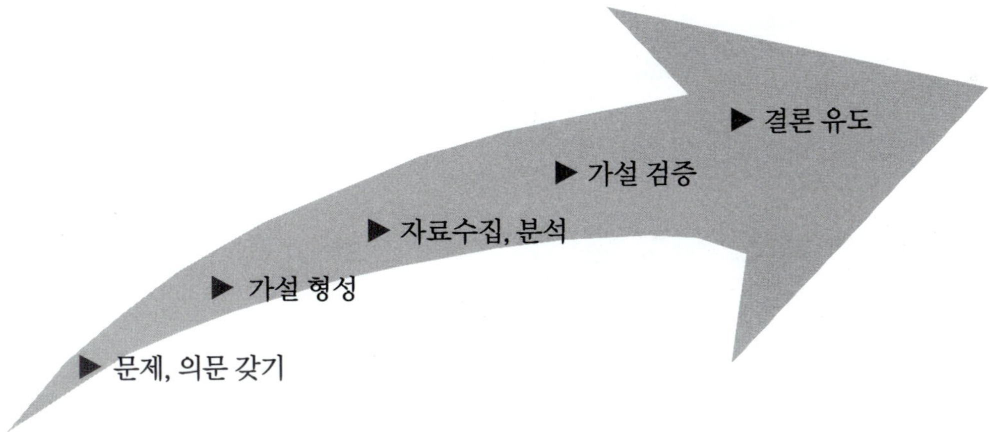

[그림 10-4] 정보수집의 단계

가설을 세우면 정보수집에 많은 시간을 낭비하지 않는다. 방대한 양의 정보를 수집하다보면 분석에 많은 시간이 걸리며, 상황이 이미 변해 필요 없는 정보가 되기도 한다. 정보수집은 일상적인 정보수집, 목적에 따른 정보수집, 필요에 따른 정보수집으로 구분할 수 있다.

- **일상적인 정보수집** : 기본정보로써 기획의 내용을 작성하기 위하여 사용
- **목적에 따른 정보수집** : 보강정보로써 기획의 본문에 사용
- **필요에 다른 정보수집** : 보조정보로써 기획의 내용을 뒷받침해주는 별첨으로 사용

2. 정보의 정리

수집한 정보는 정리하여 나만의 데이터베이스를 만들어야 한다. 정보를 정리하기 위해 또는 문서를 정리하기 위해 가장 많이 사용하는 방법이 바로 5W1H이다.

[그림 10-5] 5W1H

5W1H의 원칙에 맞게 수집하는 모든 정보와 문서를 정리하여 자기만의 데이터베이스를 만들어야 한다. 그래야 필요할 때 바로바로 사용할 수 있어 시간을 절약할 수 있다.

정보는 많이 수집할수록 좋다. 그러나 정보를 요약하여 나만의 데이터베이스를 만드는 것이 이보다 더 바람직한 행동이다. 하지만 데이터베이스를 만들어 놓았다고 끝나지는 않는다. 지속적으로 정보를 수정하고 보완해 주어야 한다.

출처 : KSA 한국표준협회 『NCS직업기초능력평가』

참고

기록은 기억보다 강하다. 메모란, 잊어버리지 않기 위해 하는 것이 아니라 기록한 후 잊기 위해 하는 것이다. 현대는 정보와 지식이 생활의 필수 에너지로 작용하는 사회다.

그만큼 우리는 매일 수많은 정보와 지식을 입력하고 처리하면서 의사를 결정하고 그에 따라 행동한다. 기록하고 잊어라. 안심하고 잊을 수 있는 기쁨을 만끽하면서 항상 머리를 창의적으로 쓰는 사람이 성공한다. 그 비결은 바로 '메모 습관이다.'

〈메모의 기술 7가지〉

① 언제 어디서든 메모하라.

- 머릿속에 떠오른 생각은 그 자리에서 바로 기록하는 것이 메모의 법칙이다.

② 주위 사람들을 관찰하라.

- 독자적인 방법을 고안할 능력이 있다면 자신만의 방법을 터득하면 되지만, 그럴 능력이 없다면 우선 눈에 보이는 것부터 시작하는 것이 최우선이다. 즉 일을 잘하는 사람의 방법을 보고 배우는 것이다.

③ 기호와 암호를 활용하라.

- 메모할 때 반드시 '글자'만 쓰란 법은 없다. 자신이 보고 무슨 내용인지 알 수 있으면 된다. 중요한 것은 자신만의 메모 흐름을 만드는 것이다.

④ 중요 사항은 한눈에 띄게 하라.

- 메모하는 방법에는 정답이 없다. 시간이 지난 후 다시 검토했을 때 중요한 부분이 한눈에 들어오는 것이 좋은 메모다.

⑤ 메모하는 시간을 따로 마련하라.

- 하루에 한 번이라도 수첩과 펜을 드는 습관이 생기면 특별히 노력하지 않아도 자연스럽게 메모하게 된다.

⑥ 메모를 데이터베이스로 구축하라.

- 메모는 어떤 형태로든 남겨두면 훗날 효력을 발휘한다. 데이터베이스를 만드는 가장 중요한 목적은 '정리한 후 잊어버리자!'이다.

⑦ 메모를 재활용하라.

출처 : 인터넷 교보문고

학/습/평/가

01. **다음은 문서이해능력에 대한 설명이다. (A), (B), (C)에 각각 들어갈 적절한 용어를 적으시오.**

> 문서이해능력이란 직업현장에서 자신의 업무와 관련된 인쇄물이나 기호화된 정보 등 필요한 문서를 확인하여 문서를 읽고, (A)하고 (B)하는 능력이다. 주어진 문장이나 정보를 읽고 이해하여, 자신에게 (C)할 수 있어야 하며, 도표, 수, 기호 등도 이해하고 표현할 수 있어야 한다.

(A) = ______________ (B) = ______________ (C) = ______________

02. **문서를 통하여 이루고자 하는 목적이 아닌 것을 고르시오.**

① 상대방의 의도를 파악 ② 요점을 도출하기
③ 나의 행동을 변화시키기 ④ 원활하게 업무를 처리하기
⑤ 나의 의견 주장하여 관철시키기

03. **회사의 업무에 대한 협조를 구하거나 의견을 전달할 때 작성하는 문서를 고르시오.**

① 결산보고서 ② 보도자료
③ 기획서 ④ 기안서
⑤ 공문서

04. **진행됐던 사안의 수입과 지출결과를 보고하는 문서를 고르시오.**

① 결산보고서 ② 보도자료
③ 기획서 ④ 기안서
⑤ 공문서

05. 다음은 문서이해의 구체적인 절차이다. (　　　　)안에 알맞은 내용을 쓰시오.

① 문서의 (　　　　) 이해하기

② 이러한 문서가 작성되게 된 배경과 (　　　　) 파악하기

③ 문서에 쓰인 정보를 밝혀내고 문서가 제시하고 있는 현안문제를 파악하기

④ 문서를 통해 상대방의 욕구와 의도 및 내게 요구되는 행동에 관한 내용을 (　　　　)하기

⑤ 문서에서 이해한 목적 달성을 위해 취해야 할 행동을 생각하고 결정하기

⑥ 상대방의 의도를 도표나 그림 등으로 (　　　　)하여 요약 정리해보기

CHAPTER 10

문서작성의 이해

일반목표

직장생활에서 직장인으로서 자신에게 주어진 상황과 목적에 따라 다양하게 요구되는 문서를 파악하고 작성하는 능력을 기를 수 있다.

세부목표

1. 문서작성의 개념 및 중요성을 설명할 수 있다.
2. 상황과 목적에 따라 필요한 문서를 선택하여 작성할 수 있다.
3. 직장에서 문서작성의 원칙에 따라 문서를 작성할 수 있다.
4. 문서작성 시 주의사항을 설명할 수 있다.
5. 문서작성 시 문서를 시각화하는 구성요소를 정리할 수 있다.

제1절

문서작성의 개념과 중요성

1. 문서작성의 개념

문서는 같은 직장에서 근무하는 사람들의 의사소통의 수단이 될 뿐만 아니라, 자신의 업무능력을 평가받게 되는 잣대가 될 수도 있다. 이처럼 직장생활에서는 문서작성능력이 상당히 중요하다. 또한 아무리 성실하게 업무를 수행하더라도 상황과 목적에 맞게 문서를 작성하지 못하면 자신의 능력을 제대로 평가받을 수 없다.

문서작성이란 직장생활에서 요구되는 업무의 목적과 상황에 적합한 아이디어나 정보를 전달할 수 있도록 문서로 작성하는 것을 말한다. 직장인은 자신에게 주어진 업무나 자신을 둘러싸고 일어나는 상황에서 필요한 문서가 무엇인지 이해하고 작성할 때, 조직의 요구에 효과적으로 부응할 수 있다. 따라서 다양한 문서를 이해하고 상황과 목적에 맞는 문서작성 능력의 함양이 요구된다.

2. 직장생활에서 문서 작성의 중요성

직장인에게 글을 쓰는 행위는 대화의 또 다른 방법이다. 우리는 글쓰기를 통해 자신의 생각을 보다 구체적이고 논리적으로 정리하여 표현할 수 있다.

직장인에게 있어 문서작성은 직장생활의 업무와 관련된 것이 대부분이다. 개인적인 이메일

뿐만 아니라 이메일을 통한 업무보고가 당연시되는 시대가 되면서 직장인들은 자신의 생각을 논리정연하게 표현해야 하는 문서작성이 더욱 절실하게 되었다.

1) 문서작성의 중요성

사람들은 일상생활에서는 물론 직업생활에서도 다양한 문서를 자주 사용한다. 하지만 직장에서의 문서작성은 업무와 관련된 일로 조직의 비전을 실현시키는 것이라 할 수 있다. 그렇게 때문에 직장인으로서 문서작성은 개인의 의사표현이나 의사소통을 위한 과정으로서의 업무일 수도 있지만 이를 넘어 조직의 사활이 걸린 중요한 업무이기도 하다.

WORKSHEET

- 직장생활에서 문서작성이 중요한 이유를 쓰시오.

2) 문서작성 시 고려사항

문서는 문서를 통해 무엇을 전달하려고 하는지 명확히 한 후에 작성하여야 한다. 문서작성은 작성하는 개인의 사고력과 표현력이 총동원된 결정체이다. 그러므로 문서작성 시에 고려해야 할 사항은 대상과 목적, 시기가 포함되어야 하며, 기획서나 제안서 등 경우에 따라 기대효과 등이 포함되어야 한다.

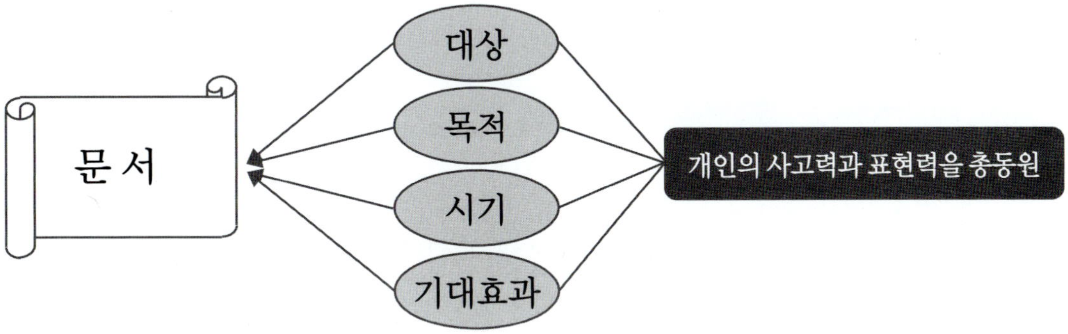

[그림 11-1] 문서작성 시 고려사항

3) 문서작성의 구성요소

직업인이 작성하는 문서는 치열한 경쟁상황에서 상대를 설득하거나 조직의 의견을 전달하는 기능을 하는 공적인 문서이다. 그러므로 길이가 길고 중구난방 식으로 나열하여서는 안된다. 또한 일관적이며 통일성을 갖추고 전체 흐름이 일목요연한지, 객관적인 근거가 정확한지, 핵심사항이 정확한지를 확인해야 한다. 문서작성을 위해서는 다음의 다섯 가지 구성요소를 갖추어야 한다.

- 품위 있고 짜임새 있는 골격
- 객관적이고 논리적이며 체계적인 내용
- 이해하기 쉬운 구조
- 명료하고 설득력 있는 구체적인 문장
- 세련되고 인상적이며 효과적인 배치

제2절
문서작성의 원칙

직장에서의 업무는 대부분 문서를 통해 이루어지고 있다. 문서는 어디까지나 자신의 생각을 상대방에게 정확하게 전달하기 위한 것으로 '읽게 해주는 것'이 아니라 '읽어주기를 바라는 것' 이어야 한다. 따라서 자신의 명확한 생각을 전달하고자 할 때 문서를 활용하게 된다. 공적인 업무를 효과적이고 명확한 진행을 위한 직장생활의 성격 상 우리는 많은 문서작성의 상황과 마주하게 된다.

1. 상황에 따른 문서작성법

직장생활에서 요구되는 문서는 작성해야 하는 상황에 따라 그 내용이 결정되고, 내용에 따라 문서의 성격과 구성해야 할 내용이 결정된다.

1) 요청이나 확인을 부탁하는 경우

업무를 추진하는 과정 중에 업무 내용과 관련된 요청사항이나 확인절차를 요구해야 할 때가 있다. 이러한 경우, 일반적으로 공문서를 활용하게 되는데, 공문서는 반드시 일정한 양식과 격식을 갖추어 작성하여야 한다.

2) 명령이나 지시가 필요한 경우

업무를 추진하다보면 관련 부서나 외부기관, 단체 등에 명령이나 지시를 내려야 하는 일이 많다. 이런 경우, 일반적으로 업무 지시서를 작성한다. 업무 지시서를 작성할 때는 상황에 적합하고 명확한 내용을 작성할 수 있어야 한다. 또한, 단순한 요청이나 자발적인 협조를 구하는 차원이 아니므로, 즉각적인 업무 추진이 설명될 수 있도록 해야 한다.

3) 정보제공을 위한 경우

직장생활에서 업무추진을 통해 일의 성과를 높이기 위해서는, 적시에 유용한 정보를 제공할 수 있어야 한다. 자신과 부서에 대한 일반적인 정보 뿐 아니라 행사를 개최하거나 제품을 개발했을 경우에도 필요한 정보를 제공해야 한다. 일반적으로 회사 자체에 대한 홍보나 기업정보를 제공하는 경우가 있는데, 이러한 경우에는 홍보물이나 보도자료 등의 문서가 필요하다.

또한 제품이나 서비스에 대한 정보를 제공해야 하는 경우에는 설명서나 안내서 등이 필요하며, 정보제공을 위한 문서를 작성하고자 하는 경우에는 시각적인 자료를 활용하는 것이 효과적이다. 또한 모든 상황에서 문서를 통한 정보제공은 무엇보다 신속하고 정확하게 이루어져야 한다.

4) 제안이나 기획을 할 경우

직장생활에서는 업무에 대한 제안이나 기획을 수립해야 하는 경우가 많다. 제안서나 기획서의 목적은 업무를 어떻게 혁신적으로 개선할지, 어떤 방향으로 추진할지에 대한 의견을 제시하는 것이다. 그러므로 회사의 중요한 행사나 업무를 추진해야 할 경우, 제안서나 기획서를 효과적으로 작성하는 것은 매우 중요하다. 제안이나 기획의 목적을 달성하기 위해서는 관련된 내용을 깊이 있게 담을 수 있는 작성자의 종합적인 판단과 지식이 요구된다.

5) 약속이나 추천을 위한 경우

약속은 고객이나 소비자에게 제품의 이용에 관한 정보를 제공하고자 할 때, 추천은 개인이 다른 회사에 지원하거나 이직을 하고자 할 때 일반적으로 상사가 작성해 주는 문서이다.

2. 종류에 따른 문서작성법

보통 각 회사나 기관별로 고유의 문서양식이 있어서 상황에 따라 적합한 문서를 선정하여 작성하게 된다. 만일, 별도의 양식이 정해져 있지 않으면, 일반적으로 많이 쓰는 양식을 선정하여 작성하도록 한다.

1) 공문서

공문서는 회사외부로 전달되는 문서이므로 누가, 언제, 어디서, 무엇을, 어떻게(왜)가 정확하게 드러나도록 작성해야 한다.

〈날짜 작성 시 유의사항〉

- 연도와 월일을 반드시 함께 기입한다.
- 날짜 다음에 괄호를 사용할 경우에는 마침표를 찍지 않는다.

〈내용 작성 시 유의사항〉

- 한 장에 담아내는 것이 원칙이다.
- 마지막엔 반드시 '끝'자로 마무리 한다.
- 복잡한 내용은 항목 별로 구분한다. ('-다음-', 또는 '-아래-')
- 대외문서이고, 장기간 보관되는 문서성격에 따라 정확하게 기술한다.

2) 설명서

- 명령문보다 평서형으로 작성한다.
- 상품이나 제품에 대해 설명하는 글의 성격에 맞춰 정확하게 기술한다.
- 정확한 내용전달을 위해 간결하게 작성한다.
- 소비자들이 이해하기 어려운 전문용어는 가급적 사용을 삼간다.
- 복잡한 내용은 도표를 통해 시각화하여 이해도를 높인다.
- 동일한 문장 반복을 피하고 다양하게 표현하도록 한다.

3) 기획서

〈기획서 작성 전 유의사항〉

- 기획서의 목적을 달성할 수 있는 핵심 사항이 정확하게 기입되었는지 확인한다.
- 기획서는 상대에게 어필해 상대가 채택하게끔 설득력을 갖춰야하므로, 상대가 요구하는 것이 무엇인지 고려하여 작성한다.

〈기획서 내용 작성 시 유의사항〉

- 내용이 한눈에 파악되도록 체계적으로 목차를 구성하도록 한다.
- 핵심 내용의 표현에 신경을 써야 한다.
- 효과적인 내용전달을 위해 내용에 적합한 표나 그래프를 활용하여 시각화하도록 한다.

〈기획서 제출 시 유의사항〉

- 충분한 검토를 한 후 제출하도록 한다.
- 인용한 자료의 출처가 정확한지 확인한다.

4) 보고서

〈보고서 내용 작성 시 유의사항〉

- 업무 진행 과정에서 쓰는 보고서인 경우, 진행과정에 대한 핵심내용을 구체적으로 제시하도록 작성한다.
- 핵심사항만을 산뜻하고 간결하게 작성한다.
- 복잡한 내용일 때에는 도표나 그림을 활용한다.

〈보고서 제출 시 유의사항〉

- 보고서는 개인의 능력을 평가하는 기본요인이므로, 제출하기 전에 반드시 최종점검을 한다.
- 참고자료는 정확하게 제시한다.
- 내용에 대한 예상 질문을 사전에 추출해 보고, 그에 대한 답을 미리 준비하다.

5) 비즈니스 메모 작성법

업무상 필요한 중요한 일이나 앞으로 체크해야 할 일이 있을 때 필요한 내용을 메모형식으로 작성하여 전달하는 글이다.

(1) 비즈니스 메모의 종류

- **전화 메모** : 업무적인 내용부터 개인적인 전화의 전달사항 등을 간단히 작성하여 당사자에게 전달하는 메모
- **회의 메모** : 회의에 참석하지 못한 상사나 동료에게 전달 사항이나 회의 내용에 대해 간략하게 적어 전달하거나, 회의 내용 자체를 기록하여 회의의 기록이나 참고자료로 남기기 위해 작성한 메모로써 월말이나 연말에 업무 상황을 파악하거나 업무 추진에 대한 궁금증이 있을 때 핵심적인 자료 역할
- **업무 메모** : 개인이 추진하는 업무나 상대의 업무 추진 상황을 메모로 적는 형태

읽을거리 **낙서소동**

2005년 다보스 세계 경제 포럼 회의에서 생긴 일이다. 토니 블레어 총리가 앉았던 자리에서 낙서 한 장이 발견되었다.

동그라미, 삼각형, 사각형, 등 도형에 부채 탕감, 말라리아, G(지) 8같은 단어가 어지럽게 적혔다. 영국 조간신문 〈데일리 미러〉 기자는 이 종이를 심리학자에게 가져갔다. 그는 "삼각형을 겹쳐 그린 블레어 총리가 집중하려고 노력했지만 마음이 다른 곳에 가 있었다는 증거다. D(디)를 P(피)처럼 늘여 쓴 것은 반대파의 비판 때문에 스스로 스트레스를 받은 것이다. 공격적 성향이 드러난다."라고 분석했다.

영국 언론은 총리가 토론 중에 딴 생각을 했다는 기사를 냈다. 이에 질세라 〈인디펜던트〉는 특별 연구팀을 고용했다. 그런 뒤 "동그라미 끝이 완벽히 맞물리지 않은 것을 보아 그는 신앙심이 얕고 타고난 지도자가 아니다." 라고 발표했다.

그러나 며칠 후, 낙서는 블레어 총리 옆에 앉았던 빌 게이츠의 것임이 밝혀졌다. 블레어 총리 대변인은 "총리의 글씨가 맞는지 아무도 우리에게 확인하지 않았습니다. 집중을 못한다거나 지도자감 분석결과를 빌 게이츠에겐 어떻게 적용할지 즐겁게 지켜보겠습니다." 라고 말했다. 마이크로소프트사는 빌 게이츠의 필적이 맞다고 확인했으나 별다른 반응은 보이지 않았다. 성공한 기업인이자 컴퓨터 천재를 난타한 영국 언론은 일제히 입을 다물었다.

출처 : 월간『좋은 생각』

6) 효율적이고 분명한 이메일 작성법

업무 커뮤니케이션을 돕는 새로운 도구들이 끊임없이 나오고 있지만, 여전히 이메일은 가장 중요한 업무 도구 중 하나이다. 업무 파트너와 직접 만날 때 예의를 갖추어야 하는 것처럼, 이메일 주고받을 때도 지켜야할 것들이 많다.

직장생활에서 사용되는 이메일은 일반적으로 개인적인 의사소통수단이지만, 회사 업무 보고서나 고객에게 보낼 때는 업무의 연장선이 된다. 그러므로 상황에 맞는 효율적이고 분명한 이메일 작성이 필요하다.

(1) 수신인 / 참조 / 숨은 참조 제대로 지정하기

업무 메일 작성에 익숙하지 않은 우리에게 메일 상단에 위치해 있는 바로 이 부분이 어렵다. 수신인(to), 참조(cc), 숨은 참조(bcc) 각각의 차이가 무엇이고 어떻게 활용해야 할지 알아보자.

① 수신인(to)

이메일을 받고 반드시 행동을 취해야 하거나, 메일 내용을 반드시 알아야 하는 업무 담당자를 여기에 넣는다. 즉 '이 메일을 받았을 때 답장을 보내야 하는 사람'이 수신인이다. 대개 한 명, 또는 많아야 두 명 정도이다.

② 참조(cc)

업무와 간접적인 관련이 있는 사람들을 여기에 넣는다. 예를 들면 팀 단위 업무에 관한 메일이 오갈 때 팀원들을 다 참조에 넣어, 각각 맡은 세부 업무는 다르지만 팀 모두가 전체 논의 내용을 파악할 수 있도록 한다.

또는, 업무 내용이나 상황에 대해 코멘트를 줄 수 있거나 해당 내용에 대해 보고를 받아야 하는 사람을 cc에 넣는다. 업무 담당자인 팀원이 파트너와 주고받는 메일의 참조에 팀장을 넣는 경우가 해당한다.

③ 숨은 참조(bcc)

숨은 참조에 지정한 사람은 수신인에게는 보이지 않는다. 그래서 여러 사람에게 동시에 보낼 때 숨은 참조를 아주 유용하게 사용할 수 있다. 나는 알지도 못하고 알고 싶지도 않는 수많은 수신인들의 메일 주소가 가득한 단체메일을 받고 마음이 상했던 경험, 누구나 한 번쯤 있을 것이다. 프로처럼 보이지 않을뿐더러 개인정보를 필요 이상으로 노출하게 된다. 단체메일을 보낼 땐 숨은 참조에 수신인들을 넣는다.

업무 메일을 작성할 때 수신인/참조/숨은 참조를 가장 나중에 채우는 습관을 들인다. 실수로 '전송'을 클릭하는 경우에도 아예 메일이 가지 않기 때문에, 첨부 파일을 빼놓고 메일을 보내거나 작성중인 메일을 전송하는 실수를 방지할 수 있다.

(2) 핵심이 잘 드러나는 제목 쓰기

제목만 보면 메일을 목적을 알 수 있도록 해야 한다. 핵심 키워드를 사용하면서 '요청', '보고', '관련' 등으로 마무리하면 분명한 제목이 된다. '4월 1일 미팅 사전 준비 관련'은 제목의 바람직한 예이다. 반면 '안녕하세요, 내일 미팅 전 확인 부탁드립니다.'는 나쁜 예이다.

제목을 잘 정해야 하는 또 하나의 이유는, 답장(reply)에 답장이 오가며 이어지는 업무 메일 특성상 제목이 곧 업무의 포인트가 되기 때문이다. 한 달 후, 또는 일 년 후에 해당 업무 내용을 다시 살펴봐야 할 수도 있다. 그런 때 키워드로 검색 해 찾기 쉬운 제목이라면 좋은 제목이라 할 수 있다.

답장을 보낼 때는 '답장' 기능을 활용한다. 주고받는 메일이 굴비처럼 엮여서 진행된 업무의 흐름을 파악하기 좋다. 답장을 보낸다고 새로 메일을 써서 보내는 경우 이 흐름이 끊겨 번거롭게 할 수 있다.

하나의 메일에는 한 가지 내용만 담도록 한다. 업무 파트너가 동일하다 해도 진행하는 업무가 하나 이상이라면 메일을 각각 나누는 것이 좋다. 물론 해당 업무가 무엇인지 한 눈에 알 수 있는 제목을 달아야 한다. 답장을 거듭하며 업무의 흐름이 쌓여 흐름을 파악하기 쉽기 때문이다.

(3) 업무 메일 본문은 곧 비즈니스 문서!

메일 종류에 따라 약간씩 다를 수 있지만, 본문을 작성할 때 기본적으로 따라야 하는 순서는 다음과 같다.

① 먼저 수신인을 분명히 밝히고, 인사말과 함께 발신인을 소개한다. 이어질 내용의 핵심을 간단히 요약한다.

② 메일의 의도와 배경을 밝힌 후 핵심 목적과 요청사항을 적으면 자연스러운 흐름이 된다.

③ 중요한 내용을 항목화하여 정리한다. '내일 오후', '다음 주' 등의 상대적인 표현 대신 '4월 1일', '오후 3시'와 같은 객관적인 표현을 써서 내용을 분명하게 전달한다.

④ 감사인사와 함께 향후 관계에 대한 기대의 말을 쓰고 마무리한다.

출처 : 언더독스 창업사관학교

WORKSHEET 이메일문서 작성 실습하기

3. 직장에서의 문서작성 원칙

직장생활에서 문서작성은 형식적인 면을 상당히 중요시한다. 공적인 문서인 만큼 일정한 형식 안에서 내용을 일목요연하게 전개해야 하기 위해 정확하고 확실하게 작성하는 것이 요구된다.

1) 문장을 짧고, 간결하게 작성한다.

의미 전달에 문제가 없다면 가능한 문장을 짧게 만들고, 문장표현에서 지나친 기교를 피하여 실질적인 내용을 담을 수 있도록 한다.

2) 상대방이 이해하기 쉽게 쓴다.

우회적인 표현이나 현혹적인 문구는 되도록 쓰지 않도록 하여야 한다.

3) 한자, 영어, 전문용어의 사용을 조절해야 한다.

문서의미의 전달에 그다지 중요하지 않은 경우에는 한자나 영어 사용을 자제하며, 상용 한자나 영어의 범위 내에서 사용하는 것이 상대방의 문서이해에 도움이 될 것이다.

4) 간결체로 작성한다.

문장을 표현할 때, 가능한 간결체를 사용하여야 의미전달이 효과적이다. 행과 단락을 적절하게 배분하여 문서가 체계적이도록 한다. 또한 내용에 따라 행과 단락을 알맞게 바꾸도록 한다.

5) 긍정문으로 작성한다.

부정문이나 의문문의 형식은 되도록 피한다.

6) 간단한 표제를 붙인다.

문서의 내용을 일목요연하게 파악할 수 있도록 간단한 표제를 붙이는 것이 내용을 이해하는 데 도움을 준다.

7) 문서의 주요한 내용을 먼저 쓴다.

직장생활에서 문서작성의 핵심은 결론을 먼저 쓰는 것이다.

4. 문서작성 시 주의사항

회사마다 각 문서에 대한 정형화된 기본 틀이 있다. 문서작성은 공적으로 자신을 표현하고, 대외적으로는 회사를 대표하는 것이기 때문에 실수가 있어서는 안 되므로, 이러한 정형화된 기본 틀을 갖춰 문서작성 시에 항상 주의하도록 한다.

- 문서는 육하원칙에 의해서 써야 한다.
- 문서는 작성시기가 중요하다.
- 문서는 한 사안을 한 장의 용지에 작성해야 한다.
- 문서작성 후 반드시 다시 한 번 내용을 검토해야 한다.
- 문서의 첨부는 반드시 필요한 자료 외에는 하지 않도록 한다.
- 문서내용 중 금액, 수량, 일자 등의 기재에 정확성을 기하여야 한다.
- 문장표현은 작성자의 성의가 담기도록 경어나 단어사용에 신경을 써야 한다.

참고자료 효과적인 문서작성을 위한 Tip

- 내용이해 : 전달하고자 하는 내용과 그 핵심을 완벽히 파악해야 한다.
- 목표설정 : 전달하고자 하는 목표를 정확히 설정해야 한다.
- 구성 : 효과적인 구성과 형식이 무엇인지 생각해야 한다.
- 자료수집 : 목표를 뒷받침해 줄 자료를 수집해야 한다.
- 핵심전달 : 단락별 핵심을 하위목차로 요약해야 한다.
- 대상파악 : 대상에 대한 이해와 분석을 철저히 해야 한다.
- 보충설명 : 질문을 예상하고 그에 대한 구체적인 답변을 준비해야 한다.

제3절
문서작성의 구성요소

1. 문서표현을 시각화하는 방법

문서표현을 시각과 하는 방법은 크게 3가지로 나눌 수 있다

- **차트** : 개념이나 주제 등을 나타내는 문장표현, 통계적 수치 등을 한눈에 알아볼 수 있게 표현하는 것
- **데이터** : 수치를 표로 나타내는 것
- **이미지** : 전달하고자 하는 내용을 그림이나 사진, 영상 등으로 나타내는 것

이러한 표현방법은 모두 문서를 보다 효과적으로 나타내기 위한 시각화 방법으로, 간결하게 잘 표현된 그림 한 장이 한 페이지의 긴 글 보다 훨씬 효과적이다.

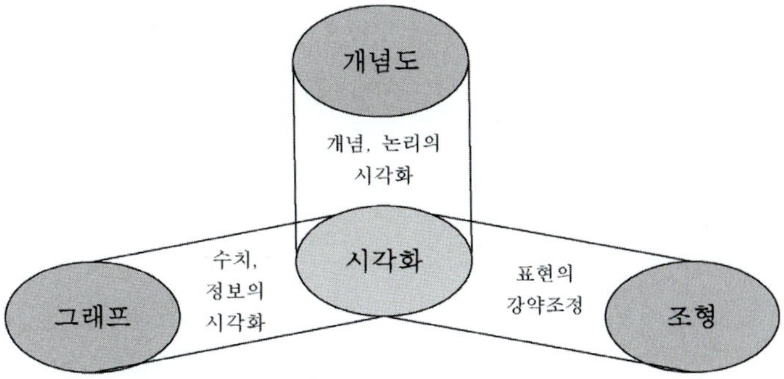

[그림 11-2] 문서표현의 시각화

2. 적절한 그래프 사용 방법

1) 막대그래프

막대그래프는 양의 크기를 막대의 길이로 표현한 것으로써 수량의 상대적 크기를 비교하려 할 때 흔히 사용된다. 시간적인 변화를 나타내는 데는 적합하지 않지만 어느 특정 시점에서의 수량을 상호 비교하고자 할 경우에 사용하면 좋다.

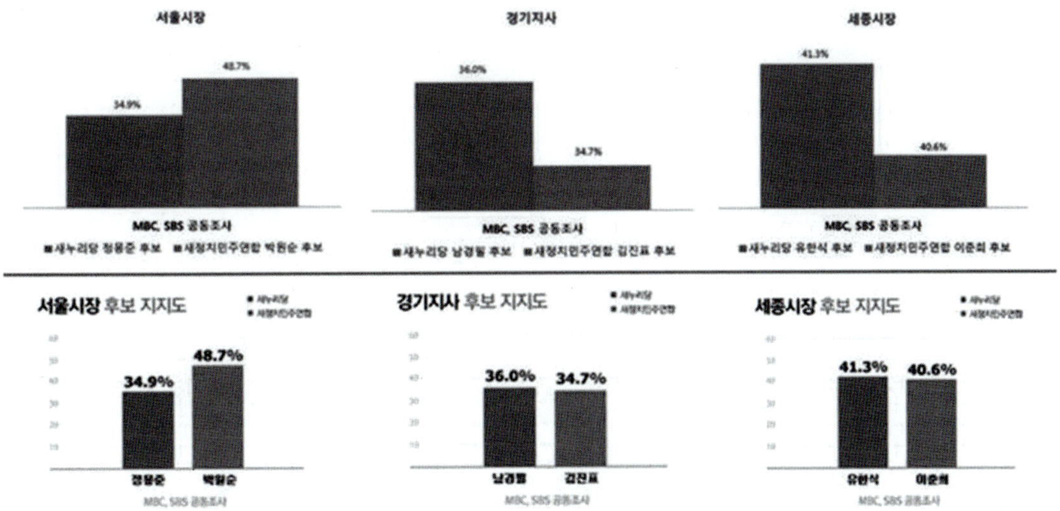

2) 꺾은선그래프

꺾은선그래프는 가로축에 시간, 세로축에 수량을 잡고, 데이터를 차례로 타점하고 그것을 선으로 이은 것이다. 꺾은선그래프는 막대그래프와 더불어 보기 쉬운 그래프 중 하나이다. 작성이 간단하고 한눈에 알기 쉽다는 장점이 있다.

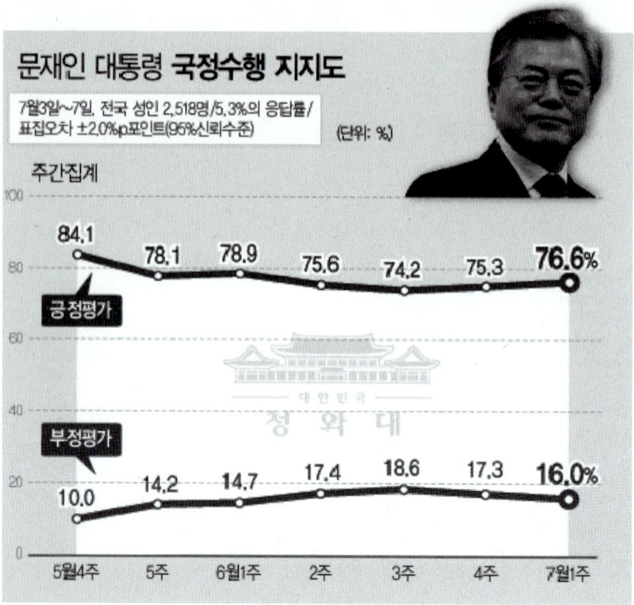

3) 원그래프

그래프는 원 전체를 100%로 보고 각 부분의 비율을 원의 부채꼴 면적으로 표현한 그림이다. 전체와 부분, 부분과 부분의 비율을 볼 때 사용한다. 원그래프를 만들 경우 항목은 일반적으로 시계방향에 따라 크기순으로 배열한다.

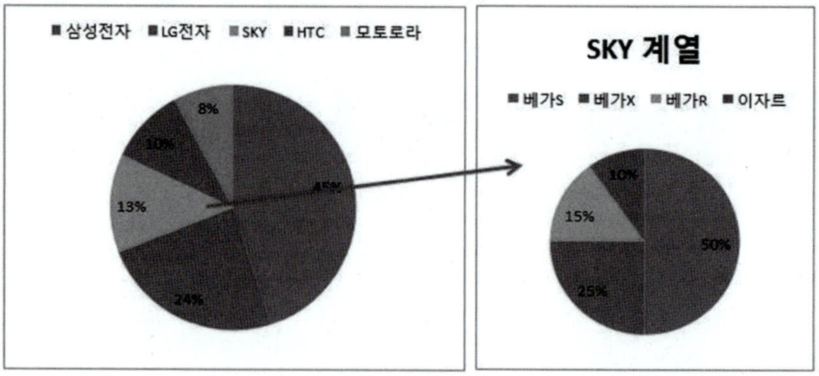

4) 띠그래프

원그래프와 원리는 같지만 전체를 직사각형의 띠로 나타내고, 띠(직사각형)의 면적을 각 항목의 구성비율에 따라 구분한다. 이 그래프는 시간의 경과에 따른 구성비율의 변화도 쉽게 볼 수 있도록 해주는 그림이다.

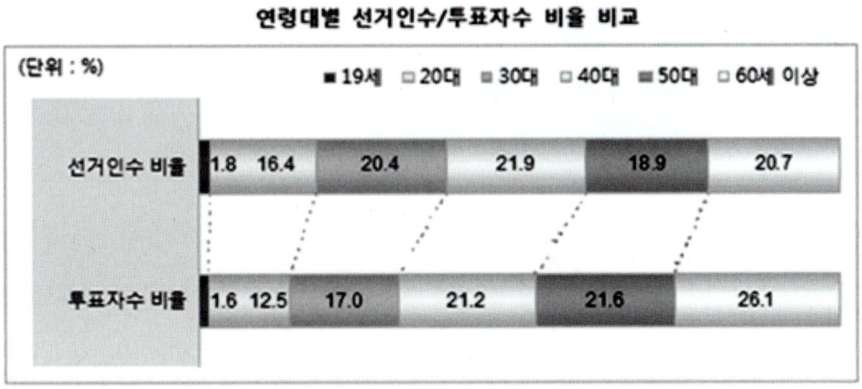

5) 레이더차트

레이더차트는 평가항목이 여러 개일 경우 사용한다. 항목 수에 따라 원을 같은 간격으로 나누고, 그 선 위에 점을 찍고 점을 이어 항목별 균형을 한눈에 볼 수 있도록 해주는 그림이다.

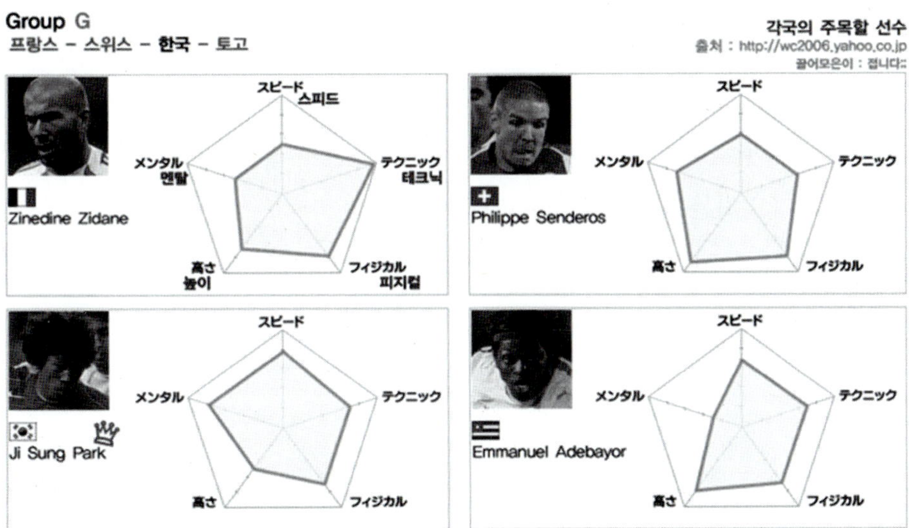

제4절
문서작성에서 올바른 글쓰기

1. 제목의 중요성

제목의 중요성에 대한 실험을 위해 한 집단은 글을 읽기 전에 제목을 알려주고, 다른 집단은 글을 읽은 뒤에 제목을 알려 주었다. 그 후 두 집단의 이해도와 기억력을 테스트하였다. 실험 결과 첫 번째 집단이 두 번째 집단보다 두 배 정도 내용을 잘 기억하는 것으로 나타나, 제목을 알고 읽으면 내용에 대한 이해도가 높아진다는 것을 밝혔다.

보고서나 문서를 상사에게 가져가면 가끔 이런 말을 하는 상사가 있다. "제발, 제목만 읽어도 내용을 알 수 있게 작성해줘. 이걸 언제 다 읽어?" 즉, 제목은 대충 작성하는 것이 아니라 문서의 내용을 포괄할 수 있어야 하는 것이다.

'내가 무엇을 위해 어떻게 문서를 작성했는가?'에 대한 대답이 바로 제목이다. 제목은 문서를 작성한 목적과 범위가 포함되어야 한다. 목적은 일반적으로 '~을 위해'로 표현되고, 범위는 '어떠한 문서를 만들려고 하는가?'에 해당하는 내용이다.

2. 단문으로 작성

복문이나 중문으로 구성된 긴 문장은 여러 개의 단문으로 변경해야 한다. 문장이 길면 길수록 이해하기가 어렵다. 비즈니스 문서는 문학 작품이 아니다. 단문으로 작성한 글은 상대적으로 짧고 성의 없어 보일 수 있지만, 단문만큼 이해하기 쉬운 문장은 없다.

예시

> 우리 회사는 지금까지 홍보에 많은 노력을 기울였으나, 상대적으로 노출 빈도가 낮아 효과가 떨어지고 있으므로 그에 대한 대책으로 인터넷 광고 및 SNS 활동을 적극적으로 해야 합니다.

> 우리 회사는 지금까지 많은 홍보 활동을 펼쳐 왔습니다. 그러나 매체 노출 빈도가 낮아 효과가 떨어지고 있습니다. 그 대책으로 우리 회사는 인터넷 광고와 SNS 홍보활동을 적극적으로 펼쳐야 합니다.

단문으로 수정한 글을 읽으면 좀 더 이해하기 쉽다. 비즈니스 문서작성을 위해 추상적인 단어보다는 구체적인 단어를 사용하고, 단문으로 작성해야 한다.

3. 그룹화 : 유사한 것, 비중이 비슷한 것끼리 묶어라

> 다음은 D에 영향을 미치는 요인들이다.
> 첫째, A
> 둘째, B
> 셋째, C

이런 식으로 작성해야 이해하기 편하다. 여기서 주의해야 할 점이 있다. D에 영향을 미치는 A, B, C가 서로 중복되지 않고, 비중이 유사하거나 같아야 한다는 것이다.

"엄마는 나와 쇼핑을 좋아한다." 이 문장은 틀린 곳이 없어 보인다. 하지만 나와 쇼핑이 서로 같은 비중을 차지하고 있는지 생각해 보아야 한다. '사과, 포도 그리고 딸기'는 맞는 표현이지만, '사과, 포도 그리고 과일'은 잘못된 표현이다.

예시

> 실내 건축 사업을 등록하려고 하면 일단 사무실을 구축하고, 최소 자본금 2억 원을 납입 자본금으로 하여, 법인을 설립하고 법인 통장에 2억 원을 등록증이 발급되어 나올 때까지 보유하고, 기술사2인 이상을 직원으로 보유하셔서 4대 보험을 가입시켜 놓고, 전문건설공제조합에 법인 통장에 들어있는 자본금 2억 원 중에서 5천 만 원(25%) 정도를 출자하면 됩니다.

> 실내 건축 사업을 등록하기 위해서는 다음과 같은 요건들을 충족하여야 합니다.
> 첫째, 최소 자본금 2억 원으로 사무실 오픈, 등록증 발급까지 자본금 유지
> 둘째, 기술사 2인을 직원으로 등록 후 4대 보험에 가입
> 셋째, 자본금 2억 원 중 5천만 원(25%) 정도 전문건설공제조합에 출자

4. 명확한 표현

'경쟁사에 비해 가격이 저렴하기 때문에...'라는 문장은 '도대체 가격이 어떻게 저렴하다는 것인가?'라는 의구심을 갖게 한다. 제품에 따라 다르지만 그 기준은 몇 십 원부터 몇 백만원 또는 몇 천만원까지 될 수도 있다. 즉 저렴하다는 것을 정확히 표현해 줘야 한다. '경쟁사에 비해 가격이 20% 저렴하다.'라고 작성해야 읽는 사람이 저렴한 정도를 체감할 수 있다.

5. 두괄식 표현으로 써라

왜 두괄식으로 표현해야 하는가? 상대방이 시간이 많고 느긋하다면 구구절절 자세히 말해도 무방하다. 하지만 직장에서는 그렇지 않다. 상사에게 보고하는 사람이 자기 자신만 있는 것이 아니기 때문이다. 상사는 여러 사람으로부터 보고를 받고 결정지을 사안이 수두룩하다. 그렇기 때문에 핵심부터 말해야 상사는 쉽게 이해하고 받아들일 수 있다.

그렇다면 어떻게 두괄식으로 표현할까? 이는 피라미드 구조와 같다. 질문에 대한 핵심 또는 결론을 먼저 말하고, 이유와 근거를 설명하면 된다.

- **결론** : 핵심적 주장 또는 질문에 대한 대답
- **주장의 이유** : 결론을 뒷받침하는 근거
- **주장의 근거** : 근거를 구성하는 세부 내용들

학 / 습 / 평 / 가

01. 다음을 읽고 (　　) 해당하는 낱말을 쓰시오.

> '내가 무엇을 위해 어떻게 문서를 작성했는가?'에 대한 대답이 바로 제목이다. 제목은 문서를 작성한 (　　　　　)과 (　　　　　)가 포함되어야 한다. (　　　　)은 일반적으로 '~을 위해'로 표현되고, (　　　　)는 '어떠한 문서를 만들려고 하는가?'에 해당하는 내용이다.

02. 효율적인 이메일 작성법이 아닌 것을 고르시오.

① 수신인(to), 참조(cc), 숨은 참조(bcc)를 적절히 사용해야 한다.
② 제목은 메일의 목적이 잘 드러나도록 써야 한다.
③ 진행하는 업무가 하나이상일 경우, 업무내용을 한꺼번에 보내는 게 좋다.
④ 답장을 보낼 때 새로 작성하지 않고 답장기능을 이용하는 것이 바람직하다.

03. 문서작성의 구성요소가 아닌 것을 고르시오.

① 품위 있고 짜임새 있는 골격
② 주관적이고 논리적인 내용
③ 이해하기 쉬운 구조
④ 명료하고 설득력 있는 구체적인 문장
⑤ 세련되고 인상적이며 효과적인 배치

04. 문서의 종류와 이와 관련된 작성법을 바르게 연결하시오.

기획서 •		• 궁금한 점에 대해 질문 받을 것에 대비한다
설명서 •		• 내용이 복잡할 경우 '-다음', 또는 '_아래'와 같은 항목을 만들어 구분한다.
공문서 •		• 업무상 진행 과정에서 작성하므로, 핵심내용을 구체적으로 제시한다.
보고서 •		• 마지막엔 반드시 '끝'자로 마무리 한다.
		• 상대에게 어필해 상대가 채택하도록 설득력있게 작성한다.
		• 명령문 보다 평서형으로, 동일한 문장 보다는 다양하게 표현한다.

05. 다음은 문서작성 주의해야할 사항을 설명한 것이다. 잘못된 것을 고르시오.

① 문서의 작성 시기는 중요하지 않다.

② 문서의 첨부자료는 반드시 필요한 자료 외에는 첨부하지 않도록 한다.

③ 문서작성 후 반드시 다시 한 번 내용을 검토해야 한다.

④ 문서내용 중 금액, 수량, 일자 등의 기재에 정확성을 기하여야 한다.

⑤ 문서는 육하원칙에 의해서 써야 한다.

06. 다음 문서작성의 원칙에 관한 설명 중 맞으면 ○, 틀리면 ×를 표시하시오.

- 문장은 짧지 않아도 된다. ( )
- 문장은 부정문 형식으로 작성해도 괜찮다. ( )
- 문서의 주요한 내용을 먼저 쓰도록 한다. ( )

CHAPTER 11

기초외국어능력의 이해

일반목표

학교 및 직장생활에서 필요한 기초외국어능력이 무엇인지 이해하고 상황에 따라 적절한 기초외국어를 구사할 수 있는 능력을 향상시킬 수 있다.

세부목표

1. 기초외국어능력의 개념 및 필요성을 설명할 수 있다.
2. 기초외국어능력이 필요한 상황과 종류를 설명할 수 있다.
3. 비언어적 표현방법의 유형과 효과를 설명할 수 있다.
4. 기초외국어능력 향상을 위한 교육방법을 설명할 수 있다.

제1절
기초외국어능력의 개념

1. 기초외국어능력이란

기초외국어능력이란 직업생활에 있어 한국어만이 아닌 다른 나라의 언어로 의사소통을 하는 능력을 말한다. 기초외국어능력은 외국인들과의 유창한 의사소통을 뜻하는 것은 아니다. 즉, 직업생활 중에 필요한 문서이해나 문서작성, 의사표현, 경청 등 기초적인 의사소통을 기초적인 외국어로 가능하게 하는 능력을 말한다.

1) 외국어는 언제나 옳다.

외국어를 못하는 사람보다는 잘하는 사람이 조금이라도 유리한 게 현실이다. 채용 담당자 입장에서는 지금 당장 그 언어가 자신들의 직무와 동떨어져 보이더라도 외국어 하나 쯤 무기로 가지고 있는 지원자에게 더 주목할 수 밖에 없다. 하지만 지원자의 95%는 이른바 '프리 토킹'이 가능한 외국어를 보유하지 않은 사람들이다. 다시 말해 초, 중, 고, 대학교를 통틀어 거의 16년이 넘게 배워온 '영어' 조차도 원어민과 쉽게 대화하기 어려운 수준일 수 있다. 그러니 정말 영어 능통자를 필요로 하는 몇몇 직군을 제외하고는 영어 능력에 대한 막연한 부담감을 갖지는 않아도 된다. 게다가 생각 외로 영어를 전혀 사용하지 않는 직군도 많기 때문이다.

그럼에도 불구하고 일단 취업 시장에서는 이야기가 달라진다. 어필할 만한 어학 능력이 있다면 이력서와 자기소개서에 포함시키자. 외국어는 언제 어디서나 존재한다고 봐도 무방하다. 특히나 최근에는 모든 산업 환경이 하루가 다르게 변해가기 때문에 자신이 다니는 회사가 언제 어느 국가의 파트너와 일하게 될지 모른다. 더욱이 직군이 (영업을 포함한) 마케팅 전반에 해당하는 것이라면 그럴 가능성은 더 커진다. 지원하는 분야와 직접적인 연관이 없다하더라도 자신의 강점이나 특기사항에 기재하는 것도 좋은 방법이다.

2) 영어가 필요한 상황은 크게 두 가지

자신이 원하는 직군에 '영어능통자 우대'라는 표현을 포함해 외국어 커뮤니케이션이 많다고 기재되어 있으면 다른 얘기가 된다. 하지만 일반 사무직에서 영어 사용은 극히 제한된다. 특히 계약 업무나 상세 협상을 진행함에 있어서는 영어 능통자라고 해도 공식적인 '번역 / 통역' 업무를 제공받는 경우가 많다. 단어 하나, 뉘앙스 하나가 비즈니스에 큰 영향을 미칠 수 있는 자리에서는 전문가의 도움이 필요하기 때문이다.

사실 실제 회사 생활에서 사용되는 영어의 범위는 크게 두 가지다. 첫째는 '메일 커뮤니케이션(mail communication)'이다. 즉, 업무 관계자가 영어로 보내온 메일을 확인하는 경우가 가장 빈번하다. 이는 주로 자신이 직접 의사소통의 담당자가 되는 경우보다는 '참조'에 포함되어 있거나, 전체 수신 대상의 하나인 경우가 많다. 그러므로 메일을 읽고 대충 무슨 이야기를 하고 있구나 하고 파악이 가능한 수준이면 사실 큰 무리는 없다.

다른 하나는 '자료 조사'다. 최근엔 업계를 막론하고 '자료 조사'에 영어 활용도가 매우 높아지고 있다. 이는 주로 아이디어 회의나 케이스 스터디를 수반하는 직종에서 자주 이뤄지는데, 해외의 다양한 웹사이트 등을 방문하여 참고할 만한 사례나 좋은 아이디어 정보를 찾는 것이 목적이다. 그러므로 적어도 영어 독해 능력이 좋은 사람이 해당 업무에 유리함은 당연하다. 하지만 이 역시 완벽한 이해와 빠른 해석 능력이 필수로 수반될 필요는 없다. 게다가 자신이 일하는 업계 용어에 익숙해지다 보면 영어로 쓰인 문장들도 생각보다 쉽게 해석되는 경우도 많다.

3) 듣기, 읽기, 쓰기의 균형

영어에 조금 자신감이 있는 학생들도 '비즈니스 영어'라고 하면 덜컥 겁부터 내는 경우가 많다. 말 그대로 '영어로 비즈니스가 가능해야' 할 것 같은 불안감과 아무리 토익 성적이 높아봤자 자신이 넘을 수 없는 장벽같아 보이는 막연함이 그 이유일 것이다. 물론 비즈니스 영어도 업계와 포지션에 따라 요구하는 수준이 천차만별이다.

① 영어로 쓰인 공식적인 문서 정도는 충분히 해석할 수 있는 수준

계약서, 견적서 등을 포함해 공식적으로 오가는 문서들의 내용은 90% 이상 파악할 수 있어야 한다. 때로는 담당자가 직접 오타나 불충분한 요소들을 파악해야 하는 경우도 많으므로 단어를 많이 아는 수준을 넘어 뉘앙스를 이해하고 활용할 수 있으면 더욱 좋다. 하지만 앞서 설명했듯이 '비즈니스 영어'를 하는 사람이라고 해서 원어민 수준으로 영어를 구사하는 사람은 드물다.

② 메일 커뮤니케이션은 원활한 정도의 수준

'비즈니스 영어'의 핵심은 메일 커뮤니케이션이다. 상대방이 영어로 보낸 메일을 읽고 답장하는 등 원활한 의사소통이 가능한 수준이어야 한다. 또한 메일을 통한 대화에는 속도감도 어느 정도는 필요하다. 해석에 시간이 오래 걸리고 답장에는 더 오랜 시간이 걸린다면, 바쁜 업무 환경에서 불리한 부분이 많으므로 이는 염두에 두는 것이 좋다.

③ 원어민과의 회의에 직접 참석할 정도의 수준

'비즈니스 영어'에 있어 가장 우려하는 부분이 바로 'Talking' 이다. 읽고 쓰는 거야 어느 정도 한다지만 원어민과 대화를 하거나 직접 회의를 진행해야 하는 건 누구에게나 부담으로 다가온다.

사실 해외 바이어를 대상으로 하는 업무가 아니라면 원어민과의 미팅이 빈번한 직군은 그리 많지 않다. 그리고 실제 기업이 바라는 '비즈니스 영어'의 수준은 영어로 진행되는 회의 내용을 그 자리에서 이해하고 어느 정도 자신의 의견을 설명할 수 있으면 되는 정도다. 그리고 보통 영미권을 제외하고는 비즈니스 상대 역시 영어가 모국어가 아닌 경우도 아주 흔하다. 즉 그 쪽도 완벽한 영어를 구사하지 않기 때문에 '비즈니스 영어' 수준의 대화 상대를 답답해하거나 커뮤니케이션이 불가하다고 판단할 확률은 적다는 얘기다.

사 례 **어? 어? 우리말이 아니네**

국내 자동차부품 조립업체에 다니는 M씨는 요즘 전화 받기가 두려워졌다. 회사가 국내시장을 넘어 외국의 자동차부품 납품을 시작하여 성실하기로 소문난 M씨도 관련 업무를 맡게 되었기 때문이다. 외국 B사와의 계약추진이 좋은 성과를 이루어 해외에서도 발주량이 늘게 되었다.

그러면서 외국 B사에서 전화가 오곤 하는데 M씨는 수화기 너머로 외국어가 들리면 아득해질 때가 한 두 번이 아니다. 기본적인 기초외국어도 어려워 외국B사 관계자와 통화를 할 때마다 통역을 해 줄 수 있는 직원을 찾아다니느라 정신이 없고 그동안 외국 B사 관계자는 기다리기 일쑤다. 의욕적이었던 업무도 서서히 전화소리만 들려도 걱정이 앞서는 상황이 되어버려 M씨는 속이 상한다.

결국 M씨는 외국 B사를 직접 응대하는 업무가 아닌 다른 업무로 위치를 바꾸게 되었고, 조금 늦었지만 기초외국어의 필요성을 절실히 느끼고, 공부를 시작했다.

WORKSHEET 기초외국어능력 체크하기

- 자신의 전공과 관련한 기초외국어 능력이 필요한 상황은?

2. 기초외국어능력의 중요성

국제화, 세계화 시대에 살고 있는 우리들은 다른 나라와의 무역을 당연하게 여긴다.

다른 나라와의 무역을 위해서는 우리의 언어가 아닌 국제적인 통용어를 사용하거나, 경우에 따라서는 그들의 언어로 의사소통을 해야 하는 경우가 생기기도 한다. 기초외국어능력은 외국어로 된 메일을 받고 이를 해결하는 상황, 외국인으로부터 걸려온 전화 응대, 외국어로 된 업무 관련 자료를 읽는 경우, 외국인 고객을 상대하는 경우 등 다양한 상황에서 필요한 능력이다.

하지만 기초외국어능력이 필요한 경우는 비단 외국인들과의 업무가 잦은 특정 직업인의 경우에만 필요한 것은 아니다. 우리의 주변을 둘러보면 흔히 컴퓨터에서부터 공장의 기계사용, 외국산 제품의 사용법을 확인해야하는 경우에 이르기까지 외국어로 작성되어있는 것이 많고, 이때 기초외국어를 모르면 불편한 경우가 많기 때문에 기초외국어능력은 직업인으로서 중요하다고 할 수 있다.

WORKSHEET 영어이력서 작성 실습하기

제2절

내게 필요한 기초외국어 능력

1. 기초외국어능력이 필요한 상황

외국인과 함께 일하는 국제 비즈니스에서는 의사소통이 매우 중요하다. 직업인은 자신이 속한 조직의 목적을 달성하기 위해 외국인을 설득하거나 이해시켜야 한다. 하지만 이런 설득이나 이해의 과정이 모든 업무에서 똑같이 이뤄지지는 않는다.

예를 들어, 비서업무를 보는 사람은 외국인과의 의사소통 상황에서 전화응대나, 안내 등의 기초외국어를 숙지하는 것이 필요하고, 공장에서 일하는 사람의 경우에는 새로 들어온 기계가 어떻게 작동되는지 매뉴얼을 봐야하는 상황에서 기초외국어능력이 필요하며, 일반 회사원의 경우 다양한 상황에 직면할 수 있지만 주로 외국으로 보낼 서류를 작성하거나, 외국에서 온 서류를 이해하여 업무를 추진해야 하는 상황과 관련된 기초외국어능력이 필요할 것이다.

WORKSHEET 기초외국어능력 실습

1. 기초외국어능력은 직장생활을 하다보면 직무와 관련하여 다양한 상황에서 요구되기 마련이다. 다음의 전화응대 상황을 가정하여 영어로 문장을 작성해보자.

우리말	영어
안녕하세요?	
저는 OOO이라고 합니다.	
OOO대리 자리에 계신가요?	
지금 OOO부장은 자리에 계시지 않습니다.	
잠시만 기다려주세요.	
메모를 남겨드릴까요?	
관련자료를 메일로 보내드렸습니다. 확인 후 답변 보내주세요.	
행사 참석 여부를 확인하기 위해 연락드렸습니다.	
지금 휴가 중입니다.	

2. 이밖에 어떤 상황에서 기초외국어능력이 필요한지 생각하여 써 봅시다.

제3절
외국인과의 비언어적 의사소통

업무를 수행하다 보면 외국인과 의사소통을 하게 되는 경우가 많이 있지만 누구나 외국어실력이 뛰어난 것은 아니다. 하지만 기초외국어실력이 부족하다고 하여도 그들의 문화를 이해하고 표정이나 몸짓 등에서 알 수 있는 비언어적 의사표현을 이해한다면 의사소통이 어려운 외국인이라 해도 어느 정도 기초적인 의사소통은 가능하다.

사 례 **당신과 계약하겠습니다.**

일본의 한 기업에서 신제품 런칭과 사업권입찰을 함께 진행 중이어서 직장인 H씨는 동료직원 몇 명과 함께 일본에 갔다. 신제품 런칭을 위한 파티에는 H씨가 다니는 회사 말고도 사업권입찰에 참여한 우리나라의 몇몇 기업의 직원들도 보였다.

H씨가 주위를 둘러보니 행사를 주최한 일본 기업의 입찰담당직원이 사업권입찰에 참여한 우리나라 몇몇 기업직원들과 담소를 나누는 모습이 보였다. 그런데 H씨는 그 일본인 직원이 대화를 나누면서 고개를 끄덕이며 웃는 얼굴로 "YES"라고 이야기하면서 환하게 웃고 있었지만 자주 머리를 긁적이는 것을 발견했다. 이미 H씨는 그러한 비언어적 표현이 다소 혼란스러운 감정을 숨기려는 일본인들의 습성이라는 것을 알고 있었기에 조용히 다가가서 대화할 기회를 포착하여 일본인 직원을 편안하게 해주고, 대화를 리드하도록 했다.

그리고 그가 건넨 명함을 재빨리 넣지 않고, 그의 앞에서 주위 깊게 살펴본 후 앞의 테이블 위에 잘 보이도록 올려두고 대화를 이어나갔다. 다음날 사업권입찰에서 H씨의 회사가 사업권을 따냈는데, 일본인 직원이 설명하기를 입찰에 참여한 회사들의 내용은 거의 같았다고 했다.

그리고 의사소통도 원활히 잘 이루어졌다고 했다. 하지만 그들을 좀 더 이해해줄 수 있는 것은 언어뿐만 아니라 비언어적 표현조차 놓치지 않고 이해해준 H씨와 그의 회사가 더욱 일본과의 합작에는 어울릴 것이라고 판단했기 때문이라고 한다.

사례에서 보듯이 사회생활을 하다보면 자신의 업무와 관련하여 외국인들과 의사소통을 해야 하는 경우가 많이 있다. 외국인 고객을 응대할 때 비록 기초외국어능력이 탁월하지 않다고 하여도 사례에 나타난 H씨처럼 비언어적인표현을 이해한다면 어느 정도의 의사소통은 가능하다. 의사소통은 특정 국가의 외국인만을 상대하는 것이 아니기 때문에 다양한 국가의 비언어적 의사소통 표현법을 이해하는 것이 필요하다. 다음 국가의 대표적인 비언어적 의사표현법은 무엇이 있을지 찾아 정리해보자.

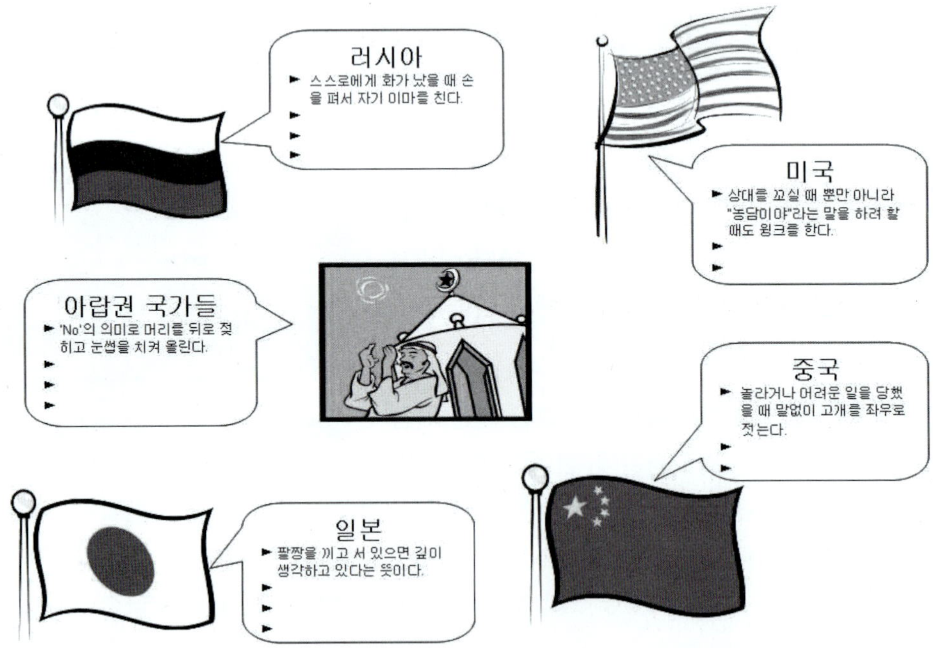

외국인과의 언어적인 의사소통은 의사를 전달할 때 외국어를 사용하는 것이며, 이것은 외국어 사용능력에 따라 의사소통의 편이성이 크게 좌우된다. 그러나 비록 기초외국어능력이 부족하다 하더라도 원활하게 업무를 추진할 수 있는 경우가 많은데, 이는 비언어적 의사소통의 특징을 재빨리 파악하면 훨씬 수월하다.

아무리 외국어를 유창하게 하더라도 외국인이 몸짓과 표정 특히 무의식적으로 기분과 느낌을 표현하는 것을 알아채지 못한다면 의사소통이 원만히 이뤄지지 않을 수도 있다. 따라서 직장생활에서 외국인과 성공적인 협력을 위해서는 기초외국어능력을 키우는 것뿐만 아니라 그들의 무의식적인 바디랭귀지를 포함한 그들만의 표현방식을 이해하는 능력을 키우는 것도 중요하다.

1. 표정으로 알아채기

외국인과 대화할 때 그들의 감정이나 생각을 가장 쉽게 알 수 있는 것이 얼굴표정이다. 웃는 표정은 행복과 만족, 친절을 표현하는데 비해서 눈살을 찌푸리는 표정은 불만족과 불쾌를 나타낸다. 또한 눈을 마주 쳐다보는 것은 흥미와 관심이 있음을, 그리고 그렇게 하지 않음은 무관심하다는 것을 의미한다.

2. 음성으로 알아채기

거리상 멀리 떨어져 있는 외국회사의 담당자들과는 직접 마주보고 대화하는 경우보다는 서면이나 전화로 업무를 하는 경우가 많다. 전화를 통해서는 서면으로 의사소통하는 것과는 달리 상대방의 목소리나 어조, 크기, 음속 등이 의사소통의 수단이 되기도 한다.

- **어조** : 높은 어조 - 적대감이나 대립감
  낮은 어조 - 만족이나 안심
- **목소리 크기** : 큰 목소리 - 내용 강조, 흥분, 불만족
  작은 목소리 - 자신감 결여

- **말의 속도 :** 빠른 속도 - 공포나 노여움
  느린 속도 - 긴장 또는 저항

3. 외국인과의 바디랭귀지(Body language)

바디랭귀지는 비언어적 의사소통의 한 종류로, 몸으로 의사소통을 하는 것을 말한다. 주로 서로 언어가 달라 말이 안 통할 때 사용한다.

기초외국어 실력이 부족할 때 기초적인 의사소통이 필요할 때 주로 사용된다. 바디랭귀지는 만국 공통어라는 말이 있지만 잘못 사용하면 상대방에게 불쾌감을 주거나 오해를 할 수 있으므로 나라별로 조심해야 할 바디랭귀지를 알아두는 것이 좋다. 나라마다 문화와 환경이 달라 같은 동작이라도 의미하는 바가 매우 다를 수 있기 때문이다.

<나라마다 다른 의미로 쓰이는 행동>

행동	국가별 의미
손바닥을 아래로 흔드는 행동	• 극동, 중동 지역 : '이리 오라'는 뜻 • 서구 : '잘 가라'는 뜻
손가락으로 만드는 동그라미	• 한국, 일본 : 돈 • 미국 : OK • 프랑스 : 형편없다는 뜻 • 브라질, 중동, 러시아, 터키, 아프리카 : 외설적 표현
엄지 세우기	• 대부분의 국가 : 최고 • 독일 : 1(하나) • 일본 : 5(다섯) • 태국, 남미, 서아프리카, 그리스, 러시아, 남부 이탈리아 : 욕 • 호주 : 무례한 거절의 표현
손바닥이 보이는 브이(V)	• 유럽 : 승리 • 그리스 : 욕
손등이 보이는 브이(V)	• 영국, 프랑스 : 욕 • 그리스 : 승리
머리를 위 아래로 끄덕이는 행위	• 한국 : 동의, 긍정 • 불가리아, 그리스 : 부정

행동	국가별 의미
동성 간 어깨동무	• 한국 : 친밀함 • 서구 : 동성연애자
윙크	• 영국 : 이야기를 재미있게 듣고 있다는 표현 • 대만, 인도 : 모욕

출처 : KSA 한국표준협회『NCS직업기초능력평가』

4. 외국인과의 의사소통에서 피해야 할 행동

- 상대를 볼 때 흘겨보거나, 아예 보지 않는 행동
- 팔이나 다리를 꼬는 행동
- 표정 없이 말하는 것
- 대화에 집중하지 않고 다리를 흔들거나 펜을 돌리는 행동
- 맞장구를 치지 않거나, 고개를 끄덕이지 않는 것
- 자료만 보는 행동
- 바르지 못한 자세로 앉는 행동
- 한숨, 하품을 하는 것
- 다른 일을 하면서 듣는 것
- 상대방에게 이름이나 호칭을 어떻게 할 지 먼저 묻지 않고 마음대로 부르는 것

제4절

기초외국어 능력 향상법

사 례 **"영어공부 매일 조금씩 꾸준히 하는 것이 비결이죠"**

K사의 입사 4년차 정대리는 매일 꾸준히 영어공부를 열심히 하고 있다. 먼저 하루에 단어 10개씩 책상위에 붙여 놓고 외웠고, 사내 영어회화모임을 만들어 영어 실력을 쌓기 위해 스터디를 했다. 회사에는 'English Zone'이라 해서 외국인이 항상 상주하면서 언제든지 영어회화를 연습할 수 있도록 도와주는 프로그램이 있어 점심식사 후 매일 간단한 영어회화를 연습한다.

결국 필리핀 지점으로 파견근무를 가게 되었고 영어실력을 더욱 키울 수 있었다. 메일을 영어로 주고받다 보면 단어공부도 자연스럽게 되는 것 같아 좋은 방법인 것 같다. 처음에는 어려웠지만 이제는 점점 외국인을 대하는 것이 자신 있게 되었다.

기초외국어능력의 중요성을 이미 잘 알고 있지만 막상 공부하려고 하면 어디서부터 시작해야할 지, 어떻게 해야 할지 막막하게만 느껴진다. 특히 시간적 여유가 없다는 핑계로 미루기 일쑤인데, 꾸준한 노력으로 외국어 실력을 갖춘 예를 보고, 무엇을 본받아야 하는지 생각해보자. 그리고 우리는 실력 향상을 위해 어떻게 노력해야 할지 생각해보자.

56세에 토익 만점 中企사장 이태수씨
"영어소설과 업무용 이메일 통해 공부"

50대 후반의 중소기업 사장 이태수씨가 토익(TOEIC) 시험에서 만점을 기록해 화제를 모으고 있다. 이씨는 51세였던 2002년 10월부터 매달 시험에 응시했고 45번의 시험 끝에 지난 8월 실시된 토익에서 만점(990점)을 받았다.

이씨는 만점을 목표로 학원이나 문제집 대신 자신만의 독특한 공부 방법을 만들어가기 시작했다. 영어소설 읽기와 물류회사 업무에서 큰 비중을 차지하는 영문 이메일 교신을 적극 활용한 것.

그는 "독해력을 키우기 위해 지난 5년 동안 다빈치코드와 스타워즈 등 재미가 있는 포켓판 영어소설을 20여권 읽었다"고 말했다. 소설 속의 살아있는 영어를 자주 접하면서 영어에 대한 감각을 놓치지 않을 수 있었다는 게 그의 설명이다.

이씨는 또 "토익에 등장하는 업무매뉴얼과 근무평가서, 입사지원서 등은 실제 업무에서 그대로 볼 수 있는 실용적인 것"이라며 "따라서 토익시험 대비를 염두에 두고 업무용 메일을 썼더니 많은 도움이 했다"고 말했다.

이씨가 매 시험마다 950점이 넘는 고득점을 기록하자 한 헤드헌터는 두바이에 있는 대형 물류업체의 싱가포르 현지 사장 자리를 추천하기도 했다. 창업에 뜻이 있어 제안을 고사했지만 50대의 나이에 토익점수를 통해 해외업체의 관심을 받고 자신의 능력을 선보일 기회를 갖게 돼 큰 자신감을 얻었다고 한다.

출처 : 연합뉴스

• 나만의 실력향상 전략

–

–

–

–

–

1. 기초외국어능력 향상을 위한 공부법

국제화시대에 살아가는 우리들은 국내시장중심의 업무반경이 세계로 넓혀지면서 기초외국어능력에 대한 관심이 더욱 증대되고 있다. 특히 영어뿐만 아니라 다른 외국어 한 가지 정도는 잘해야 한다는 강박관념에 시달리고 있는 현대 직업인들이 많은 것이 현실이다.

유창한 외국어실력을 갖추지 못했다 할지라도 이제는 기초적인 외국어만은 필수적으로 갖추어야 하는 시대이다. 벅찬 업무에 시달리는 현대 직업인들은 외국어공부를 위한 시간을 갖기 어렵다. 하지만 많은 노력을 들이지 않고도 외국어공부를 할 수 있는 다음과 같은 방법이 있다.

- 왜 외국어공부를 해야 하는지 목적부터 정하라.
- 매일 30분씩 눈과 손과 입에 밸 정도로 반복하여 공부하자.
- 실수를 두려워하지 말고, 기회가 있을 때 마다 외국어로 말하라.
- 외국어와 익숙해 질 수 있도록 쉬운 외국어 잡지나 원서를 읽어라.
- 혼자 공부하는 것 보다는 라이벌을 정하고 공부하라.
- 업무와 관련된 외국어 주요용어는 꼭 메모하라.
- 출퇴근 시간에 짬짬이 외국어방송을 보거나, 라디오를 들어라.
- 외국어 단어를 암기할 때 그림카드를 사용해보라.
- 가능하면 외국인 친구를 많이 사귈 수 있는 기회를 만들어 대화를 자주 나눠보라.

Tip 영어 왕초보를 위한 정말 쉬운 영어일기 가이드북!

영어 초급 학습자를 위한 영어일기 가이드북. 초등학생이나 영어를 처음부터 다시 시작하고 싶은 일반 독자들도 영어일기를 쉽고 재미있게 쓸 수 있도록 안내한다. 기초적인 내용부터 알려주고 있어서 차근차근 따라하면 영어로 일기를 쓸 수 있다. 실제 미국 아이들의 일기가 담겨 있어서 쉬운 단어와 표현만으로 어떻게 자기 생각을 말할 수 있는지 감을 잡을 수 있다. 짧은 일기문을 통해 핵심적인 기초 영문법과 동사 패턴을 배우고, 직접 써보는 코너에서 영작문의 연습을 할 수 있다. 주제에 맞는 글쓰기를 훈련할 수 있어서, 영어 작문 실력의 기본기를 탄탄하게 다질 수 있다.영어일기 부문 베스트셀러!

〈난생 처음 쓰는 영어일기〉의 왕초보편

영어 왕초보를 위한 정말 쉬운 영어일기 가이드북!

- 실제 미국 아이들의 일기장을 보고 영어일기의 감을 잡아 보세요.
- 아주 쉬운 단어와 표현들로 나의 하루를 표현해 보세요.
- 영어일기를 통해 자연스럽게 기초 영문법과 동사 패턴을 익혀 보세요.

초등학생이나 영어를 처음부터 다시 시작하고 싶은 일반 독자들도 영어일기를 쉽고 재미있게 써 볼 수 있게 만든, 〈난생 처음 쓰는 영어일기〉의 초급편이다. 아주 기초적인 내용을 쉽게 설명해 주므로, 왕초보도 차근차근 따라하면 금새 영어일기를 쓸 수 있다. 책이 안내하는 대로 따라하면 누구나 쉽게 영어로 글을 쓸 수 있게 만든 왕초보용 영어일기 가이드북. 아주 쉬운 단어와 표현만으로도 자기 생각을 얼마든지 말할 수 있다는 걸 이 책을 통해 깨달을 수 있을 것이다.

- 실제 미국 아이들의 일기를 통해 영작문 시 유의사항을 짚어본다.
- 짧은 일기문을 통해 핵심적인 기초 영문법과 동사 패턴을 배운다.
- 매 페이지 직접 써보는 코너를 마련해 한 장 한 장 채워가는 재미가 있다.
- 주제 중심 글쓰기의 기본을 다져주어 영어 글쓰기의 탄탄한 기초가 된다.

▶ 대 상

- 영어 일기를 써보고 싶은 초중고생
- 영어 writing을 처음으로 시도해 보고 싶은 대학생 및 일반인

〈난생 처음 쓰는 영어일기 직장인편〉의 3단계 학습법

Step 1. 기본 영문법, 필수 패턴 알아보기

영어로 글을 쓰기 전에 영작문에 꼭 필요한 기본 영문법과 필수 패턴 50가지를 짚고 넘어가세요. 기본기가 탄탄할수록 영어 실력은 더욱 빠르게 성장합니다.

Step 2. 헷갈리는 표현 바로잡기

무심결에 혼동하기 쉬운 표현들을 바로잡아 보세요. should와 must의 차이는 무엇인지, say와 tell의 쓰임은 어떻게 다른지 기본 어법부터 어감까지 익힌다면 더욱 완벽한 영어 문

장을 쓸 수 있습니다.

Step 3. 영어일기 쓰기

먼저 제시된 한글 일기를 보며 천천히 작문을 해 보고, 틀린 부분을 체크하며 조심해야 할 부분을 다시 한 번 확인하세요. 마지막으로 나의 일상생활을 직접 쓸 수 있도록 구성했습니다.

출처 : 『난생 처음 쓰는 영어 일기, 왕초보편, 직장인편』

학 / 습 / 평 / 가

01. 다음은 기초외국어능력에 대한 설명이다. 이와 관련하여 괄호 안에 맞으면 ○를, 틀리면 ×로 표시하시오.

- 기초외국어능력은 외국인과의 유창한 의사소통능력을 말한다. ( )
- 기초외국어능력은 외국인과의 업무가 잦은 사람만 필요하다. ( )
- 기초외국어능력은 외국어로 된 e-mail을 받고 이를 해결하는 상황, 외국인으로부터 걸려온 전화 응대 등 다양한 상황에서 필요하다. ( )

02. 다음 중 기초외국어 능력이 필요한 상황과 관련된 설명으로 잘못된 것을 고르시오.

① 누구에게나 똑같은 상황에서 기초외국어능력이 필요하다.
② 외국어라고해서 꼭 영어만 필요한 것은 아니고, 자신이 주로 상대하는 외국인들이 구사하는 언어가 필요한 것이다.
③ 자신에게 기초외국어능력이 언제 필요한지 잘 아는 것이 중요하다.
④ 자신의 업무에서 필요한 기초외국어를 적절하게 구사하는 것이 중요하다.

03. 다음은 외국인과의 의사소통에서 비언어적인 의사소통에 대한 설명이다. 잘못된 설명을 고르시오.

① 눈을 마주 쳐다보는 것은 흥미와 관심이 있음을 나타낸다.
② 어조가 높으면 만족과 안심을 나타낸다.
③ 말씨가 매우 빠르거나 짧게 얘기하면 공포나 노여움을 나타내는 것이다.
④ 자주 말을 중지하면 결정적인 의견이 없음을 의미하거나 긴장 또는 저항을 의미한다.

04. 외국인과의 의사소통에서 피해야 할 행동들을 작성해보시오.

____

____

____

____

05. 기초외국어능력 향상과 관련된 다음의 설명 중 맞으면 ○, 틀리면 ×를 표시하시오.

- 출퇴근 시간에 외국어방송을 보거나, 듣는 것만으로는 안 된다. ( )
- 외국어공부의 목적부터 정하라. ( )
- 혼자서도 소홀해지지 않고 공부할 수 있다. ( )
- 실수를 두려워하지 말고, 기회가 있을 때 마다 외국어로 말하라. ( )
- 매일 30분씩 눈과 손과 입에 밸 정도로 반복하라. ( )

참고문헌

고익환(2014) 『자기개발과 대인관계』 도서출판 두남

구현정(2009) 『대화의 기법 이론과 실제』 경진문화사

구현정·전영옥(2005) 『의사소통의 기법』 박이정

국가직무표준능력(NCS) 『의사소통능력(직업기초능력 모듈 프로그램)』 한국산업인력공단

국학자료원(2006) 문학비평용어사전

김동규·이영찬(2000) 『직업윤리』 학교법인 기능대학

김진욱 외(2015) 『직장생활과 글로벌매너』 탑북스

김진욱 외(2016) 『NCS기반 진로탐색 및 취업과 창업』 도서출판 영민

김창민 외(2011) 『대학생과 리더십』 홍릉과학출판사

민영욱·송승철(2008) 『유쾌한 프레젠테이션』 북포스

박성희(2015) 『공감』 이너스북

박태호 외(2012) 『소통하는 리더가 되기 위한 글로벌 감성 커뮤니케이션』 대왕사

박현석(역, 2004) 『전달의 기술』 다연.

배상복(2006) 『일반인을 위한 글쓰기 정석』 경향미디어

사이토이사무(2012) 『화술심리학』 스카이출판사

신명희 외(2014) 『교육심리학』 학지사.

신희경외(2011) 『교육심리학』 신정출판사

심재우(2004) 『GE처럼 커뮤니케이션하라』 일빛

엄경아 외(2015) 『취업과 진로설계』 지식인

유옥·조숙(2014) 『의사소통과 상담』 동문사

윤치영(2007) 『설득·경청 논박의 기술』 일빛

이신동외(2014) 『최신교육심리학』 학지사

이창호(2007) 『스피치 달인의 생산적 말하기』 북포스

이택호(2013) 『대화의 기술』 미래북

임칠성 역(1997) 『대인의사소통』 한국문화사

장수용(2014) 『소통과 공감을 통한 변화관리』 페이지북스

전영우(2007) 『귀담아듣는 언어생활 -적극적 경청법-』 민지사

전찬열(2015) 『NCS기초직업능력』 도서출판 영민

정경일 외(2013) 『한국어의 탐구와 이해』 도서출판 박이정

정선영(2013) 『대학생을 위한 진로탐색과 경력개발』 공동체

조신영·박현찬(2007) 『경청-마음을 얻는 지혜』 위즈덤하우스

직업기초능력지도과정 자료집(2005) 『직업기초능력지도 과정』 서울대 농생대 부설 중등교육연수원

KSA 한국표준협회 NCS연구회(2015) 『NCS 직업기초능력평가 의사소통능력』 박문각

하정연·오정희(2015)『NCS기반의 인성과 진로』동문사
한서대학교인재개발본부(2015)『면접가이드』(주)이엔집
허정훈·김상범(2007)『건강과 능력개발』한국폴리텍대학
홍경자(2007)『의사소통의 심리학』이너북스
황성근(2006)『너무나도 쉬운 비즈니스 글쓰기』한겨레출판
베르나르 베르베르(2013)『상상력 사전』열린책들
데일 카네기(2014)『사람을 움직이는 기술』책공방
데일 카네기·퀸튼 신들러(2012)『인간관계는 소통과 설득력이다』책공방
Ronald B외(2015)『인간관계와 의사소통의 심리학』교육과학사
신동아 http://shindonga.donga.com
조선일보 www.chosun.com
중앙일보. www.joins.com
한겨레신문 www.hani.co.kr
한국일보 www.hankooki.com
AM7. www.am7.co.kr
http://blog.naver.com/eob. 2007.8.27
NAVER 지식백과

부록 | 학습평가 정답풀이

Chapter 02 의사소통의 기초

01. (A) = 의사의 전달 (B) = 상호 교류

해설 : 의사소통이란 두 사람 또는 그 이상의 사람들 사이에서 일어나는 **의사의 전달과 상호교류**가 이루어진다는 뜻이며, 어떤 개인 또는 집단이 개인 또는 집단에 대해서 정보, 감정, 사상, 의견 등을 전달하고 그것들을 받아들이는 과정을 의미한다.

02. X, X, O

해설 : 의사소통은 내가 상대방에게 메시지를 전달하는 과정이 아니라, 상대방과의 상호작용을 통해 메시지를 다루는 과정이다. 과거에는 기계적인 정보의 전달만으로 이해가 되었지만, 의사소통은 정보의 전달 이상의 것이다. 우리가 남들에게 일방적으로 언어 혹은 문서를 통해 의사를 전달하는 것은 의사소통이라고 할 수 없다. 성공적인 의사소통을 위해서는 내가 가진 정보를 상대방이 이해하기 쉽게 표현하는 것도 중요하지만, 상대방이 어떻게 받아들일 것인가에 대한 고려 역시 바탕이 되어야 한다.

03.
- 문서적인 의사소통능력 — 상황과 목적에 적합한 문서작성
- 언어적인 의사소통능력 — 감정적인 정보전달
- 언어적인 의사소통능력 — 상대방의 이야기를 듣고 의미파악

Chapter 03 의사소통의 다양한 구분과 유형

01. (A) = 관심집중 (B) = 경청 (C) = 이해

해설 : 의사소통과정에서 의미를 일반화, 삭제, 및 왜곡하지 않고 제대로 의사소통을 하기 위해서는 관심집중, 경청, 이해는 필수적이다. 모든 인간관계에서도 질적인 관계란 우선적으로 관심을 기울이는 것부터 출발한다.

02. O, O, X, X, O

해설 : 움직이지 않고 같은 소리로만 말을 하면 단조로워 듣는 이가 지루할 수 있다. 이 때, 반언어와 비언어를 사용하면 단조로움을 없애고 듣는 이를 이야기에 집중시킬 수 있다. 또, 듣는 이는 말하는 이의 목소리와 표정, 몸짓 등을 통해 전달하려는 의사를 대략적으로 파악할 수 있다.

03. (A) = 호칭 (B) = 지칭

해설 : '호칭'은 어떤 대상을 직접 부르는 말이고, '지칭'은 어떤 대상을 가리켜 이르는 말이다. 예를 들어, 부모님께 직접 '아버지', '어머니'라고 부르는 말은 호칭이 되고, '아버지는 누나를 꽃돼지라고 부른다.'에서 '아버지', '누나', '꽃돼지'는 지칭하는 말이 된다. 이와 같은 호칭과 지칭은 의사소통과 대인관계의 시작이라고 할 수 있다.

04.	
즉시성	커뮤니티를 통해 개방적이고 지속적으로 축적되고 발전
정보공유	언제 어디서든 손쉽게 SNS에 접근 가능
실시간성	콘텐츠, 정보를 자신이 속한 소셜그룹에서 공유가 가능
쌍방향성	쉽고 간편하게 즉각적으로 공유가 가능
집단지성	상호간 양방향으로 정보, 의견교환 등이 가능

Chapter 04 의사소통 관련 이론

01. O, O, O, X, O, O, O, O

해설 : 깨닫지 못한 창 영역 유형은 맹목의 영역이 가장 넓은 자기 주장형이다. 이들은 자신의 기분이나 의견을 잘 표현하며 나름대로의 자신감을 지닌 솔직하고 시원시원한 사람일 수 있다. 그러나 이들은 다른 사람의 반응에 무관심하거나 둔감하여 때로는 독단적이며 독선적인 모습으로 비쳐질 수 있다.

02.	
열린 창(Open)	나는 알지만 타인은 모르는 사적영역의 자아
장님의 창(Blind)	나와 타인 둘 다 모르는 미지의 자아
숨겨진 창(Hidden)	나도 알고 타인도 아는 공공영역의 자아
미지의 창(Unknown)	나는 모르지만 타인이 알고 있는 자아

03. (A) = 자기 존중 (B) = 의사소통

해설 : 사티어는 가족의 생활에서 의사소통을 매개변수로 보고 메시지의 일치성과 불일치성을 강조하였으며, 임상을 통해 문제가정에서는 가족생활의 네 가지 측면에서 계속적으로 문제가 나타난다는 것을 알게 되었다. 이러한 측면을 언급하고 이것을 자신의 가족치료에서 중요한 개념으로 발전시켰다. 네 가지 측면은 자신에 대해 가진 감정과 생각들이라고 할 수 있는 자기 존중, 사람들이 서로 간에 의미를 나타내려고 하는 방법인 의사소통, 가족들이 느끼고 행동하는데 이용하며 결국 가족의 제도로 발전되는 규칙, 가정 밖의 타인 및 제도와 관련을 맺는 방식인 사회와의 연결이다.

Chapter 05 의사소통과 대화

01. 원만한 유대를 형성하기 위하여 우리가 가져야 할 대화의 기본태도는
한 개인으로 존중하고, 성실한 마음으로 대하며, 공감적으로 이해하고, 수용하는 태도이다.

02. ④ 대화의 개방성

해설 : 대화의 개방성은 대화의 결과가 대화를 시작할 때부터 명백하지 않다는 것을 알고서도 위험모험에 참여할 수 있는 태도가 필요하다. 즉 대화 중에 새로운 정보를 얻을 경우 기존의 고정된 자기 견해를 기꺼이 변화시키려하는 열린 마음을 가져야 한다. 그렇게 하면 오해를 극복하고 더 깊은 관계를 형성할 수 있다.

03. O, X, O, O, O, X

해설 : 긍정적이며, 용기있는 말을 한 것에 대한 칭찬과 머리를 쓰다듬는 행위를 동시에 하였으므로, 신체, 정신적, 조건부 스트로크에 해당한다.

04. ②

해설 : 긍정적 무조건부 스트로크는 인간 상호 신뢰감 형성의 기초가 되기 때문에 매우 중요한 스트로크 요인이다.

Chapter 06 공감의 이해

01. ③ 공감은 상대의 감정을 추측하는 것이다.

해설 : 공감은 상대의 감정을 알아주는 것이지 자기의 생각으로 추측하는 것이 아니다.

02. ④ 수준 5 : 상대가 표현한 내용뿐 아니라 상대의 감정을 알아서 내가 말해 주므로 상대와 마음이 통하는 수준

해설 : 수준 5는 상대방이 느낀 감정의 의미를 정확하게 말해주는 수준

03. ④ 넷째 차원은 다른 사람의 의도를 정확하게 파악했다는 확신이다.

해설 : 감정이입은 다른 사람의 입장을 완벽하게 경험하기 어렵기 때문에 의도를 정확히 파악했다고 단정하기 어렵다.

04. 의사소통 기법의 미숙, 선입견과 고정관념, 내적 갈등, 평가적이고 판단적인 태도, 다른 직무에의 압박, 과거의 경험, 방어적인 태도, 잠재적 의도, 자기 노출에 대한 두려움, '지금 여기'의 의미가 결여됨, 표현능력의 부족, 이해 능력의 부족

Chapter 07 경청의 이해

01. ③ 자기 말을 경청해주는 사람을 좋아하기도 하고, 싫어하기도 한다.

해설 : 우리가 경청하면 상대는 안도감을 느끼고, 무의식적인 믿음을 갖게 된다. 그리고 반대로 당신이 말을 할 때, 상대는 자신도 모르게 더 집중하게 된다. 이런 심리적 효과로 인해 우리의 말과 메시지, 감정은 더욱 효과적으로 상대에게 전달된다.

02. (A) = 존중 (B) = 성실한 (C) = 공감

해설 : 경청을 함으로써, 상대방을 한 개인으로 존중하게 된다. 경청을 함으로써, 상대방을 성실한 마음으로 대하게 된다. 경청을 함으로써, 상대방의 입장에 공감하며 이해하게 된다.

03. 조언하기

해설 : 어떤 사람들은 지나치게 다른 사람의 문제를 본인이 해결해 주고자 한다. 당신이 말끝마다 조언하려고 끼어들면 상대방은 제대로 말을 끝맺을 수 없다. 올바른 해결책을 찾고 모든 것

을 제대로 고치려는 당신의 욕구 때문에 마음을 털어놓고 이야기하고 싶은 상대방의 소박한 바람이 좌절되고 만다. 이야기를 들어주기만 해도 상대방은 스스로 자기의 생각을 명료화하고 그 사이에 해결책이 저절로 떠오르게 된다.

04. ① 상대를 정면으로 쳐다보면 상대방이 민망할 수도 있으니까, 눈을 마주치지 않는다.
해설 : 경청을 잘하기 위해서는 시선(Eye-Contact)을 하는 것이 좋다.

05. O, X, X
해설 : 대화법을 통한 경청훈련은 모든 인간관계에서 적용이 가능하며, 적절하게 맞장구를 치면 말하는 사람의 의욕이 북돋아져 이야기에 더욱 열의가 생기게 된다.

Chapter 08 실용 의사소통

01.

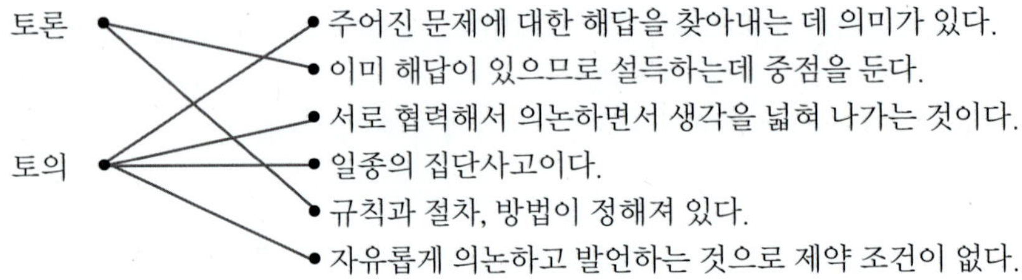

02. 문제의 확정, 문제의 이해, 해결안의 모색, 해결안의 결정
해설 : 토의는 보통 다음과 같은 절차로 이루어진다.
문제의 확정 : 문제의 필요성, 중요성 등을 고려하여 토의할 문제를 확정한다.
문제의 이해 : 문제의 원인과 실태, 앞으로의 전망 등에 대한 정보와 지식, 의견 등을 서로 교환한다.
해결안의 모색 : 문제를 해결할 수 있는 방안에는 어떤 것들이 있는지 여러 가지 측면에서 찾아본다.
해결안의 결정 : 여러 해결안을 검토, 평가해 보고, 가장 바람직한 해결안을 결정한다.

03. ② 주제에 대한 전문가가 발표자가 되고, 청중들은 특정 주제에 대한 지식 등을 얻는 것이 목적이다.
해설 : 미리 정해진 발표자가 주제에 맞춰서 자료를 준비해 오고 청중을 대상으로 강의형식으로 진행 한다. 하나의 주제에 대해 여러 명의 발표자가 있을 수 있으나, 주제가 여러 가지인 경우는 없다. 주제에 대한 전문가가 발표자가 되고, 청중들은 특정 주제에 대한 지식 등을 얻고자 하는 것이 목적이다.

04. (A) = 설득 (B) = 태도변화
해설 : 프레젠테이션이란 "설득을 위한 의도된 행위"이다. 상대방의 태도와 행동을 변화시켜 목표한 성과를 얻기 위한 일련의 설득 커뮤니케이션 행위이다. 설득을 위한 단계는 상대방의 태도변화를 유도하는 일이다.

05. ④ 시각과 청각을 지양하고 언어와 문서의 형식에 보다 중점을 둔다.
해설 : 다양한 시청각매체 활용하는데, 언어보다 시각과 청각에 중점을 둔다.

Chapter 09 문서의 이해

01. (A) = 내용이해 (B) = 요점파악 (C) = 필요한 행동을 추론
해설 : 문서이해능력이란 직업현장에서 자신의 업무와 관련된 인쇄물이나 기호화된 정보 등 필요한 문서를 확인하여 문서를 읽고, 내용을 이해하고 요점을 파악하는 능력이다. 주어진 문장이나 정보를 읽고 이해하여, 자신에게 필요한 행동을 추론할 수 있어야 하며, 도표, 수, 기호 등도 이해하고 표현할 수 있어야 한다.

02. ⑤ 나의 의견 주장하여 관철시키기
해설 : 직장에서의 문서는 상대방의 의도를 파악하여 궁극적으로는 나의 행동을 변화시키는데 주요 목적이 있다.

03. ④ 기안서
해설 : 기안서는 기업 활동 중 어떤 사항의 문제해결을 위한 방안을 작성하여 결재권자에게 의사결정을 요청하는 문서로 예산의 지출을 동반하는 안건의 승인을 구하는 품의서, 새로운 방향이나 안건을 제시하는 제안서 등이 있다. 흔히 사내 공문서로 불린다.

04. ① 결산보고서
해설 : 보고서는 일에 관한 현황이나 그 진행 상황 또는 연구·검토 결과 등을 보고하고자 할 때 작성하는 문서이며, 그중 결산보고서는 진행됐던 사안의 수입과 지출 결과를 보고하는 문서이다.

05. 목적, 주제, 분석 메모
해설 : 문서이해를 위한 구체적인 절차는 문서의 목적을 이해하기, 이러한 문서가 작성되게 된 배경과 주제를 파악하기, 문서에 쓰인 정보를 밝혀내고 문서가 제시하고 있는 현안문제를 파악하기, 문서를 통해 상대방의 욕구와 의도 및 내게 요구되는 행동에 관한 내용을 분석하기, 문서에서 이해한 목적 달성을 위해 취해야 할 행동을 생각하고 결정하기, 상대방의 의도를 도표나 그림 등으로 메모하여 요약 정리해보기이다.

Chapter 10 문사작성의 이해

01. 목적, 범위, 목적, 범위
해설 : '내가 무엇을 위해 어떻게 문서를 작성했는가?'에 대한 대답이 바로 제목이다. 제목은 문서를 작성한 목적과 범위가 포함되어야 한다.목적은 일반적으로 '~을 위해'로 표현되고, 범위는 '어떠한 문서를 만들려고 하는가?'에 해당하는 내용이다.

02. ③ 진행하는 업무가 하나이상일 경우, 업무내용을 한꺼번에 보내는 게 좋다.

해설 : 하나의 메일에는 한 가지 내용만 담도록 한다. 업무 파트너가 동일하다 해도, 진행하는 업무가 하나 이상이라면 메일을 각각 나누는 것이 좋다. 물론 해당 업무가 무엇인지 한 눈에 알 수 있는 제목을 달아야 한다. 답장을 거듭하며 업무의 흐름이 쌓여 흐름을 파악하기 쉽지 때문이다.

03. ② 주관적이고 논리적인 내용

해설 : 문서작성의 구성요소는 품위 있고 짜임새 있는 골격, 객관적이고 논리적이며 체계적인 내용, 이해하기 쉬운 구조, 명료하고 설득력 있는 구체적인 문장, 세련되고 인상적이며 효과적인 배치 등이다.

04.

- 기획서 — 상대에게 어필해 상대가 채택하도록 설득력있게 작성한다.
- 설명서 — 명령문 보다 평서형으로, 동일한 문장 보다는 다양하게 표현한다.
- 공문서 — 내용이 복잡할 경우 '-다음', 또는 '_아래'와 같은 항목을 만들어 구분한다. / 마지막엔 반드시 '끝'자로 마무리 한다.
- 보고서 — 궁금한 점에 대해 질문 받을 것에 대비한다 / 업무상 진행 과정에서 작성하므로, 핵심내용을 구체적으로 제시한다.

05. ① 문서의 작성 시기는 중요하지 않다.

해설 : 문서작성 시에 고려해야 할 사항은 대상과 목적, 시기가 포함되어야 하며, 기획서나 제안서 등 경우에 따라 기대효과 등이 포함되어야 한다.

06. X, X, O

해설 : 문장은 가급적 짧은 것이 좋고, 부정문 형식 보다는 긍정문으로 작성하는 것이 바람직하다.

Chapter 11 기초 외국어능력의 이해

01. X, X, O

해설 : 기초외국어능력이 필요한 경우는 비단 외국인들과의 업무가 잦은 특정 직업인의 경우에만 필요한 것은 아니다. 우리의 주변을 둘러보면 흔히 컴퓨터에서부터 공장의 기계사용, 외국산 제품의 사용법을 확인해야하는 경우에 이르기까지 외국어로 작성되어있는 것이 많고, 이때 기초외국어를 모르면 불편한 경우가 많기 때문에 기초외국어능력은 직업인으로서 중요하다고 할 수 있다.

02. ① 누구에게나 똑같은 상황에서 기초외국어능력이 필요하다.

해설 : 외국인과 함께 일하는 국제 비즈니스에서는 의사소통이 매우 중요하다. 직업인은 자신이 속한 조직의 목적을 달성하기 위해 외국인을 설득하거나 이해시켜야 한다. 하지만 이런 설

득이나 이해의 과정이 모든 업무에서 똑같이 이뤄지지는 않는다.

03. ② 어조가 높으면 만족과 안심을 나타낸다.
해설 : 높은 어조는 적대감이나 대립감, 낮은 어조는 만족이나 안심을 나타낸다.

04. 상대를 흘겨보거나 노려보거나 아예 보지 않는 행동, 팔이나 다리를 꼬는 행동, 표정이 없는 행동, 맞장구치지 않거나 고개를 끄덕이지 않는 해동, 자료만 들여다보는 행동, 다른 일을 하며 듣는 행동 등

05. X, O, X, O, O
해설 : 외국어 능력을 향상시키기 위해서는 왜 외국어공부를 해야 하는지 그 목적부터 정하라, 매일 30분씩 눈과 손과 입에 밸 정도로 반복하여 공부하자, 실수를 두려워하지 말고, 기회가 있을 때 마다 외국어로 말하라, 외국어와 익숙해 질 수 있도록 쉬운 외국어 잡지나 원서를 읽어라, 혼자 공부하는 것 보다는 라이벌을 정하고 공부하라, 업무와 관련된 외국어 주요용어는 꼭 메모하라, 출퇴근 시간에 짬짬이 외국어방송을 보거나, 라디오를 들어라, 외국어 단어를 암기할 때 그림카드를 사용해보라, 가능하면 외국인 친구를 많이 사귈 수 있는 기회를 만들어 대화를 자주 나눠보라 등을 생각해볼 필요가 있다.

저자 약력

김진욱(金進昱)

- 혜전대학교 교양과 교수, 학과장, 산학협력단장
- (사)한국지역복지정책연구회 회장, 한국행정학회 이사, 한국지방행정학회 이사 外
- 행정자치부, 국가보훈처, 충청남도, 세종특별자치시, 각급 행정기관 자문위원 外
- 국가공공기관(법무부, 행자부, 국세청, 산림청, 농업진흥청 등) 공무원 임용시험 면접위원
- 한국전문대학교육협의회 고등직업교육연구소 연구위원 역임
- 국립 공주대학교 대학원 사회복지학과 박사과정 수료
- 경희대학교 법과대학 행정학과 졸업 및 동 대학원 행정학과 정책학 전공(행정학박사)

〈저서〉 현대사회와 행정(대영문화사), PSAT의 이해 : 상황판단과 자료해석영역(법문사), 환경행정론(한국학술정보), 사무관리론(한국학술정보), 한국행정학의 역할과 미래설계(법문사), 취업과 진로(도서출판 영민), NCS기반 진로탐색 및 취업과 창업(도서출판 영민), NCS기반 대인관계론(탑북스), 직장생활과 글로벌매너(탑북스) 外

백진숙(白珍淑)

- 혜전대학교 교양과 겸임교수
- 소통과 공감 365, 미래전략연구소 대표
- (사)한국지역복지정책연구회 사무국장 겸 수석연구위원
- 셀프리더십 코칭전문가
- CPR, ㈜Wits, ㈜커뮤니케이션 신화 연구소장, ㈜휴스콘건설 홍보담당 이사 역임
- 대통령직속 국가안전보장회의(NSC) 자문위원, 서울시, 각급 정부기관 자문위원 역임
- 성결대 초빙교수, 안양대 겸임교수, 경희대, 동국대, 청주대, 상지대, 대림대 외래교수 역임
- 경희대학교 대학원 신문방송학과 광고PR 전공(언론학박사)

최향옥(崔香玉)

- 혜전대학교 교양과 겸임교수
- 소통과 공감 365, 미래전략연구소 '창의적 글쓰기 센터' 센터장
- 서산시 다문화가족지원센터 강사
- 세종대학교 국문학과 및 동 대학원 국어교육학과 졸업(교육학 석사)
- 전북대학교 대학원 교육학과 박사과정

NCS기반 **의사소통론**

2017년 08월 23일 초 판 1쇄 발행
2018년 08월 20일 개정판 1쇄 발행
2019년 12월 04일 개정판 2쇄 발행
2022년 03월 20일 개정판 3쇄 발행

저 자 : 김진욱·백진숙·최향옥
발행인 : 유수경
발행처 : 도서출판 영민

등 록 : 2001. 7. 16 제1-2888호
주 소 : 서울시 성북구 보문로 58-1 한주빌딩 205호
전 화 : 02-904-7204
팩 스 : 02-921-7202

ISBN 978-89-6341-269-6 13740

정가 17,000원